Orbis

JUDY ALTER

DAS STRETCHING HANDBUCH

DEHNEN, STRECKEN UND STÄRKEN

Aus dem Amerikanischen übertragen
von Elsbeth Hulse

ORBIS VERLAG

Originalverlag: Houghton Mifflin, Boston, USA
Originaltitel: Stretch & Strengthen

Sonderausgabe 1991 Orbis Verlag für
Publizistik GmbH, München
Satz: Filmsatz Schröter GmbH, München
Druck und Einband:
Mohndruck Graphische Betriebe GmbH, Gütersloh
Printed in Germany ·
ISBN 3-572-08786-4

Inhalt

(Abkürzungen siehe Seite 10)

Anmerkung zu den Übungsmethoden

Dieses Buch enthält Übungsmethoden, die ich aufgrund persönlicher Erfahrungen mit Studenten und Privatpersonen zur Rehabilitation wirkungsvoll finde. Meine Ratschläge sind nicht als Ersatz für eine medizinische Diagnose gedacht. Ich schlage Übungen vor, die Schmerzen und Reizbarkeit lindern und beseitigen können, aber medizinische Maßnahmen nicht ersetzen.

Wir alle haben natürlich schon einmal Schmerzen und Muskelkater nach sportlicher Betätigung empfunden; aber bei allen anderen physischen Beschwerden, die Sie bedrücken, sollten Sie einen Arzt zu Rate ziehen, bevor Sie irgendeine Art von Sport treiben.

Speziell in Kapitel 16 mache ich wiederholt darauf aufmerksam, daß der Arzt informiert werden soll, wenn Sie meine Ratschläge befolgen wollen.

Einige Leute, mit denen ich gearbeitet habe, wurden von Ärzten zu mir geschickt, und ich habe auch einigen Ärzten bei der Rehabilitation geholfen. Dieses Buch wurde aus meiner Erfahrung über den Nutzen spezieller Übungen geschrieben, aber es sollte klar sein, daß sie keine medizinische Anwendung ersetzen können.

Abkürzungen

Dehn.: Dehnung
Kräft.: Kräftigung
Koord.: Koordination
Komb.: Kombination
Af.: Anfänger
Fg.: Fortgeschrittene
Spez.: Spezielle

Danksagung

Diese Worte können in keiner Weise die Dankbarkeit beschreiben, die ich so vielen Leuten gegenüber zum Ausdruck bringen möchte, die auf vielfältigste Weise dieses Buch in seinen verschiedenen Entstehungsphasen betreut haben – vom Anfangsstadium bis hin zum vollendeten Werk. Es ist nicht genügend Platz, hier die Namen der Teilnehmer und Studenten an meinen Unterrichtsstunden aufzuzählen, deren Fragen einige der besten Übungen dieses Buches inspiriert haben. Es ist auch nicht genügend Platz, die Namen all meiner Tanzkollegen aufzuführen, die mich ermutigt haben, meine Dehn- und Kräftigungsmethode schriftlich zu fixieren.

Insbesondere möchte ich mich bei Betsy True fürs Fotografieren und Zeichnen der Abbildungen bedanken, für ihre Genauigkeit und Hingabe ans Detail; bei Patricia Foley, die so geduldig Modell für die Illustrationen stand; bei Judy Sidran und Al Berman fürs Lesen und Kommentieren der ersten Entwürfe und bei Rene Cailliet, M. D., für seine unterstützenden Kommentare und hilfreichen Vorschläge.

Weiterhin bin ich Austin Olney, dem Direktor des Houghton Mifflin Verlags, für sein Drängen, dieses Buch fertigzustellen, zu Dank verpflichtet; ebenso Lisa Bennett, deren Zielstrebigkeit von Beginn an letztendlich die Veröffentlichung dieses Buches durch den Houghton Mifflin Verlag sicherte; Ruth Hapgood, meiner Herausgeberin und Freundin, die von dem Wert dieser Übungen überzeugt ist und mit Sachkenntnis, Geduld und Scharfsinn geholfen hat, die Übungen in Worte zu fassen, die Ideen in eine logische Folge zu bringen und das gesammelte Material zu einem sinnvollen Ganzen zu verarbeiten; Janet Silver für die Herausgabe des Manuskriptes mit detektivischem Geschick und Sinn für Logik; Copenhaver Cumpston für das Seiten-Design und Layout von Text und Bild und Bernard und Nan Locker für ihre Überredungskunst, ein Textverarbeitungssystem zu kaufen.

Den Studenten des Jahres 1985 vom Loretta Heights College Ballet Institute (Denver, Colorado) ein besonderes Wort des Dankes; sie machten mich auf wichtige Details aufmerksam, die mir vorher nicht aufgefallen waren.

Vorwort

Bücher über Gymnastikübungen kommen und gehen, aber Gymnastikmethoden, die so revolutionär sind wie die Alter-Dehnmethode, werden künftig sicherlich großen Einfluß haben. Judy Alters Methode von Dehnung und Kräftigung wird nicht nur der Behandlung von Muskelschmerzen und Verletzungen dienen, sondern darüber hinaus Heilung bringen. Die Medizin wird oft beschuldigt – und das zu Recht –, daß zuviel Energie für die Behandlung von Krankheiten verschwendet wird und die Ursachenfindung der Krankheiten zu kurz kommt. Selten sind präventive Maßnahmen und Heilmittel so aufeinander abgestimmt, wie es Judy Alter anstrebt.

Die Alter-Dehnmethode beantwortet unsere zahlreichen Fragen über den Nutzen von Erwärmung vor dem Übungsprogramm. Bis zur Veröffentlichung dieses Buches war das Konzept von Dehnung und Kräftigung nur vage definiert. Es war nicht klar, warum man Gymnastikübungen überhaupt macht bzw. wie man sie korrekt macht. Eine der Folgen war, daß viele Freizeitsportler Verletzungen davontrugen, weil sie sich Hals über Kopf in ein für sie zu intensives Fitneßprogramm gestürzt hatten. Wenn man jedoch eine Serie von Kräftigungsübungen mit Dehnübungen kombiniert, kann man diese Anfangsschwierigkeiten überwinden. Dies ist der Schlüssel zu einem ausgeglichenen Körper und ausgewogenen Fitneßprogramm. Ob Sie Amateur oder Profi sind, gezielte Kräftigungs- und Dehnübungen sind wichtig.

Im Unterschied zu all den anderen Übungs- oder Therapiebüchern, die ich bisher gelesen habe, zeigt uns die Alter-Methode im Detail genau, wie jede Übung ausgeführt wird und wie diese Übung sich auf ein bestimmtes körperliches Problem auswirkt. Ob dies nun Knochenhautentzündung oder Rückenschmerzen sind, die Autorin weiß, wie man sie vermeiden kann. Sie teilt den Körper anatomisch auf und zeigt dann, wie man jeden Körperteil korrekt und effektiv trainieren kann. Danach verbindet sie die Einzelteile wieder und schlägt eine Methode vor, die jeden, vom Anfänger bis zum Profi, anspricht.

Ich fand die Alter-Dehnmethode besonders in meiner Praxis brauchbar. Patienten, die mit Tennisellbogen, Lendenwirbelbeschwerden, Ischialgie und Knochenhautentzündung zu mir kamen, haben alle von ihrer Methode profitiert. Dies sind Leute, die schon alles probiert haben, medikamentöse Behandlung, Steroidinjektionen und Schmerztabletten. Die Alter-Übungen haben es möglich gemacht, daß sie wieder arbeiten konnten und Sport ohne Schmerzen und Medikamente treiben konnten.

Für mich persönlich war das Alter-Übungsprogramm sogar noch wichtiger. Letztes Jahr hatte meine Frau Penelope einen Autounfall, bei dem sie eine Nackenverletzung durch Peitschenschlag-Effekt erlitt. Wir haben drei Kinder und einen ausgebuchten Tagesablauf, und die ganze Familie war verzweifelt. Penelope versuchte alles, von Arthritis-Behandlung bis zur Krankengymnastik, einschließlich Akupunktur und Kalziuminjektionen. Als Arzt konnte ich ihr die beste medizinische Versorgung verschaffen – ohne Erfolg.

Da tauchte Judy Alter auf. Von diesem ereignisreichen Tag an, als wir sie bei unseren Freunden Ben und Judy Sidran (Judy nimmt seit Jahren bei Frau Alter Unterricht) kennenlernten, verschwanden Penelopes Schmerzen, und ihre Rehabilitation begann. Bis zum heutigen Tag macht Penelope die Alter-Dehnmethode regelmäßig und ist immer noch schmerzfrei.

Im Grunde genommen kann jeder, der Gymnastik in irgendeiner Form betreibt oder Muskelprobleme hat, von der Übungsmethode, die in diesem Buch beschrieben wird, profitieren. Judy Alter widerlegt die Keine-Schmerzen-kein-Erfolg-Theorie immer wieder. Sie erklärt den Dehnreflex im Detail und skizziert eine Heilmethode für Beschwerden, die ungefähr 25% der Arztbesuche ausmachen und für Arthritis gehalten werden, während es sich doch meist um eine Muskelverletzung handelt.

Manchmal ist das Offensichtlichste am schwersten zu entdecken. Judy Alters Methode erscheint so offensichtlich und natürlich, daß man, sobald man sie einmal ausprobiert hat, gar nicht verstehen kann, warum man sie vorher noch nicht angewandt hat. Aber wenn man sie einmal probiert hat, fühlt man sich so viel besser, daß der Schritt zurück zur alten Methode undenkbar ist.

Robert (Zorba) Paster, M. D.,
Assistant Clinical Professor,
University of Wisconsin Medical School,
Madison, Wisconsin

Einleitung: Dieses Buch ist anders

Das Übungssystem dieses Buches verbindet eine neuartige *Dehn*methode für die Muskeln mit der wirkungsvollsten Art, sie zu *kräftigen*. Um den Körper beweglich zu halten, müssen Sie das Gleichgewicht zwischen Dehnung und Kräftigung in den Muskeln erhalten, damit die Muskeln durch Kräftigung nicht an Geschmeidigkeit verlieren bzw. durch Dehnung schwach oder verletzbar werden. Dazu wurde das Dehn- und Kräftigungssystem, das hier präsentiert wird, entwickelt. Die Übungen helfen weiterhin, verletzte Muskeln zu heilen und bisher inaktive oder schwache Muskeln auf verletzungssichere Art zu mobilisieren.

Diese neuartige Dehnmethode ist anderen gebräuchlichen Methoden weit voraus. Wenn Sie in der Lage sein wollen, die Muskeln in bestimmten Dehnpositionen bis zu 30 Zentimeter mehr zu dehnen, ohne dabei Muskelzerrungen davonzutragen, wird Ihnen dieses Buch helfen.

Dieses neue Dehnsystem wird mit dem letzten Stand über das Thema Kräftigung gekoppelt. Die Kräftigungsübungen dieses Buches können Ihnen helfen, Ihre Figur zu straffen, d. h., festere Oberschenkel, eine schlankere Taille, kräftigere Arme, ausgeprägtere Schultern zu erzielen und Ihr Doppelkinn loszuwerden.

Schauen Sie das Buch einmal durch. Schon die Abbildungen sind anders, als Sie es aus anderen Büchern kennen, denn die Positionen sind so ausgewählt, daß Sie entweder die Muskeln dehnen oder kräftigen. Dabei wird der Bandapparat nicht in Mitleidenschaft gezogen, und es entstehen keine Schmerzen oder Unannehmlichkeiten. Sie spüren diese Übungen auch auf andere Weise, weil Sie entweder die Muskeln entspannen, die Sie dehnen, oder die Muskeln, die Sie kräftigen, erwärmen und ermüden. Sie sollen ein Gefühl für die Übungen bekommen und damit die Körpererfahrung schulen. Und obgleich Sie bei diesen Übungen kein »Brennen«[1] spüren, können Sie sicher sein, daß sie wirken.

Die Übungen helfen Ihnen auch, sich nach Verletzungen zu erholen. Sie werden über die wichtigsten Verletzungen wie Knochenhaut- oder Sehnenscheidenentzündung, Senkfuß oder verspannte Nackenmuskulatur informiert, und es wird Ihnen erklärt, wie Sie damit fertig werden. Meistens sind diese Verletzungen das Resultat einer schlechten Körperhaltung oder von Überbeanspruchung und Mißbrauch der beweglichen Körperteile.

Dies ist ein Gewußt-wie-Buch für Ihre Muskeln. Sie lernen, die Muskeln, die Sie kräftigen oder die verspannt sind, verletzungssicher zu dehnen bzw. die Muskeln, die Sie gedehnt haben, zu kräftigen. Indem Sie lernen, die Muskeln richtig einzusetzen, wird der Körper beweglich gehalten.

Jahrelang hat man Gymnastikübungen gemacht und unterrichtet und deren Übungserfolg nie in Frage gestellt. Heutzutage beschäftigen sich Spezialisten mit den Resultaten körperlicher Aktivität. Dieses Buch beruht auf Informationen aus den Gebieten der Anatomie, Bewegungslehre, Sportphysiologie, Krankengymnastik, Sport- und Rehabilitationsmedizin. Weiterhin wurden die Übungen von Freizeitsportlern und Profis erprobt. Vielleicht erkennen Sie die eine oder andere Übung wieder, doch sollten Sie bedenken, daß die Übungen in diesem Buch korrigiert, modifiziert und geordnet wurden, damit die Resultate Sie auch wirklich ans Ziel bringen.

Die Alter-Dehnmethode wurde ursprünglich in dem Buch *Surviving Exercise* (Boston, Houghton Mifflin, 1983) vorgestellt. In diesem *neuen* Buch wird erklärt, wie die Dehnmethode funktioniert, und Sie werden 38 verletzungssichere Dehnübungen kennenlernen, deren Übungserfolg gesichert ist. *Dehnen und Kräftigen* macht von isotonischen Kräftigungsübungen Gebrauch und erklärt, warum diese Methode, die Muskelkraft und Kraftausdauer entwickelt, so wirksam ist. Weiterhin werden Sie 43 Kräftigungsübungen kennenlernen,

[1] Brennen, von »burn a muscle«, ist das Gefühl vom Heiß- und Schwerwerden der Muskeln während anstrengender einseitiger Muskeltätigkeit.

die effektiv kräftigen, ohne das Muskelgewebe zu überlasten. Kapitel 3 skizziert eine Übungsauswahl, die Ihnen helfen soll, die meisten Alltagsarbeiten sowie die populärsten Fitneß- und sportlichen Aktivitäten zu bewältigen. In Kapitel 15 werden die Körperhaltung und das Gleichgewicht beim Gehen, Laufen und Springen geschult. Das letzte Kapitel zeigt Ihnen, wie Sie bei Verletzungen und Problemen besondere Fürsorge treffen können.

Es ist generell schwierig, Übungen aus einem Buch zu lernen. Die Übungsanleitungen in diesem Buch jedoch helfen, diese wohlbekannten Schwierigkeiten zu überwinden. Jedes Kapitel besteht aus *zwei Teilen*. Der *erste Teil* ist eine einfache anatomische Beschreibung der Knochen, ihres Bewegungsgrads in den Gelenken und der Muskeln der jeweils betroffenen Körperteile. Die anatomische Beschreibung soll Ihnen helfen, zu verstehen, warum und wie eine Übung wirkt. Der *zweite Teil* enthält eine Auswahl an Dehn- und Kräftigungsübungen. In mehreren Kapiteln gibt es darüber hinaus Vorbereitungspositionen, die Ihnen helfen, Ihre Körperhaltung zu korrigieren, während Sie sich auf einen bestimmten Körperteil konzentrieren.

Jede Übung fängt mit der Ausgangsposition an, die vorschreibt, wie Sie sich hinsetzen, -stellen, -legen, bevor Sie die eigentliche Übung beginnen. Die einzelnen Schritte jeder Übung werden danach im Detail beschrieben, und es wird vorgeschlagen, in welchem Tempo Sie diese Schritte machen sollen. Durchgängig ist ein Hinweis *(Achtung)*, der auf häufig vorkommende Fehler aufmerksam macht.

Es gibt zwei Arten von Abbildungen. Die Abbildungen für Dehnübungen zeigen nur die Dehnposition, die Sie einnehmen sollen. *Diese Position müssen Sie mindestens 30–60 Sekunden halten*, um die Muskeln adäquat dehnen zu können. Die Abbildungen für die Kräftigungsübungen stellen Bewegungen dar, nicht die Halteposition, um zu zeigen, *wie Sie Ihren Körper langsam gegen die Schwerkraft auf und ab bewegen* sollen. Fast alle Abbildungen zeigen die exakt im Text beschriebenen Positionen. Nur wenige weisen darauf hin, was man nicht machen soll.

Die Übungen wurden im Laufe von 15 Jahren entwickelt und von Tausenden – jung und alt, Profi und Amateur – im ganzen Land erprobt. Für die Übungsbeschreibung wird eine Terminologie verwendet, die hilft, die Übungen präzise durchzuführen.

Begriffserklärung

Folgende Terminologie ist nach Wichtigkeit und nicht alphabetisch geordnet:

Dehnung: Dehnung bezieht sich auf die Elastizität des Muskelgewebes, das sich wie ein Gummiband verhält. Wenn man einen Muskel dehnt, wird er länger. Sobald man mit der Dehnung aufhört, zieht er sich wieder auf seine Länge in Ruhestellung zusammen (vgl. Kapitel 2).

Kräftigung: Kraft ist die Eigenschaft des Muskels, die uns Heben, Tragen, Halten, sprich: jegliche Arbeit verrichten läßt. Dabei ziehen sich die Muskeln zusammen. Durch die Verkürzung der Muskeln werden die Knochen bewegt. Wenn man das Zusammenziehen (Kontrahieren) der Muskeln bei Übungen wiederholt, gewinnt man an Kraft hinzu (vgl. Kapitel 2).

Aktiv: Dieses Wort ist sehr wichtig, damit Sie verstehen, wie Sie dieses Buch benützen sollen. Wenn Sie Gymnastik betreiben, können Sie die Glieder irgendwie mit minimalem Energieaufwand bewegen. Das ist das Gegenteil von »aktiv«. Oder Sie können die Glieder mit Energieeinsatz so bewegen, als ob die Luft, die sie umgibt, eine zähe Masse wäre. Das ist aktiv, und so sollten Sie die Übungen ausführen. Wenn die Übung vorschreibt, daß Sie beispielsweise den Oberkörper auf die Oberschenkel ziehen, müssen Sie Ihre Armkraft dabei einsetzen. Das Ziehen ist langsam, beständig und vorsichtig (vgl. Kapitel 2).

Fühlen: Auch dieses Wort ist wichtig, denn Sie sollen ständig das Gefühl in Ihren Muskeln überwachen. Sie sollen sowohl Dehnung als auch Kräftigung auf der gesamten Muskeloberfläche des arbeitenden Muskels *fühlen*, nicht an irgendeinem speziellen Punkt im Gelenk. In Kapitel 2 erfahren Sie im Detail, wie man zwischen dem Gefühl von Dehnung, Kräftigung und Schmerz unterscheidet.

Hyperextension: Hyperextension im Bereich der Hals- und Lendenwirbelsäule muß vermieden werden. In der Lendenwirbelsäule ist Hyperextension auch als Hohlkreuz bekannt. Dabei wird die Lenden- bzw. Halswirbelsäule extrem belastet. Hyperextension ist eine Rückbeuge, wobei der Kopf nach hinten in Richtung Fersen bewegt wird. Solche Rückbeugen, die beim Geräteturnen und teilweise in der Gymnastik praktiziert werden, können das Hohlkreuz, einen Haltungsschaden, verursachen. In der Halswirbelsäule geschieht die Hyperextension beim Kopfkreisen nach hinten und kann hier Dauerschäden verursachen, weil die Bandscheiben ungünstig zusammengedrückt werden (vgl. Anatomieteil, Kapitel 10).

Federn: Eine ruckartige Bewegung, die fälschlicherweise zur Dehnung angewandt wird. Beim Federn wird der Muskel in kurzen Abständen gedehnt und kontrahiert, wobei das eine das andere unwirksam und damit für den Dehneffekt unbrauchbar macht. Federn ist eine der Hauptursachen von Muskelschmerzen, die völlig unnötig sind, wenn man Gymnastik betreibt.

Knacken im Gelenk: Der unangenehme Klang von Sehnen oder Bändern, die übereinanderrollen, oder Knochen, die im Gelenk springen. Sollten Sie ein Knacken im Gelenk hören, während Sie Gymnastikübungen machen, kann das Gewebe dauerhaft irritiert bzw. Arthritis verursacht werden. Indem Sie den Körper langsamer bewegen, können Sie Knacken in den Gelenken vermeiden. Versuchen Sie herauszufinden, wie Sie diese Fehlstellung der Gelenke vermeiden können (vgl. Kapitel 15, 16).

Blockieren: Ein Gelenk wird blockiert, wenn man es ganz straff macht. Dabei werden die Kochen belastet. Blockieren betrifft meist das Knie- bzw. Ellbogengelenk. Bei einem lockeren Bandapparat kann man diese beiden Gelenke sogar noch über die Senkrechte hinaus nach hinten biegen (Hyperextension). Beim Blockieren spürt man, wie die Knochen aneinanderreiben und die Bänder unangenehm straff sind. Sobald Sie die Muskeln entspannen und die Knochen nicht mehr aneinanderreiben, haben Sie lediglich Ihre Beine oder Arme leicht gebeugt. Ständiges Blockieren überdehnt die Bänder, die sich wie Leder verhalten und gedehnt werden, aber nicht wieder schrumpfen. Das wiederum schadet den Knochen. Sie können und müssen lernen, daß Sie die Gelenke nie blockieren.

Zu starkes Beugen: Zu starkes Beugen ist das Gegenteil von Blockieren. Es ist ebenso schädlich und betrifft häufig Knie, Ellbogen oder Nacken, wenn die Muskeln eine Bewegung nicht mehr kontrollieren. Das geschieht, wenn man beispielsweise auf den Unterschenkeln sitzt, eine tiefe Kniebeuge oder einen Schulterstand macht bzw. im Liegestütz zu tief geht. Dabei werden die Bänder, die sich nicht zusammenziehen können, überdehnt. Das kann den Knorpel zwischen den Knochen sowie die Muskeln für Überanstrengung und Risse verletzungsanfälliger machen. Achten Sie darauf, daß Sie weder beim Sport noch bei anderer Aktivität die Gelenke zu stark beugen.

Schwingen: Ihre Arme schwingen automatisch als Resultat der Schwerkrafteinwirkung beim Gehen oder Laufen. Schwungübungen haben keinen Dehn- oder Kräftigungseffekt, weil die Muskeln sich dabei passiv verhalten. Schwingen bezieht sich auf die Bewegung in den Gelenken, wobei die Glieder nur noch an den Bändern hängen und nicht von Muskeln gehalten werden, wenn die Schwerkraft durch das verstärkte Schwingen größer wird.

Langsam: Der Sekundenzeiger der Uhr ist der Maßstab für »langsam«. Am Anfang werden Sie viel Geduld brauchen, um Kräftigungsübungen langsam zu machen, aber bald werden Sie merken, daß langsames Üben effektiver ist, und Sie werden vielleicht noch langsamer üben wollen.

Aufwärmen: Fragen Sie fünf Leute, was Aufwärmen ist, und Sie werden fünf verschiedene Antworten bekommen. Experten sind sich einig, daß man vor jeglicher sportlichen Betätigung die Basaltemperatur (innere Körpertemperatur) erhöhen sollte, wobei die Ruhetemperatur nach dem Aufstehen als unterste Grenze genommen wird. Experten raten weiterhin dazu, keine Dehnübungen zu machen, bevor die Muskeln nicht erwärmt sind. (Muskeln, Sehnen und Bänder verhalten sich wie Gelatine: bei Erwärmung schmilzt sie, beim Kaltwerden wird sie steif.) Die hier aufgeführten Dehnübungen verursachen keinerlei Schmerzen oder Verletzungen. Sie sollten aber wenigstens 20 Minuten nach dem Aufstehen in irgendeiner Weise körperlich aktiv gewesen sein, bevor Sie Dehnübungen machen. Dann ist die Basaltemperatur angestiegen, und die Muskeln sind warum genug, um Dehnübungen zu machen.

Diese Übungssammlung ist sehr umfangreich und kann mehrfach genutzt werden: als Ganzes oder in Teilen, für Körperteile oder für den ganzen Körper oder nur für die Rehabilitation. Arbeiten Sie mit den Übungen, um sie praktisch zu erlernen oder einfach um sich zu informieren, warum Ihr Körper so funktioniert, wie er funktioniert. Es bleibt Ihnen überlassen, wie Sie mit der Sammlung umgehen. Die Hauptsache ist, Sie arbeiten mit diesem Buch.

Kapitel 1

Die Funktion von Gymnastikübungen in Sport und Tanz

An dieser Stelle wird die Funktion von Gymnastikübungen in Sport und Tanz beleuchtet. Sämtlichen Sportarten wie beispielsweise Basketball, Tennis oder Ballett liegen bestimmte Gymnastikübungen zugrunde, die die Technik schulen. Wenn Sie sich entschließen, Ballett-, Tennis- oder Basketballunterricht zu nehmen, akzeptieren Sie diese Technikschulung und hoffen, auch bald mit Leichtigkeit und Koordination tanzen oder spielen zu können. Sogar für die einfachsten und weitverbreiteten Sportarten wie Jogging oder Discotanz gibt es Erwärmungs- oder spezielle Technikübungen, die die Geschicklichkeit verbessern. Die Gymnastikübungen, die Sie ausführen, um Ihre Technik in Sport und Tanz zu verbessern, sind typische Bewegungsabläufe dieser Sportart und deren spezieller Erfordernisse an Ihren Körper.

Dabei stellt sich die Frage, ob Sie sich diese Technik nicht autodidaktisch aneignen sollten, weil Sie doch die Sportart betreiben und selbst dabei die Grenzen und Reichweiten Ihres individuellen Körpers berücksichtigen können. Auch wenn Sie Anfänger sind und Ihr Körper all diese komplizierten Bewegungen und anstrengenden Koordinationen noch nicht ausführen kann, sollten Sie das Know-how nicht nur Ihrem Lehrer überlassen. Das Problem dabei ist nämlich, daß die Lehrer die Sportart meist perfekt beherrschen und sich die Technik schon gänzlich angeeignet und vergessen haben, was es heißt, Anfänger zu sein.

Sicherlich ist es wichtig, Techniken für alle Sportarten, die man erlernen will, zu entwickeln, und Ziel der Technikschulung ist es, die für eine Sportart typischen Probleme einer Bewegungsfolge bewältigen zu lernen. Oft gelangt man damit ans Ziel. Tänzer führen beispielsweise eine Serie von Pliés und Relevés aus, um Absprung und Landung für Sprünge zu üben. Dabei beugt man die Knie, läßt aber die Fersen am Boden (Plié); danach streckt man die Knie wieder und geht in den Ballenstand (Relevé), und anschließend rollt man die Füße wieder ab zum normalen Stand mit den Fersen am Boden. Wenn diese Übungsfolge richtig ausgeführt wird (vgl. Kapitel 13), werden die Fußgelenke flexibler, die Waden- und Fußmuskeln werden gekräftigt, und die korrekte Beinstellung wird gefördert. Man lernt dadurch, Füße und Beine effektiv und effizient für leichte, hohe Sprünge einzusetzen.

Dabei gibt es aber ein Problem. Diese Technik setzt voraus, daß Sie ein gewisses Maß an Kraft in den Füßen haben, daß die Fuß- und Kniegelenke richtig übereinanderstehen, daß die Achillessehne vorgedehnt und der Körperschwerpunkt korrekt plaziert ist. Diese Voraussetzungen bringen Anfänger selten mit. Weiterhin setzt diese Technik voraus, daß Sie normale Gelenkfreiheiten haben und nicht etwa zu lockere Bänder und zu flexible Gelenke (oder zu feste Bänder und zu unflexible Gelenke). Pliés und Relevés werden oft zur Musik ausgeführt, wobei der Rhythmus die körperliche Aktivität diktiert und nicht das Bedürfnis der Schüler mit ihren individuell unterschiedlichen Voraussetzungen an Kraft und Flexibilität, Körperbewußtsein und -plazierung sowie Erfahrung im Vordergrund steht. Und überhaupt wird ein echter Sprung von gebeugten Knien ausgeführt. Wenn man also die oben beschriebene Übung ausführt (Beine streckt, bevor man die Fersen zum Ballenstand anhebt), praktiziert man das genaue Gegenteil von der normalen Beinarbeit beim Springen. Trotzdem praktizieren Tänzer weiterhin diese Technikserie, weil es Tradition ist.

Die meisten von uns, die eine neue Sportart erlernen wollen, gehen davon aus, daß sie üben und üben, bis ihr Körper genau die Form annimmt, die eine bestimmte Trainingsmethode vorgibt. Wir erwarten, daß wir so lange trainieren, bis sich unser Körper an die äußeren Umstände und den Stil der sportlichen Betätigung angepaßt hat. Dies ist ein vom Schwanz her aufgezäumtes Pferd und eine Hauptursache für Verletzungen, die häufig dann auftreten, wenn Technikschulung nicht anatomisch ausbalanciert ist. Sie können auftreten, weil Lehrer und Trainer oft nicht in der Lage sind, eine Technikübung zu erläutern oder zu erklären, warum sie überhaupt gemacht werden soll. Der Körper kann deshalb anfälliger für Verletzungen werden, weil man Sie nicht korrigiert hat und Sie die Übung falsch ausführen. Manchmal scheinen Sie eine Übung richtig zu machen, obwohl Sie Schmerzen spüren, sich aber nicht beschweren. Zu guter Letzt können Verletzungen auftreten, weil Ihre Muskeln noch nicht durch gezielte Kräftigungs- und Dehnübungen für spezielle Bewegungsabläufe vorbereitet worden sind.

Einige Trainingssysteme sind veraltet, doch diejenigen, die sie noch praktizieren, glauben an ihren Wert, ohne ihn in Frage zu stellen. Verfechter von Yoga oder traditioneller Gymnastik berufen sich oft auf die jahrelange Tradition als Rechtfertigung für die Ausführung bestimmter Übungen, obwohl die Verletzungsgefahr bei diesen Übungen längst bekannt ist. Ein häufiges Argument ist: »Sehen Sie sich doch meinen Lehrer an.« Lehrer und herausragende Sportler werden oft als Beispiele für außergewöhnliche Gesundheit und Langlebigkeit hergenommen, um zu beweisen, daß deren Trainingssysteme keine Verletzungsgefahr bergen. Natürlich kann man nicht beweisen, daß dieselben Leute auch ohne Gymnastik oder Yoga sehr gesund sind und lange leben. Dabei werden die zahlreichen ehemals aktiven Lehrer, Trainer und Schüler, die sich Verletzungen durch unsachgemäßes Training zugezogen haben, völlig außer acht gelassen.

Außerdem tragen traditionelle und kulturelle Faktoren zum außergewöhnlichen Erfolg dieser Yoga- oder Gymnastiklehrer bei. Es wird außer acht gelassen, daß Amerikaner des 20. Jahrhunderts vielleicht nicht diesen Körpertypus geerbt haben bzw. den Lebensstil führen, der einem erlaubt, bei solchen Aktivitäten mitzumachen und Nutzen daraus zu ziehen. Einige Beispiele sollen diese These erläutern. In der Kultur des Orients gibt es keine Stühle, und es ist üblich, während der Arbeit und Unterhaltung in der tiefen Hocke zu sitzen. (Die Fußsohle ist dabei flach am Boden, die Knie zeigen nach oben, und der Oberkörper liegt fast auf den Oberschenkeln auf. Die Körperhaltung gleicht dabei einem N.) Oft sitzen oder knien die Orientalen auf den Unterschenkeln, wobei die Füße ausgestreckt sind und das Gewicht des Oberkörpers über die Hüfte direkt auf die Füße übertragen wird. (Stellen Sie sich ein geplättetes Z vor.) In den Ländern, wo man so hockt und kniet, ist die traditionelle Kleidung derart, daß man sich in solchen Stellungen wohl fühlen kann.

Die tiefe Hocke ist, anatomisch betrachtet, hierbei zulässig, weil das Körpergewicht über die senkrecht stehenden Unterschenkelknochen übertragen und von der ganzen Fußsohle getragen wird. In unserer Gesellschaft hockt oder kniet man nicht von klein auf. Wenn sich unsereins in die Hocke begibt, ist das Gewicht oft auf den Ballen. Dabei stehen die Unterschenkelknochen diagonal. In dieser Position muß dann der Bandapparat der Kniegelenke, der Ober- und Unterschenkel verbindet, das gesamte Körpergewicht tragen, was unweigerlich zur Überlastung der Kniegelenke führt. Die orientalische Hocke setzt außerdem maximal gedehnte Achillessehnen voraus bzw. hält sie gedehnt. Wir in der westlichen Kultur haben in der Regel weniger gedehnte Achillessehnen, weil wir selten hocken und Schuhe mit Absätzen tragen. Die tiefe Hocke ist daher für uns unbequem, es sei denn, man hat einen lockeren Bandapparat. Die Orientalen haben aufgrund der andersartigen Funktion wesentlich breitere Knie als wir, die mit Stühlen, Absätzen und dem Ideal von wohlgeformten Beinen groß werden.

Der Lotussitz im Yoga ist für Leute mit flexiblen Hüftgelenken recht einfach zu bewältigen. Die Gelenkflexibilität ist häufig abhängig von der Länge der Bänder, die die entsprechenden Knochen zusammenhalten. Diese außergewöhnliche Flexibilität ist erblich. Yoga und Yoga-ähnliche Gymnastik wurden oft von Leuten erfunden und an die nächste Generation weitergegeben, die solche Positionen und anstrengenden Bewegungen leicht durchführen konnten. Dabei können viele dieser Positionen und Bewegungen für Leute mit normalem Bandapparat schädlich sein.

Erbliche Hypergelenkigkeit trägt zur »natürlichen Auswahl« von Tänzern, Geräteturnern und Akrobaten bei. In England hat man eine Studie bei 53 Schülern der Royal School of Ballet und deren Familien durchgeführt, wobei man die erbliche Gelenkigkeit untersucht hat. Als Kontrollgruppe testete diese Studie Schüler einer Krankenpflegeschule, die im Alter und Wachstum gleich weit fortgeschritten waren. Beide Gruppen wurden auf ihren Gelenkigkeitsgrad in sechs Gelenken getestet. Die Gelenkigkeit des kleinen Fingers war bei beiden Gruppen gleich. (Dieses Gelenk wurde als Kontrollmaßstab hergenommen.) Bei anderen Körperteilen, wo Hypergelenkigkeit häufig auftritt, nämlich im Daumen, Ellbogen, Knie, Fußgelenk und in der Wirbelsäule, war der Bewegungsgrad der Ballettschüler doppelt oder sogar mehr als doppelt so groß wie bei den Krankenpflegern. Diese »natürliche Auswahl« wird wahrscheinlich schon in sehr jungen Jahren getroffen. Flexibilität wird früh erkannt und gefördert, indem man die talentierten Kinder in Tanz und Geräteturnen unterrichtet.

Obwohl solche sowohl im Training als auch physisch anspruchsvollen Aktivitäten wie Ballett, Yoga und Geräteturnen traditionell auf Hypergelenkigkeit basieren, sind mit diesen Aktivitäten ständige Verletzungen und Schmerzen verbunden, wobei die Öffentlichkeit davon wenig Notiz nimmt. Dr. James A. Nicholas, Gründer und Herausgeber des *American Journal of Sports Medicine*, drängt darauf, daß Jungen und junge Männer im Schul- und Universitätssport auf Hyperflexibilität speziell im Kniegelenk untersucht werden. Er ist der Meinung, daß Kandidaten mit hyperflexiblen Knien nicht an Sportspielen wie Basketball und American Football teilnehmen sollten, weil die dokumentierte Verletzungsrate bei Footballspielern mit hyperflexiblen Kniegelenken 70% höher ist als bei denen mit normalem Bewegungsgrad im Gelenk.

In der Tat werden Schmerzen und kontinuierliche Beschwerden oft als selbstverständlich hingenommen, wenn Jugendliche an solchen Aktivitäten teilnehmen. Jugendliche Teilnahme an Geräteturnen oder Ballett im Schulsport ist wahrscheinlich eine der Hauptursachen für Rückenschmerzen bei vielen Erwachsenen mittleren Alters. Diese Ursache wird bei der Diagnosestellung von Ärzten oft übersehen. Kreuzschmerzen sind übliche Beschwerden bei mindestens 80% der erwachsenen amerikanischen Bevölkerung. Dafür gibt es mehrere Ursachen (vgl. Kapitel 16).

Die meisten Leute heutzutage wissen, wie wichtig es ist, sich Bewegung zu verschaffen. Von dem positiven Nutzen – Kalorienverwertung, Muskelstraffung, Streßreduktion und Wohlbefinden – wird in den Medien viel berichtet. Ungefähr 30 Millionen Amerikaner joggen derzeit, und wahrscheinlich sind es noch einmal so viele, die an Aerobic- und Fitneß-Unterricht teilnehmen. Mit den negativen Resultaten dieses Freizeitvertreibs befassen sich Ärzte auf dem relativ neuen Gebiet der Sportmedizin. Dieses Spezialgebiet entwickelte sich fast gleichzeitig mit dem Fitneßwahn und der Epidemie der Sportverletzungen, um sie unter Kontrolle zu bekommen. Seit neuerem wird daher auch über Schmerzen, Überanstrengung und persönliche Rückschläge der zahlreichen Opfer, die sich im Freizeitsport verletzt haben, berichtet. In der Veröffentlichung mit dem Titel »Kann Aerobic Ihre Fitness gefährden?«[2] schrieb Karen S. Peterson: »Nirgends werden bundesweit Statistiken gespeichert, die sich mit Verletzungen bei Sport und Tanz befassen. Aber diejenigen, die in der Sportindustrie tätig sind, sprechen von einer kleinen Armee von Verletzten, die herumlaufen.« Diese Verletzungsrate ist wahrscheinlich genauso hoch beim derzeitigen Gewichtstraining-Wahn. »Experten in der Sportmedizin sind sich generell einig, daß annähernd 80% aller Sportverletzungen vermeidbar sind und wahrscheinlich durch vernünftiges Dehnen verhindert werden können.«[3] Traditionelles, sportartspezifisches Dehnen und Kräftigen sind nicht unbedingt vernünftig, weil Übungsleiter und Trainer oft in Anatomie oder Bewegungslehre nicht sehr bewandert sind. Daher werden verletzungssichere Dehn- und

[2] Can Aerobics Endanger Your Fitness? in: Boston Globe, 18. Febr. 1983
[3] Your Health and Fitness, 5, Nr. 4, Aug./Sept. 1983

Kräftigungsübungen bei solchen traditionsgebundenen Sport- und Tanzaktivitäten kaum angewendet.

Dieses Buch beinhaltet eine Serie von Dehn- und Kräftigungsübungen, die Ihre Muskeln auf jegliche körperliche und sportliche Betätigung vorbereiten können. Wenn Ihre Muskeln nämlich vorbereitet sind, können Sie übermäßige Belastungen von Bändern und Gelenken vermeiden. Diese Übungen sind gleichermaßen wirkungsvoll für jedermann, egal, ob ein fester, normaler oder lockerer Bandapparat vorliegt. Den Übungen liegen die einschlägigen Informationen aus den Gebieten der Anatomie, Bewegungslehre, Neuroanatomie und Sportphysiologie zugrunde. Wenn Sie diese Übungen befolgen, ist es möglich, ernsthafte Verletzungen zu vermeiden, die sich aus körperlich anstrengenden Tätigkeiten ergeben können (vgl. *Surviving Exercise* über die Übungen und Positionen, die man *nicht* machen soll). Diese Trainingstechniken basieren auf körpereigener Muskelkraft und individueller Gelenkfreiheit. Die Übungen werden Ihnen helfen, die von Ihnen gewählte sportliche Betätigung mit angemessen gedehntem und gekräftigtem Muskelapparat zu betreiben.

Kapitel 2

Prinzipien von Dehnung und Kräftigung

Körpergrundlagen

Jede körperliche Aktivität, die Sie vollbringen, geschieht, weil sich Ihre Muskeln bewegen. Um es mit anderen Worten zu sagen: die sich bewegenden Muskeln bewegen Sie. Diese einfache, aber wichtige Regel will ich näher erläutern. Bevor Sie das Prinzip dieses Kapitels von Dehnung und Kräftigung verstehen, brauchen Sie einige Informationen über die Struktur Ihres Körpers und wie er sich bewegt.

Knochen: Das Skelett besteht aus 206 Knochen, die zusammen den Körper stützen. Sie bilden den »Rahmen«; sie sind starr und unbeugsam. Sie können sich alleine nicht bewegen.

Gelenke: Gelenke sind da, wo Knochen aufeinandertreffen. Die Form der aufeinandertreffenden Knochen bestimmt die Richtung, in die die verschiedenen Knochen sich bewegen können. Der Bewegungsspielraum eines jeden Gelenkes wird bestimmt durch die Festigkeit der Bänder und durch die Dehnfähigkeit und Kraft der Muskeln.

Bänder: Bänder halten die Knochen an den Gelenken zusammen. Bänder sind biegsam, aber nicht elastisch. Sie lassen eine Bewegung der Knochen zu, ähnlich, wie ein Scharnier an einer

Türe wirkt. Bänder können sich nicht kontrahieren oder eigenständig bewegen. Sie verhalten sich etwa wie Leder, das, wenn es einmal gedehnt ist, nicht mehr schrumpft.

Muskeln: Muskeln kontrahieren sich, um die Knochen an ihren Gelenken zu bewegen – das ist die Bewegung. Muskeln sind elastisch. Sie bewegen die Knochen, indem sie sich zusammenziehen. Sie sind in Gruppen angeordnet und liegen parallel zu den jeweiligen Knochen. Wenn sich die Muskeln auf der einen Knochenseite verkürzen, verlängern sie sich automatisch auf der anderen Seite. Beugen Sie einmal die Hand am Handgelenk zu sich hin. Die Muskeln auf der Handflächenseite im Unterarm verkürzen sich, während die Muskeln auf der Handrückenseite länger werden. Der aktive Teil der Muskeltätigkeit ist die Verkürzung, auch Kontraktion genannt. Die Verlängerung bzw. Dehnung der gegenüberliegenden Seite geschieht passiv. Jegliche Muskeltätigkeit beginnt aus einer gedehnten oder entspannten Position.

Sehnen: Sehnen sind die härteren, schmäleren Enden der Muskeln, die die Muskeln an die Knochen befestigen. Sehnen ähneln den Bändern; sie sind biegsam, aber nicht elastisch. Sie verbinden Muskeln mit Knochen, während Bänder Knochen mit anderen Knochen verbinden.

Muskeln sind also das Bewegungselement Ihres Körpers. Die Krafteinwirkung eines Muskels auf die Knochen geschieht über die Sehnen. Das Gehirn denkt sich eine Bewegung aus, die Nerven geben diese Information an die Muskeln weiter, die dann die Bewegung ausführen, indem sie die Knochen bewegen. Außer da, wo Schwerkraft auf den Körper einwirkt, bedeutet Bewegung fast immer Kontraktion einiger Muskeln und Dehnung anderer Muskeln. Dies verändert die Position der Knochen im Gelenk.

Richtlinien für den Gebrauch der Muskeln

Ihre Muskeln müssen kräftig, elastisch und in der Lage sein, sich zu dehnen, damit sie alle Bewegungen ausführen können, die Sie ausführen wollen. Alltagsbewegungen geben Ihren Muskeln nicht das notwendige Kraft-Dehnungs-Gleichgewicht; normales Gehen, Sitzen oder sogar Schlafen wirkt ungleichmäßig auf die Muskeln ein, da hierbei einige Muskeln gedehnt werden, andere sich hingegen verkrampfen. Es ist ratsam, sich vor und nach jeder anstrengenden Tätigkeit zu dehnen.

Sechs Leitsätze sollen Ihnen helfen, sich während jeder körperlichen Aktivität vor Verletzungen zu schützen.

1. Lassen Sie Ihren Körper sich seine eigenen Grenzen setzen (seien dies ererbte oder erworbene Grenzen).
2. Leben heißt sich bewegen. Damit die Muskeln für Sie brauchbar sind, müssen Sie wiederum die Muskeln gebrauchen.
3. Entwickeln Sie ein Gespür für jede Muskeltätigkeit. Vertrauen Sie Ihrer eigenen Wahrnehmung von Muskelentspannung (Dehnung) und Kontraktion (Kräftigung).
4. Beenden Sie sofort eine Bewegung oder Übung, die Schmerzen verursacht. »Au« bedeutet STOP.
5. Kräftigen Sie die Muskeln, die Sie gedehnt haben oder dehnen wollen.
6. Vor und nach jeder sportlichen Betätigung sollten Sie die Muskeln dehnen, die Sie gekräftigt haben.

Lassen Sie Ihren Körper sich seine eigenen Grenzen setzen (seien dies ererbte oder entwickelte Grenzen). Sie erben einen festen, lockeren oder »normalen« Bandapparat. Diese Struktur kann nicht verändert, jedoch modifiziert und an körperliche Aktivität angeglichen werden. Oft denken Menschen mit lockerem Bandapparat, sie bräuchten die Muskeln nicht zu dehnen. Wenn sie sich dennoch dehnen, fühlen sie diese Dehnung nicht.

Menschen mit festem Bandapparat sind weniger anfällig für Gelenkverletzungen, haben aber oft Gelenkbeschwerden bei körperlicher Aktivität, weil falsches Dehnen eine starke Dehnungswahrnehmung in Gelenken und Muskeln verursacht. Egal, ob Sie einen lockeren oder festen Bandapparat haben, Sie müssen Ihre natürlichen Grenzen kennen und Ihre Aktivität entsprechend angleichen.

Bewegen Sie sich: Damit die Muskeln für Sie brauchbar sind, müssen Sie wiederum die Muskeln gebrauchen. Muskeln, die nicht ausreichend gedehnt und gekräftigt werden, sind nicht mehr brauchbar. Muskeln, die nie gebraucht werden, atrophieren, d. h., sie werden kleiner und schwächer und verlieren gänzlich ihre Fähigkeit, sich kraftvoll zu kontrahieren bzw. sich aus der Kontraktion zu lösen (dehnen).

Die heutige Medizin erkennt die gesundheitsfördernden Resultate körperlicher Bewegung an; heutzutage steht man nach einer Operation meist innerhalb 24 Stunden auf. Die Wiederherstellung der Körperfunktionen geht schneller, wenn der Patient seinen Körper aktiv einsetzt. Das trifft auch für die meisten Verletzungen zu: Bewegung heilt (vgl. Kapitel 16).

Entwickeln Sie ein Gespür für Muskeltätigkeit, und lernen Sie, Ihrer eigenen Wahrnehmung von Dehnung und Kräftigung zu vertrauen. Dehn- oder Kräftigungsübungen spürt man immer in den Muskeln. Dehnung löst Verspannungen und hinterläßt ein intensives und befriedigendes Gefühl in der Muskulatur. Korrektes Dehnen erfordert, daß Sie die Dehnstellung 1 Minute oder länger halten, bis sich die Spannung in den Muskeln löst. Muskelkräftigung hingegen macht müde, z. B., wenn Sie eine schwere Tasche voller Lebensmittel mehrere Treppen hinaufgetragen haben.

Korrektes Kräftigen bedeutet, daß Sie die Muskeln langsam gegen und mit der Schwerkraft bewegen, und zwar immer ein wenig über Ihre Müdigkeitsgrenze hinaus. Sobald Sie die

Dehn- oder Kräftigungsübungen beendet haben, sollten die Begleiterscheinungen des Trainings ziemlich schnell wieder abklingen, ohne verharrendes »Brennen«[4] in den Muskeln.

Beenden Sie sofort eine Übung oder Bewegung, die Schmerzen verursacht. »Au« bedeutet STOP. Ein Stechen oder Brennen, das Sie aufspringen oder zusammenzucken bzw. »Au« schreien läßt, kann eine wichtige Warnung sein und sollte nicht ausgehalten werden. Das Gefühl von Muskelkontraktion (Anspannung zwecks Kräftigung) und Entspannung durch Dehnung ist normal.

Vergleichen Sie auch *»Surviving Exercise«*[5] für detaillierte Angaben über schädigende Übungen. Überwiegendes Unwohlsein oder starke, stechende Schmerzen bei einer Übung signalisieren, daß sie für Ihren derzeitigen Muskelzustand zu schwierig ist. Oft ist Schmerz das Resultat von Überanstrengung an bereits früher einmal verletzten Körperteilen. Die Spielregel heißt: bei Schmerz STOP.

Manchmal stellt sich der Schmerz oder die Verletzung erst ein bis zwei Tage nach einer Übung ein. Oft sind Nachfedern, Schwingen der Gliedmaßen oder zu schnelles Ausführen von Kräftigungsübungen die Ursache für Schmerzen am Tag danach. Eine andere Art Schmerz kann durch einen Sturz, eine plötzliche unerwartete Bewegung oder das Tragen von außergewöhnlich schweren Objekten hervorgerufen werden. Diese Art von Verletzungen kann man zwar nicht vermeiden, aber der Schmerz kann minimalisiert werden, wenn Sie sich im Training richtig aufwärmen und abkühlen.

Körpertraining darf nie Schmerzen in der Muskulatur verursachen; es sollte in sich befriedigend sein.

Kräftigen Sie die Muskeln, die Sie dehnen: Insbesondere drei Gebiete Ihres Körpers sollten gekräftigt werden, weil sie bei Alltagstätigkeiten und Freizeitsportarten oft vernachlässigt werden: die Bauchmuskeln (vgl. Kapitel 9), der Rücken im Schulterbereich (vgl. Kapitel 5) und der Hals vorne (vgl. Kapitel 4).

[4] s. Fußnote 1, S. 18
[5] Alter, Judy, Surviving Exercise, Boston: Houghton Mifflin, 1983

Dehnen Sie die Muskeln, die Sie kräftigen: Muskeln dehnen sich nicht von alleine. Machen Sie eine Faust, und halten Sie die Kontraktion 30 Sekunden lang. Nun öffnen Sie die Faust und lösen die Anspannung. Von alleine lösen oder strecken sich die Finger nicht. Dies erfordert einen neuen Impuls. Muskeln, die sich kontrahieren sollen, müssen in einer entspannten oder gedehnten Ausgangsstellung sein. Dehnung muß also immer mit Kräftigung kombiniert werden und Kräftigung mit korrekter und adäquater Dehnung.

Die Alter-Dehnmethode

Nachdem Sie jetzt verstehen, warum die Muskeln das Gleichgewicht von Dehnung und Kräftigung brauchen, um sie gebrauchsfähig zu erhalten, sind Sie in der Lage, mit Körper und Geist die *Alter-Dehnmethode* zu verarbeiten. Ihre sechs Merkmale sind: Traktion, Kontraktion, Aktion, Isolation, Entspannung und Wahrnehmung.

Traktion: Diese Dehnmethode wirkt durch Zug. Wenn sich Muskeln fest zusammenziehen, wie bei einem Muskelkrampf oder Hexenschuß, wendet der Orthopäde oft Zug an, um die Schmerzen zu lindern. Der Arzt hängt dann Gewichte an den Körperteil, der sich verkrampft hat. Das Gewicht bewirkt die Ermüdung der Muskeln, so daß sie sich entspannen, lösen und wieder länger werden. Mit dem Längerwerden hört der Schmerz auf. Manchmal dauert diese Maßnahme ein paar Stunden.

Die *Alter-Dehnmethode* wirkt ähnlich: Das eigene Körpergewicht wird so eingesetzt, daß es die Muskeln ermüden läßt und dann dehnt. Beispielsweise wiegt Ihr Kopf 5–6 kg. Wenn er in der richtigen Weise als Gewicht eingesetzt wird, bewirkt er ein Ziehen, das Sie bis in die hintere Oberschenkelmuskulatur spüren (vgl. Kapitel 11). Außerdem wird die Nackenmuskulatur dabei entspannt. (Diese Idee ist nicht neu. Carol J. Widule erklärt dieses Prinzip in dem Kapitel »Conditioning« in Introduction to Human Movement, hg. von Hope M. Smith [Reading, Mass.: Addison – Wesley 1968].)

Kontraktion: Eine weitere Methode, die Muskeln dehnfähig zu machen, ist, sie durch das Auf- und Abbewegen eines Gliedmaßes oder Körperteils zu ermüden. Beim Auf- und Abbewegen kontrahieren sich die entsprechenden Muskelgruppen und werden gekräftigt. Wenn die Muskeln durch die Kräftigung müde werden, lösen sich Verspannungen leichter, und sie lassen sich leichter dehnen. Sie schlagen zwei Fliegen mit einer Klappe: wenn Sie Ihre Muskeln dehnen, kräftigen Sie sie dabei automatisch. Die Kräftigung vollzieht sich vor und nach einer Dehnposition, nicht gleichzeitig mit ihr.

Bei dieser Methode macht man Gebrauch von einem körpereigenen Reflex, dem Dehnreflex. Wenn eine Muskelgruppe sehr anstrengende oder sehr schnelle Bewegungen machen soll, entspannen sich die Muskeln auf der gegenüberliegenden Seite (Antagonisten), damit die sich kontrahierenden Muskeln besser arbeiten können. Dies geschieht reflexartig, z. B., wenn Sie plötzlich die Hand von einer heißen Herdplatte oder einem heißen Topfhenkel wegziehen. Diesen Reflex macht man sich bei der Dehnung mit Hilfe eines Partners zunutze. Die zu dehnende Muskelgruppe wird aktiv gegen den Widerstand des Partners so lange kontrahiert, bis sie ermüdet. Jetzt erst wird sie gedehnt. Ohne die Hilfe eines Partners beanspruchen zu müssen, beinhaltet die *Alter-Dehnmethode* diesen physiologischen Reflexmechanismus. Kontraktionen isometrischer (statisch gehalten) oder isotonischer (gegen Schwerkraft bewegt) Art werden eingesetzt, um Muskelgruppen oder ihre Gegenspieler zu ermüden, bevor sie gedehnt werden.

Aktion: Mit dieser Methode dehnen Sie aktiv die Muskeln. Sie erinnern sich, daß Muskeln elastisch sind wie ein Gummiband. Oft wird in der Anleitung erwähnt, daß Sie bei einer Dehnung die Armkraft aktiv einsetzen sollen, um einen Körperteil zu einem anderen Körperteil hin- oder von ihm wegzubewegen. Oder die Anleitung besagt, daß Sie das Bein umarmen sollen, um z. B. den Brustkorb auf die Oberschenkel zu ziehen. Aktives Dehnen ist genauso verletzungssicher wie passives Dehnen. Beim aktiven Dehnen ziehen Sie, beim passiven Dehnen lassen Sie den Oberkörper einfach hängen, ohne nachzufedern oder zu pulsieren. Passives Dehnen birgt nicht die Verletzungsgefahr des stoßartigen, ruckartigen Dehnens wie z. B. Nachfedern. Nachfedern ist ein kraftvoller Wechsel von Kontraktion und Dehnung, der leicht die Muskelfasern zerreißen kann. Die *Alter-Dehnmethode* geht über die passive Dehnmethode hinaus, indem Sie aktiv und konstant ziehen, anstatt darauf zu warten, daß die Dehnung von alleine durch den Zug des Körpergewichts geschieht.

Aktives Dehnen verursacht keine Schmerzen oder Verletzungen, weil man die Muskeln ganz isoliert dehnen kann. Die Haltung der anderen Körperteile ist vorgeschrieben, weil deren Gewicht dazu beiträgt, die zu dehnenden Muskeln zu verlängern.

Isolation: Die *Alter-Dehnmethode* arbeitet mit jeweils nur einem Teil des Körpers. Anstatt beide Wadenmuskeln gleichzeitig zu dehnen, dehnen Sie erst ein Bein, dann das andere. Das gleiche gilt für alle anderen Körperteile. Auf diese Weise ist es leichter, sich auf die »Dehnungswahrnehmung« in diesem speziellen Körperteil zu konzentrieren. Anfängliche Beschwerden bei festen Muskeln können auf diese Weise vermieden werden. Die Fähigkeit, einen sich entspannenden Muskel wahrzunehmen, wird Ihnen bei dem nächsten Teil der Dehnmethode, der Entspannung, helfen.

Entspannung: Sie können im Selbststudium lernen, sich auf Kommando zu entspannen, wenn Sie irgendeine der Entspannungstechniken, die entwickelt worden sind, üben. Dabei lernen Sie, die Spannung in Ihren Muskeln zu fühlen und sie dann zu lösen. Die erste automatische Reaktion auf kinästhetische Wahrnehmung, zu der auch die Dehnungswahrnehmung zählt, ist sehr wahrscheinlich eine Anspannung in den Muskeln, auch wenn diese noch so gering ist. Folglich wird Ihr Körper am Anfang die Dehnübung zu hemmen versuchen.

Wenn Sie die anfängliche Anspannung als Reaktion auf die Dehnung spüren, müssen Sie sich immer wieder auf irgendeine Weise sagen: »Laß los, entspanne dich.« Der Rest dieser Dehnmethode ist außerordentlich effektiv und wird durch die Entspannung erleichtert, so daß die Anfangsschwierigkeiten verschwinden.

Wahrnehmung: So lange Sie aktiv und lebendig sind, werden Sie Ihre Muskeln immer beim Dehnen spüren. Das ist normal. Selbst beim Stehen sind die Muskeln aktiv. Die Muskeln auf der Vorderseite des Körpers agieren mit denen auf der Rückenseite gegenspielerisch, damit Sie nicht vornüber kippen. Das bedeutet, daß die meisten Muskeln unentwegt ihrer Arbeit nachgehen, indem sie sich kontrahieren. Selbst nach mehreren Tagen Bettruhe fühlen Sie sich steif, weil die Muskulatur in den verschiedensten Kontraktionsstadien war. Wenn Sie keine Dehnung wahrnehmen, während Sie eine Dehnübung machen, sind Sie entweder nicht in der korrekten Ausgangsposition, oder Sie haben den Dehnprozeß bereits vollendet.

Jeder Mensch ist anders. Diejenigen mit festem Bandapparat werden am ehesten jede Dehnübung dieses Buches fühlen, auch diejenigen mit »normalem« Bandapparat. Aber auch diejenigen mit lockerem Bandapparat können die Dehnung in ihren Muskeln fühlen, wenn die Übung korrekt ausgeführt wird. Die Dehnungswahrnehmung der Muskeln ist genauso wichtig wie das Atmen. Sie müssen die Dehnung fühlen! Dann erst können Sie das Gefühl vom »Dahinschmelzen«, das schöne Gefühl von entspannter, gedehnter Muskulatur, genießen.

Stark sein – wie und warum

Das Wort »stark« hat für jeden eine andere Bedeutung. Einige verbinden damit Gewichtheben, für andere bedeutet es, einen Marathon in Rekordzeit zu laufen oder starkentwickelte Muskeln zu haben. Oft kann man durch die Wortwahl von Kraft oder Stärke im Satzzusammenhang erfahren, welche Vorstellung gemeint ist. Muskeln können groß sein, haben aber nicht die Kraft, sich schnell zu bewegen; und sie können stark und kräftig sein, ohne besonders groß zu sein. Muskeln können auch stark, aber ohne Ausdauer sein. Es ist daher für die meisten Leute ein erstrebenswertes Ziel, adäquate Kraft, Kraftausdauer und Stärke zu erlangen. Jedes dieser Ziele erfordert ein spezielles Trainingskonzept. Sie können Kraft und Ausdauer gleichzeitig mit Hilfe der isometrischen Übungen in diesem Buch erwerben. Dann haben Sie Muskeln, die das tun, was Sie wollen.

In dem Buch *Total Fitness in 30 Minutes a Week*[6] deuten Laurence E. Morehouse und Leonard Gross darauf hin, daß Kraft drei Aspekte hat: Grundkraft, Kraftausdauer und Stärke. Kraftaufbau ist aufgabenspezifisch, d. h., um Kraft für eine spezielle Tätigkeit zu entwickeln, müssen Sie diese Tätigkeit immer mit Kraft, Präzision und Kontrolle ausführen. Dafür gibt es zwei gleichermaßen gebräuchliche Methoden, wobei die Muskeln ein Gewicht halten oder bewegen müssen. Beim Gewichtheben hebt man ein- oder zweimal ein schweres Gewicht, setzt es wieder ab. Diese Art Krafttraining entwickelt große Muskeln und gibt ihnen statische Stärke. Die andere Möglichkeit, Kraft aufzubauen, ist isokinetisch, eine Form von isotonisch. Bei diesem Krafttraining bewegen Sie langsam kleinere Gewichte mit gleichbleibendem Widerstand auf und ab (gegen die Schwerkraft) und machen so viele Wiederholun-

[6] New York: Simon and Schuster, 1973

gen, bis die beteiligten Muskeln ermüdet sind. An diesem Müdigkeitspunkt angekommen, machen Sie noch eine letzte Wiederholung (overload effect), um Ihre Kraft zu steigern. Muskelbiopsien von Leuten, die beide Arten von Krafttraining gemacht haben, weisen nach, daß beide etwa den gleichen Kraftmuskelzuwachs bewirken. Aber die Muskeln, die schwergewichtstrainiert sind, haben weniger aerobe Kapazität. Das bedeutet, die Zellstruktur im Muskel ist dichter und kann nicht so viel Sauerstoff durchlassen. Daher bekommt man vom Schwergewichts-Krafttraining Muskelzuwachs mit sehr wenig Ausdauerleistung.

Sie sollten verstehen, daß unterschiedliches Krafttraining für die Muskeln unterschiedliche Resultate bringt. Wenn Sie sich darüber im klaren sind, wozu Sie stärker werden wollen, sollen Sie jetzt erfahren, wie Sie Ihr Ziel erreichen können. Die Kräftigungsübungen in diesem Buch sind isotonisch, weil isotonische Übungen eine Basiskraft schaffen. Die Anleitungen dafür sind isokinetischer Art. Das bedeutet, daß die Muskeln gleichen und gleichbleibenden Widerstand der eigenen Körperteile durch Heben gegen die Schwerkraft und durch Senken gegen den Zug der Schwerkraft erfahren. Für die meisten Übungen brauchen Sie daher keine anderen Gewichte als das Gewicht Ihrer eigenen Körperteile.

Zusammenfassend kann man sagen: Sie müssen die Muskeln in adäquater Dehnung und mit Kräftigungsübungen im Gleichgewicht halten, um Muskeln aufzubauen, die sowohl stark als auch ausdauernd sind. Dann haben Sie eine gute Basis für alle sportlichen Betätigung. Wenn Sie dann Ihrer Sportart nachgehen, sind Ihre Muskeln in der Lage, den speziellen Anforderungen gerecht zu werden. Dabei wird Ihre Kraft ständig vergrößert, und Sie genießen letztendlich Ihre eigene Leistungssteigerung.

Kapitel 3

So arbeiten Sie mit diesem Buch

Nachfolgend finden Sie eine Auflistung von Übungen für:

- alle Freizeitsportler
- Anfänger
- die Streßtage – das absolute Minimum
- Tänzer und professionelle Athleten
- die Beine
- den Oberkörper
- Leute mit stehender Tätigkeit
- Leute mit sitzender Tätigkeit
- Leute, die ans Bett oder an den Rollstuhl gebunden sind
- die Entspannung
- den Rücken

Suchen Sie sich aus der Liste das heraus, das Sie speziell anspricht, und machen Sie die Übungen in der aufgeführten Reihenfolge. Jede Übung ist numeriert. Bevor Sie die Liste durchsehen, sollten Sie zum besseren Verständnis noch die folgenden Richtlinien lesen.

Bevor Sie die Übungen machen, lesen Sie die kurzgefaßte, allgemeinverständliche Anatomiebeschreibung für den entsprechenden Körperteil durch. Das wird Ihnen dabei helfen, zu verstehen, warum die Übungen gemacht werden, wie sie beschrieben sind.

Aufwärmen

Die Experten sind sich einig, daß man sich aufwärmen sollte, bevor man mit einer sportlichen Betätigung beginnt. Die wenigsten sind sich darin einig, wie lange die Aufwärmarbeit sein soll oder was sie beinhalten sollte. Grundsätzlich stimmt man darin überein, daß die Basaltemperatur des Ruhezustandes erhöht werden sollte. Das bedeutet, daß man nicht gleich aus dem Bett aufspringen sollte, um Gymnastik zu betreiben. Warten Sie wenigstens 20 Minuten nach dem Aufstehen. Oftmals wird gesagt, man solle beim Erwärmen ins Schwitzen kommen, aber das hängt vor allem davon ab, wie leicht Sie anfangen zu schwitzen. Es gibt eine Vielzahl von Aufwärmübungen: Sie können auf der Stelle laufen und sich 30–60 Sekunden schütteln; Sie können versuchen, eine Wand wegzuschieben; Sie können 3–5 Minuten schnell im Haus umherspazieren; Sie können den »Hampelmann« spielen, vorausgesetzt, Sie passen auf, daß Sie jedesmal mit den Fersen den Boden berühren und die Knie dabei gebeugt sind. Diese Aufwärmübungen sind wichtig, wenn Sie lange gesessen oder sich ausgeruht haben. Wenn Sie von der Arbeit in die Turnhalle hetzen oder sich beeilen, in der Mittagspause schnell eine Aerobicstunde zu besuchen, haben Sie sich rein technisch schon aufgewärmt.

Dennoch sollte Aufwärmen etwas mehr bedeuten, als ins Schwitzen zu kommen oder die Basaltemperatur zu erhöhen. Es sollte eine *Vorbereitung* sein, die man in den Muskeln spürt, die aber schwer zu beschreiben ist. Vorbereitende Übungen sind sportartspezifisch und sollen die Muskeln vordehnen, die Sie durch Ihre Sportart kräftigen, bzw. umgekehrt. Wärmen Sie sich dabei so auf, wie es Ihnen am sinnvollsten für Ihre Erfordernisse, Ihre sportliche Betätigung und Ihren Körper erscheint.

Sicherlich haben Sie schon einmal irgendwo gelesen, daß man sich nicht vor dem Aufwärmen dehnen sollte. Diese

Warnung betrifft wahrscheinlich solche Dehnübungen, bei denen man nachfedert oder sich in gefährdende Positionen begibt. Dieses Buch beinhaltet aber keine gefährdenden Dehnpositionen oder Dehnübungen. Wenn Sie die Dehnübungen so ausführen, wie sie beschrieben sind, werden Sie wenig oder keinen Muskelkater bekommen und keinerlei Risiko für Ihren Körper eingehen. Es ist jedoch wichtig, daß Sie nicht zu viel des Guten tun. Dehnen Sie daher nur so lange, wie Sie Entspannung in den Muskeln spüren.

Übungsrichtlinien

In Kapitel 2 »Prinzipien von Dehnung und Kräftigung« haben Sie gelernt, daß Muskeln sich zwar von alleine zusammenziehen können, aber nicht von alleine dehnen. Sie haben auch gelernt, daß ein Gleichgewicht zwischen Dehnung und Kräftigung die Muskeln optimal vorbereitet. Hier sollen Sie erfahren, in welcher Reihenfolge die Übungen ausgeführt werden sollen, um am meisten Gewinn und am wenigsten Beschwerden davonzutragen.

1. Vorbereiten und ausgleichen. Die Muskeln, die Sie während Ihrer speziellen Sportart am meisten einsetzen und damit kontrahieren, sollten vorher und nachher gedehnt werden; z. B., wenn Ihre Sportart Joggen, Sprinten oder Gehen ist, werden die Bein- und Gesäßmuskeln stark beansprucht. Sie sollten vorher gedehnt werden.

Aber auch das Dehnen nachher ist wichtig. Muskelgewebe verhält sich wie Gelatine und wird weich bei Erwärmung, erhärtet bei Kühlung. Wenn Sie sich gleich nach dem Joggen hinsetzen und eine Stunde später wieder aufstehen wollen, werden Sie steif sein, weil die Muskeln in kontrahiertem Zustand kalt und fest geworden sind. Wenn Sie sich jedoch nach dem Joggen dehnen, spüren Sie eine Stunde später wenig oder gar nichts.

Als Faustregel gilt: Bereiten Sie sich auf Ihre sportliche Betätigung vor, indem Sie sich dehnen und kräftigen, und wiederholen Sie das Dehnen nach der sportlichen Betätigung noch einmal.

2. Die Reihenfolge ist wichtig. Die Reihenfolge der nachfolgenden Liste sollte eingehalten werden, z. B. sollten Sie, wenn möglich, immer zuerst den Schultergürtel dehnen, bevor Sie den Nacken dehnen und kräftigen, weil die Schultermuskulatur gleichzeitig die oberste Schicht in der Nackengegend bildet. Werden die Schultermuskeln zuerst gedehnt, spüren Sie weniger Widerstand in den eigentlichen Nackenmuskeln.

Vor dem Dehnen sollten Sie die Schultern kräftigen. Sie werden feststellen, daß die Muskeln der Dehnung leichter nachgeben; denn vorheriges Kräftigen ermüdet die Muskulatur, und ermüdete Muskeln lassen sich leichter dehnen.

Auch die Reihenfolge beim Dehnen der Beinmuskeln ist wichtig, obwohl sie nach Körperbeschaffenheit oder sportlicher Betätigung unterschiedlich ist. Sie müssen daher mit folgenden Dehnübungspaaren etwas experimentieren. Bevor Sie die hintere Oberschenkelmuskulatur dehnen, müssen Sie die Wadenmuskeln dehnen, und bevor Sie die »Brezel« oder »halbe Brezel« (Übungen 56, 57) machen, sollten Sie eine Quadrizepsdehnung aus Kapitel 11 machen. Aber ob Sie mit der Kombination »Quadrizeps/Brezel« beginnen oder »Wade/Hamstrings«, bleibt Ihnen überlassen. Wenn Sie vor dem Wadendehnen »Fußgelenkkreuzen« und »Sandkratzen« (Übungen 91, 92) ausführen, werden Sie weniger Widerstand in den Waden und daher eine effektivere Dehnung verspüren. Andererseits wollen Sie vielleicht lieber die Fuß- und Fußgelenkübungen direkt vor Ihrer »Tanzstunde«, Ihrem »Sprungtraining« oder »Lauftraining« machen, weil Sie die Füße dabei für das Abfangen und Wegdrücken des Körpergewichts vorbereiten. Mit anderen Worten: Die speziellen Anforderungen Ihrer Sportart bestimmen die Reihenfolge mit. Die Auflistung ist in der bestmöglichen Reihenfolge für die meisten Freizeitsportler und -sportarten zusammengestellt worden.

3. Je mehr Sie trainieren wollen, um so mehr müssen Sie die Muskeln vorbereiten. Professionelle Athleten und Tänzer verbringen sehr viel Zeit damit, sich auf ihre Betätigung vorzubereiten. Je mehr Sie sich Ihrer Leistungsgrenze nähern, desto mehr müssen Sie die Muskeln auf diese Herausforderung vorbereiten. Wenn Sie sich an Ihre eigene Leistungsgrenze treiben, treiben Sie ebenfalls Körperschwäche, alte Verstauchungen, Zerrungen und Verletzungen an die Grenzen ihrer Belastbarkeit. Je mehr Zeit Sie sich nehmen, Ihren Körper vorzubereiten, desto mehr werden Sie Ihre spezielle Sportart ohne Risiko genießen können. Tänzer sollten beispielsweise sowohl die »Hamstringdehnung im Stehen« (Übung 71) machen als auch die »dreifache Dehnung der Hamstrings« (Übung 72). Bevor Sie in einem Wettkampf laufen, sollten Sie ebenfalls diese beiden Dehnübungen machen, weil die Muskulatur dadurch wesentlich besser vorbereitet wird als mit nur einer Dehnübung.

4. Spezielle Anforderungen brauchen spezielle Aufmerksamkeit. Wenn Sie sich von einer Sportverletzung erholen, müssen Sie sich noch mehr Zeit nehmen, den verletzten Körperteil vorzubereiten (vgl. Kapitel 16). Wenn Sie eine Weile ausgesetzt haben, müssen Sie langsam und mit viel Geduld beginnen. Die ehemalige Muskelkraft wird wiederkommen, wenn Sie vorsichtig trainieren. Bei einem sehr festen Bandapparat sind die Muskeln oft nicht sehr geschmeidig, und Sie müssen länger als die vorgeschlagenen 30–60 Sekunden, nämlich bis zu 2 Minuten, in einer Dehnstellung verharren. Das Resultat wird sich lohnen, aber Sie brauchen mehr Zeit. Bei lockerem Bandapparat müssen Sie Ihren Körper erst an die Dehnposition gewöhnen, und Sie brauchen ebenfalls mehr Zeit, um Ihren Körper auf die sportliche Betätigung vorzubereiten. Immer wieder wird bei den Übungen darauf hinwiesen, daß auch Sportler mit lockerem Bandapparat eine Dehnung spüren können.

Übungsverzeichnis

Für alle Freizeitsportler

Sollte Ihre Arbeit oder Ihre Sportart den ganzen Körper gleichmäßig beanspruchen, dann benützen Sie diese Übungsreihe. Machen Sie die gesamte Reihe vor, die Dehnungen nochmals nach der Betätigung. Nehmen Sie sich die Zeit, die Übungsreihe auch an den Tagen, an denen Sie nicht arbeiten oder Sport treiben, zu machen. Diese Reihe bringt Dehnung und Kräftigung der Muskulatur ins Gleichgewicht. Die Oberschenkel, die wahrscheinlich genügend bei Ihrer Arbeit oder Sportart gekräftigt werden, werden in dieser Reihe nicht gekräftigt.

36, 37.	Fingerkreisen und Fingerdrücken (Machen Sie die Übung zwischendurch.)
15.	das Huhn oder 14. die Welt umarmen
39.	kegelförmige Dehnung
26.	dieser Liegestütz oder 25, 28, 29
18.	Klimmzüge
10.	Schulterdehnung von unten
11.	Schulterdehnung von der Seite mit 21. Handgelenkdehnung
20.	Trizepsdehnung
12.	Schulterdehnung von oben
1, 2, 3.	Nackendehnung, seitlich, diagonal
6.	Nackendehnung gedreht
5, 7.	Kopfheben mittig, diagonal, seitlich gedreht
58.	Beckenkippen
47.	Abrollen oder andere Bauchmuskel-Kräftigungsübungen, 45, 46, 48
61.	Quadrizepsdehnung im Sitzen und 62. Salzstreuer
55.	halbe Brezel oder 56. Brezel
85.	Wadendehnung im Stehen

87. A-geformte Wadendehnung
66. tiefer Ausfallschritt
71. Hamstringdehnung im Stehen
76. dreiteilige innere Oberschenkeldehnung
95. Fußraupe
91. Fußgelenkkreuzen
92. Sandkratzen
89. einbeiniges Fersenheben oder 90. Zeitlupenspringen und dann 85. Wadendehnung im Stehen und 87. A-geformte Wadendehnung

Für Anfänger

Diese Übungen helfen Ihnen, ein gutes Gleichgewicht zwischen Dehnung und Kräftigung der Muskulatur aufzubauen. Wenn diese Übungen nicht mehr ausreichen, machen Sie die Übungen für alle Freizeitsportler.

13. Engelsflügel
39. kegelförmige Dehnung
28, 29. Wandliegestütz, seitlicher Wandliegestütz
10. Schulterdehnung von unten
11. Schulterdehnung von der Seite mit 21. Handgelenkdrehung
12. Schulterdehnung von oben
1, 2, 3. Nackendehnung mittig, seitlich, diagonal
4, 5. Kopfheben mittig, diagonal
6. Nackendehnung gedreht
45. Katzenbuckel
46. Bein-Arm-Kopfheben
61. Quadrizepsdehnung im Sitzen und 62. Salzstreuer
55. halbe Brezel
85. Wadendehnung im Stehen
71. Hamstringdehnung im Stehen
73. rückwärtiges Beinkreisen
68. Beinspreize und dann 85. Wadendehnung im Stehen
95. Fußraupe

91. Fußgelenkkreuzen
92. Sandkratzen
96. Fersenheben
98. Haltungsschulung

Für die Streßtage – das absolute Minimum

Wenn Ihr Tagesablauf so vollgepackt ist, daß Sie zum Dehnen und Kräftigen nur ein paar Minuten Zeit haben, machen Sie folgende Übungen:

85. Wadendehnung im Stehen
71. Hamstringdehnung im Stehen
47. Abrollen oder andere Bauchmuskel-Kräftigungsübungen, 45, 46, 48
11. Schulterdehnung von der Seite und 21. Handgelenkdehnung
1. mittige Nackendehnung
39. kegelförmige Dehnung
50. Türrahmenziehen

Für Tänzer und professionelle Athleten

Wenn Sie Ihre Leistungsgrenze erreichen und neue Fertigkeiten erwerben wollen, müssen Sie eine komplette Reihe von Übungen machen, die Sie bestens vorbereitet.

15. das Huhn oder 14. die Welt umarmen
41. Rückenrippendehnung
61. Quadrizepsdehnung im Sitzen mit 11. Schulterdehnung von der Seite
56. Brezel mit 10. Schulterdehnung von unten
12. Schulterdehnung von oben
1, 2, 3. Nackendehnung mittig, seitlich, diagonal
4, 5. Kopfheben mittig, diagonal
58. Beckenkippen 83. Beinstrecken

47. Abrollen
84. Wadendehnung im Sitzen oder 88. erleichterte Wadendehnung
85. Wadendehnung im Stehen
87. A-geformte Wadendehnung mit 27. A-geformtem Liegestütz
66. tiefer Ausfallschritt
71. Hamstringdehnung im Stehen
72. dreifache Hamstringdehnung
75. inneres und äußeres Oberschenkelheben
54. offener Schneidersitz
76. dreiteilige innere Oberschenkeldehnung
78. äußeres Oberschenkelheben im Sitzen
79. Grätschdehnung in drei Schritten
81. Kräftigung in der Grätsche
55. halbe Brezel oder 56. Brezel
95. Fußraupe
97. Schluckauf
91. Fußgelenkkreuzen
92. Sandkratzen
30. die Seemöwe
31. der Kormoran
32. die wilde Ente

Für die Beine

Wenn Sie bei Ihrer Arbeit oder Sportart die Beine (Laufen, Aerobic) viel belasten, befolgen Sie die Auflistung für alle Freizeitsportler. Achten Sie darauf, daß Sie ein Gleichgewicht zwischen Ober- und Unterkörper erhalten, was Kraft, Flexibilität und Dehnung angeht. Im Anschluß an den Liegestütz machen Sie dann noch:

24. Käse schneiden (auf dem Boden liegend mit kleinen Gewichten)

Für den Oberkörper

Wenn Sie den Oberkörper häufig einsetzen, z. B. Gewichte heben oder Schlagzeug spielen, müssen Sie dafür sorgen, daß der Oberkörper adäquat gedehnt wird und daß die Beine ebenfalls gekräftigt und gedehnt werden.

39.	kegelförmige Dehnung
10.	Schulterdehnung von unten
11.	Schulterdehnung von der Seite mit 21. Handgelenkdehnung
20.	Trizepsdehnung
12.	Schulterdehnung von oben.
1, 2, 3.	Nackendehnung mittig, seitlich, diagonal
6.	Nackendehnung gedreht
4, 5, 7.	Kopfheben mittig, diagonal, seitlich gedreht
47.	Abrollen oder 49. wandgestütztes Abrollen
50.	Türrahmenziehen
51.	Rückenentlastung oder 52. Paul-Williams-Dehnung
61.	Quadrizepsdehnung im Sitzen und 62. Salzstreuer
54.	offener Schneidersitz
55.	halbe Brezel oder 56. Brezel
85.	Wadendehnung im Stehen
87.	A-geformte Wadendehnung
66.	tiefer Ausfallschritt
71.	Hamstringdehnung im Stehen
76.	dreiteilige innere Oberschenkeldehnung
95.	Fußraupe
91.	Fußgelenkkreuzen
92.	Sandkratzen
89.	einbeiniges Fersenheben oder 90. Zeitlupenspringen und dann 85. Wadendehnung im Stehen und 87. A-geformte Wadendehnung

Für Leute mit stehender Tätigkeit

Diese Übungen können im Stehen gemacht werden, nur eine davon ist im Sitzen. Machen Sie sie jederzeit, um die Muskeln von der Anstrengung beim langen Stehen zu entlasten.

28, 29.	Wandliegestütz von vorne, von der Seite
39.	kegelförmige Dehnung
18.	Klimmzüge
10.	Schulterdehnung von unten mit 21. Handgelenkdehnung
11.	Schulterdehnung von der Seite
20.	Trizepsdehnung
12.	Schulterdehnung von oben
1, 2, 3.	Nackendehnung mittig, seitlich, diagonal
44.	isometrisches Bauchmuskelkräftigen
63.	Quadrizepsdehnung im Stehen
66.	tiefer Ausfallschritt
77.	äußeres Oberschenkelheben (im Stehen)
85.	Wadendehnung im Stehen
71.	Hamstringdehnung im Stehen
55.	halbe Brezel oder 56. Brezel
95.	Fußraupe
91.	Fußgelenkkreuzen
92.	Sandkratzen
89.	einbeiniges Fersenheben oder 90. Zeitlupenspringen

Für Leute mit sitzender Tätigkeit

Wenn Sie mit dem Auto zur Arbeit fahren und bei der Arbeit sitzen, dann verbringen Sie einen großen Teil des Tages im Sitzen. Sollten Sie bisher noch nicht die Zeit gefunden haben, regelmäßig etwas für den Körper zu tun, dann beginnen Sie mit diesen vorbereitenden Übungen. Es ist ratsam, zusätzlich noch irgendeiner aerobischen Tätigkeit nachzugehen, um die Kondition aufzubauen und den Herz-Kreislauf zu trainieren.

Sie sollten mindestens dreimal pro Woche anstrengendere physische Tätigkeiten betreiben. Machen Sie etwas, das Ihnen wirklich Spaß macht.

Die Liste für Anfänger oder Freizeitsportler ist auch für Sie geeignet. Achten Sie insbesondere auf die Kräftigung der Bauchmuskulatur und die Haltungsschulung.

Für Leute, die bettlägerig sind

Selbst wenn Sie bettlägerig sind, wird Ihr Körper irgendwann nach einer Form von Muskeleinsatz verlangen. Sprechen Sie mit dem Arzt oder dem Krankengymnast, bevor Sie dieses Übungsprogramm beginnen. Dann versuchen Sie vorsichtig folgende Übungen:

13.	Engelsflügel
16.	Schulterzucken
6.	gedrehte Nackendehnung
4, 5.	Kopfheben mittig, diagonal
7.	seitliches und gedrehtes Kopfheben
33–38.	Hand- und Fingerübungen
57.	Kegel-Übung
58.	Beckenkippen
44.	isometrisches Bauchmuskelkräftigen
46.	Bein-Arm-Kopfheben
51.	Rückenentlastung
52.	Paul-Williams-Dehnung
53.	chiropraktische Dehnung
72.	dreifache Hamstringdehnung (nur den Teil im Liegen)
68.	Beinspreize (auf dem Rücken liegend)
64.	Quadrizepsdehnung in Seitenlage
77.	äußeres Oberschenkelheben im Liegen
91.	Fußgelenkkreuzen
93.	Zehenraupe
94.	Zehenspreizen
	Atmen (Kapitel 15)

Für Leute, die an einen Rollstuhl gebunden sind

39. kegelförmige Dehnung
23. Armkreise
24. Käse schneiden
14. die Welt umarmen
10. Schulterdehnung von unten
12. Schulterdehnung von oben
16. Schulterzucken
17. Schulterkreisen
19. vom Stuhl aufstehen
1, 2, 3. Nackendehnung mittig, seitlich, diagonal
21. Handgelenkdehnung
22. Unterarmdehnung
33–38. Hand- und Fingerübungen
44. isometrisches Bauchmuskelkräftigen
57. Kegel-Übung
59. Hüpfen auf dem Stuhl
68. Beinspreize (im Sitzen)
72. dreifache Hamstringdehnung (nur den Teil im Sitzen)
91. Fußgelenkkreuzen
92. Sandkratzen
93. Zehenraupe
94. Zehenspreizen
95. Fußraupe

Für die Entspannung

Wenn Sie spüren, wie sich tägliche Anspannung und Streß in Ihren Muskeln festsetzen, dann versuchen Sie folgende Übungen. Sie werden zumindest die physischen Verspannungen lindern, weil Sie der Speicherung von Verspannungen in den Körperteilen entgegenwirken. Machen Sie diese Übungen zu jeder Zeit.

Atmen (Kapitel 15)

13. Engelsflügel
39. kegelförmige Dehnung
10. Schulterdehnung von unten
11. Schulterdehnung von der Seite mit 21. Handgelenkdehnung
12. Schulterdehnung von oben
1, 2, 3. Nackendehnung mittig, seitlich, diagonal, 6. Nackendehnung gedreht
4, 5. Kopfheben mittig, diagonal
50. Türrahmenziehen
51. Rückenentlastung
58. Beckenkippen
54. offener Schneidersitz
88. erleichterte Wadendehnung
91. Fußgelenkkreuzen

Für den Rücken

Der Rücken ist leicht verletzbar. Wie Sie stehen, gehen, sitzen, arbeiten oder schlafen, hat einen großen Einfluß auf Ihren Rücken. Folgende Übungen sind besonders hilfreich, wenn Sie das bestmögliche für den Rücken tun wollen. Vergleichen Sie auch Kapitel 16 (Prinzipien spezieller Fürsorge/empfindlicher Rücken).

50. Türrahmenziehen
13. Engelsflügel
10–12. Schulterdehnung von unten, von der Seite, von oben
1, 2, 3. Nackendehnung mittig, seitlich, diagonal
6. Nackendehnung gedreht
4, 5, 7. Kopfheben mittig, diagonal, seitlich gedreht
58. Beckenkippen
45. Katzenbuckel und 46. Bein-Arm-Kopfheben
51. Rückenentlastung oder 52. Paul-Williams-Dehnung
53. chiropraktische Dehnung
64. Quadrizepsdehnung in Seitenlage

54. offener Schneidersitz
55. halbe Brezel oder 56. Brezel
85. Wadendehnung im Stehen oder 88. erleichterte Wadendehnung
87. A-geformte Wadendehnung
72. dreifache Hamstringdehnung

Wenn Sie diese Übungsliste befolgen, lesen Sie automatisch viele der folgenden Kapitel durch. Lesen Sie immer die einleitenden Sätze über die Übungen, und vergewissern Sie sich, daß die Übungen für Sie geeignet sind; dann probieren Sie sie aus. Lesen Sie auf jeden Fall die anatomische Beschreibung eines jeden Körperteiles, für den Sie Übungen machen, damit Sie verstehen, warum die Übungen so gemacht werden sollen, wie hier beschrieben. Bei Beschwerden, die besonderer Fürsorge bedürfen, lesen Sie Kapitel 16. Wenn Sie die Richtlinien für die Übungen befolgen, werden Sie in der Lage sein, von Ihren Muskeln Gebrauch zu machen und Ihren Körper bestmöglichst einzusetzen.

Kapitel 4

Ihr Nacken

Anatomie

Die wichtigsten Knochen in der Nackengegend sind der Schädel und die sieben Halswirbel (IV–A). Der Schädel ist fest mit dem ersten Wirbel, dem Atlas, verbunden. Das Gelenk zwischen Schädel und Atlas macht es möglich, den Kopf vorwärts und rückwärts zu neigen. Schädel und Atlas sitzen auf dem nächsten Wirbel, dem Axis. Das Gelenk zwischen Axis und Atlas ermöglichst das Kopfdrehen. Axis und Atlas unterscheiden sich in ihrer Form von den restlichen fünf Halswirbeln, die alle ähnlich konstruiert sind und die restlichen Halsbewegungen möglich machen: vorwärts, vertikal nach oben, rückwärts, seitwärts, Ohr Richtung Schulter und Drehen. Man kann den Kopf sowohl alleine als auch zusammen mit dem Hals bewegen. Diese Knochen sind durch sehr starke Bänder miteinander verbunden.

Muskeln ermöglichen, daß man Knochen bewegen kann. Hals- und Kopfmuskeln haben eine zweifache Aufgabe. Erstens den Kopf aufrecht zu halten, damit alle Sinnesorgane arbeiten können. Dies ist ihre haltende, ausbalancierende Aufgabe. Zweitens haben sie die Aufgabe, Kopf und Hals zu bewegen, um unseren Sinneseindrücken (sehen, riechen, hören) zu folgen, und sie sind fürs Reden, Essen, Trinken etc. verantwortlich.

An allen Seiten der Gelenke sitzen Muskeln, die den vom Gelenk vorgegebenen Bewegungsspielraum ermöglichen und den Kopf vorwärts und rückwärts bewegen und ihn drehen. Die Nackenmuskeln richten Kopf und Hals aus der Vorwärtsneigung auf und ganz zurück in den Nacken, so daß man nach oben schauen kann. Dieselben Muskeln leisten Hilfestellung beim Seitwärtshalten und Drehen des Kopfes. Die Muskeln, die vor der Wirbelsäule liegen, helfen, den Kopf aufrecht zu halten.

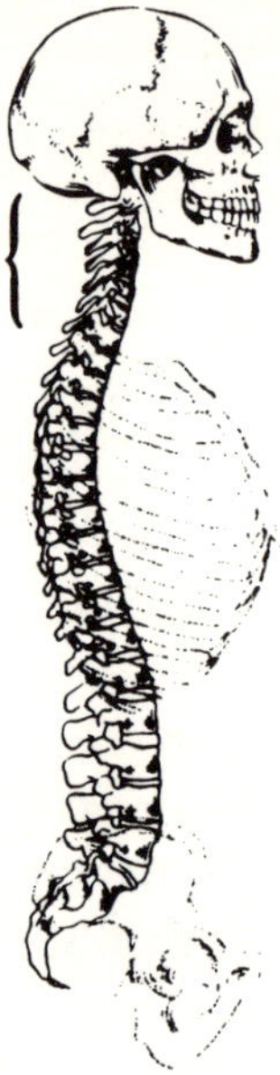

Abb. IV–A: Halswirbelsäule

Abb. IV–C: Nackenmuskulatur

Abb. IV–B: Vordere Halsmuskulatur

Die vorderen Halsmuskeln neigen Kopf und Hals vorwärts und seitwärts und drehen den Kopf. Die Muskeln unter dem Kinn helfen beim Schlucken (IV–B).

Die Nackenmuskeln sorgen ununterbrochen dafür, daß der 8–10 Pfund schwere Kopf gerade gehalten wird, außer im

Liegen. Dies ist keine leichte Aufgabe, denn erstens wird der Kopf ständig bewegt, und zweitens liegt der Körperschwerpunkt vor dem Schädel-Atlas-Gelenk, so daß das Gewicht den Kopf automatisch nach vorne zieht. Somit sind die Nackenmuskeln damit beschäftigt, den Kopf nach hinten zu ziehen. Dies ist ein Hauptgrund für Muskelverspannungen im Nackenbereich. Immer wieder wird in diesem Buch darauf hingewiesen, daß das Kinn eingezogen wird. Wenn Sie sich das zur Gewohnheit machen, helfen die vorderen Halsmuskeln, den Kopf aufrecht zu halten, und sorgen für eine entspanntere Kopfhaltung.

Und hier noch eine interessante Information über die Nakkenmuskeln. Es sind andere Muskeln für die Seitwärtsneigung zuständig als für die Vorwärtsneigung (Flexion) und die Rückwärtsneigung (Extension bzw. Hyperextension). Die Flexoren, die den Kopf vorwärts bewegen, sind eine Muskelgruppe, die Extensoren, die den Kopf nach rückwärts bewegen, sind eine andere Muskelgruppe. Wenn die Flexoren sich kontrahieren, werden die Extensoren gedehnt, und umgekehrt. Auch beim Seitwärtsneigen arbeiten die Muskeln zusammen. Während sich die Muskeln der einen Seite voll kontrahieren, werden die der anderen Seite zwar gedehnt, aber die Muskeln hier kontrahieren sich dennoch während des Dehnens. Das liegt daran, daß die Muskeln so programmiert sind, den Kopf immer gerade auszubalancieren und aufrecht zu halten, daß die »Gegenspieler« sich immer automatisch mitkontrahieren. Diese Muskelgruppen des Halses sind auf beiden Seiten gleich. Sie sind es beispielsweise, die Ihren Kopf, wenn Sie im Sitzen eingeschlafen sind, automatisch wieder aufrichten, sobald er auf die Seite gefallen ist. (Dies ist auch der Grund dafür, warum herkömmliches Kopfkreisen die Halsmuskeln nicht entspannt. Um Muskeln entspannen zu können, müssen sie gedehnt werden, und Kopfkreisen bewirkt Kontraktionen.)

Die Nackenmuskeln (IV–C) sind in der Regel die verspanntesten, weil man bei vielen Alltagsaktivitäten den Kopf nicht gerade hält, wie z. B. beim Essen, Fahren, Lesen oder bequemen Sitzen. Daher müssen sie gedehnt werden. Sie können beispielsweise Kopfschmerzen, die von verspannter Nackenmuskulatur herrühren, mit Übungen dieses Kapitels wegdehnen. Die schwächeren Muskeln sind die vorne am Hals, denn wenn der Kopf nicht genau gerade ausgerichtet ist, werden diese Muskeln gedehnt, während die Nackenmuskeln sich zusammenziehen. Folglich muß man diese Muskeln kräftigen. Wenn der Kopf ständig zu weit vorgeneigt ist, können Schmerzen unterhalb der Schulterblätter auftreten, die mit ausgewogenen Dehn- und Kräftigungsübungen und Übungen für die Haltungsschulung verschwinden. Kapitel 16 beschäftigt sich mit Übungen für den schmerzenden Rücken und anderen Problemen, die durch Fehlhaltung des Kopfes auftreten können, z. B. empfindlicher Nacken, Hexenschuß und empfindliche Schultern.

Übungen

Bevor Sie die Übungen für den Hals machen, sollten Sie immer die drei Dehnübungen für die Schultern machen (Übungen 10–12).

Vorbereitende Position: Lassen Sie den Unterkiefer entspannt, und halten Sie den Kopf gerade, d. h. korrekt in der Verlängerung der Wirbelsäule. Dabei sollten Sie das Gefühl entwickeln, daß Sie den höchsten Punkt Ihres Schädels nach oben strecken (so, als ob Sie sich an den Haaren hochziehen). Wenn die Ohren direkt über den Schultern sind (und nicht mehr vor ihnen), wenn Sie sich vorstellen können, daß die Wirbelsäule bis in den höchsten Punkt des Schädels gerade verlängert ist, dann ist der Kopf gerade ausgerichtet. Jede andere Kopfposition, egal, in welche Richtung geneigt, führt zum einseitigen Gebrauch bestimmter Muskelgruppen. Nicht nur für die Übungen der Halsmuskeln, sondern für alle Übungen in diesem Buch ist es wichtig, den Kopf exakt auszurichten und den Unterkiefer zu entspannen.

1 Mittige Nackendehnung

Ausgangsposition: Machen Sie einen langen Hals. Machen Sie ihn so lang wie möglich, denn normalerweise tendiert der Kopf dazu, nach vorne zu fallen. Dabei verrutschen die Halswirbel, und die natürliche Kurve der Halswirbelsäule wird übertrieben. Entspannen Sie Gesicht und Unterkiefer. Öffnen Sie den Mund ein wenig, damit Sie die Zähne nicht zusammenbeißen. Ziehen Sie den Kopf nach hinten, so, als ob jemand Ihr Gesicht nach hinten drückt. Halten Sie das Kinn nah am Hals, aber nicht so nah, daß Sie würgen müssen. Bei dieser Position brauchen Sie die unterste Halsmuskelschicht, um den Schädel zu balancieren.

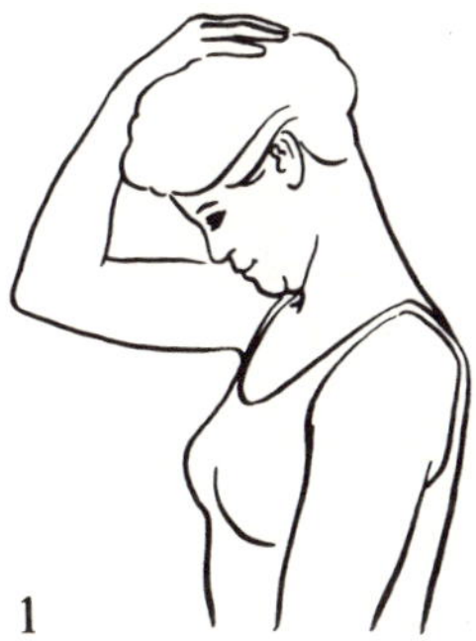

1

Die Dehnung: **(1)** Rollen Sie den Kopf nach vorne in Richtung Brustkorb ab, ohne ihn jedoch dabei zu berühren, so, als ob Sie Ihr Kinn sehen wollten. Hierbei werden die Halswirbel übereinandergehalten und die verspannten Muskeln gedehnt. Mit einer Hand auf dem Kopf helfen Sie nun noch ein wenig nach. Die Dehnposition hat die Form eines auf den Kopf gestellten J. Fühlen Sie das Ziehen dieser Dehnung in allen Nackenmuskeln und im unteren Teil des Schädels. Halten Sie diese Position 30–60 Sekunden. (*Achtung:* Wenn Sie das Ziehen nicht nur am Schädel, sondern auch im Nacken fühlen, ist das Kinn zu weit nach unten und der Hals zu weit nach vorne gerutscht. Das Kinn darf den Brustkorb nicht berühren!) **(2)** In dieser Vorwärtsposition drehen Sie nun den Kopf etwas nach rechts, so, als ob Sie nein sagen, und halten ihn 30 Sekunden, bevor

Sie den Kopf nach links drehen. Der Unterkiefer bleibt entspannt. Machen Sie diese Dehnung zwar mit Gefühl, aber so, daß Sie das Ziehen auch spüren. Wiederholen Sie die Übung ab Schritt (1). Machen Sie die ganze Übung noch einmal, nachdem Sie die Übungen 2 und 3 beendet haben. Dann werden Sie wesentlich weniger Widerstand spüren als beim ersten Mal.

(Vgl. letzter Absatz der Übung 3).

2 Seitliche Nackendehnung

Ausgangsposition: Die Ausgangsposition ist die gleiche wie bei Übung 1.

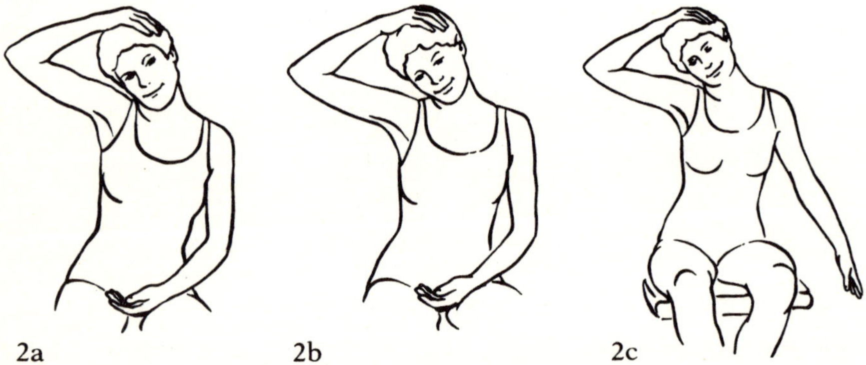

2a 2b 2c

Die Dehnung: (1) Neigen Sie den Kopf nach rechts, so daß das rechte Ohr in Richtung Schulter zeigt. Ihr Blick ist nach vorne gerichtet. Mit der rechten Hand auf dem Kopf ziehen Sie ihn gefühlvoll in Richtung rechter Schulter (2a). Halten Sie diese Position 30–60 Sekunden. **(2)** Entspannen Sie beide Schultern, und drücken Sie bewußt die rechte Schulter nach unten (2b). Halten Sie diese Position 30–60 Sekunden. Spannen Sie den linken Arm an, und ziehen Sie ihn diagonal nach unten (2c). Sie spüren diese Dehnung nun noch mehr links in den Nackenmuskeln. Bewegen Sie den linken Arm etwas nach vorne und etwas zurück, während Sie ihn immer noch diagonal nach unten ziehen. Nun dehnen Sie noch 10–20 Sekunden mit ausgestrecktem linken Arm. (*Achtung:* Halten Sie das Kinn eingezogen, den Mund leicht geöffnet und den Unterkiefer entspannt.) Wiederholen Sie diese Dehnung nach links, indem Sie mit der linken Hand den Kopf nach links ziehen.

3 Diagonale Nackendehnung

Ausgangsposition: Richten Sie den Kopf senkrecht aus wie für Übung 1. Legen Sie die rechte Hand auf den Hinterkopf. Rollen Sie den Kopf nach vorne ab in die auf den Kopf gestellte J-Position. Bewegen Sie den Kopf in Richtung rechtes Knie, d. h. in die Diagonale. Danach drehen Sie den Kopf nach links (so, als ob Sie nein nicken wollten). Diese Drehung ist eine leichte Kopfbeuge, wobei Ihr Blick mehr in die Mitte gelenkt wird.

3

Die Dehnung: (1) Mit der rechten Hand auf dem Hinterkopf ziehen Sie den Kopf weiter in die auf den Kopf gestellte J-Position (3). Halten Sie diese Position 30 Sekunden. **(2)** Ziehen Sie den ausgestreckten linken Arm hinter Ihrem Rücken diagonal zum Boden, und halten Sie diese Position weitere 30 Sekunden. Sie werden diese Dehnung auf der hinteren rechten Nackenseite spüren. Wiederholen Sie die Dehnung nach links.

Wiederholen Sie Übung 1. Sie werden jetzt dabei weniger Widerstand spüren. Wenn Sie versuchen, das Brustbein nach innen zu ziehen, und somit den oberen Rücken rund machen, werden Sie diese Dehnung sogar in den Muskeln seitlich von der Wirbelsäule zwischen den Schulterblättern spüren. Die Verspannungen dieser Muskeln werden ganz weggehen, wenn Sie Kräftigungsübungen für den Nacken machen.

4 *Kopfheben mittig*

Kopfheben kräftigt die Halsmuskulatur vorne und auf der Seite.

Ausgangsposition: Legen Sie sich auf den Rücken, beugen Sie die Knie, und stellen Sie die Füße nah am Gesäß flach am Boden auf. In dieser Position ist das Kreuz entspannt und flach am Boden. Breiten Sie die Arme aus, die Handflächen zeigen nach oben. Bevor Sie mit der eigentlichen Übung beginnen, heben Sie den Kopf 5 Zentimeter an, machen einen langen Hals und legen den Kopf ab. Entspannen Sie den Unterkiefer.

4

Die Kräftigung: Machen Sie jeden Schritt über 4 Zähleinheiten. **(1)** Heben Sie den Kopf langsam und kontinuierlich an. Ziehen Sie das Kinn dabei ein, und machen Sie die Halswirbelsäule rund, so, als ob Sie etwas auf dem Boden zwischen den Knien sehen wollten. (*Achtung:* Es ist wichtig, daß die Bewegung kontinuierlich und die Halswirbelsäule dabei rund ist. Der Nacken darf nie parallel zum Boden sein; ziehen Sie deshalb das Kinn ein.) **(2)** Machen Sie die Übung in die andere Richtung, indem Sie die Halswirbel von unten nach oben abrollen, bis der Hinterkopf zuletzt den Boden berührt.

5 Kopfheben diagonal

Ausgangsposition: Begeben Sie sich in die Ausgangsposition von Übung 4. Drehen Sie den Kopf vom Boden nach rechts, so, als ob Sie sich über die rechte Schulter schauen wollten (5a). Dabei wird der Kopf wirklich nur auf die Seite gedreht und nicht gekippt, der Hals bleibt lang.

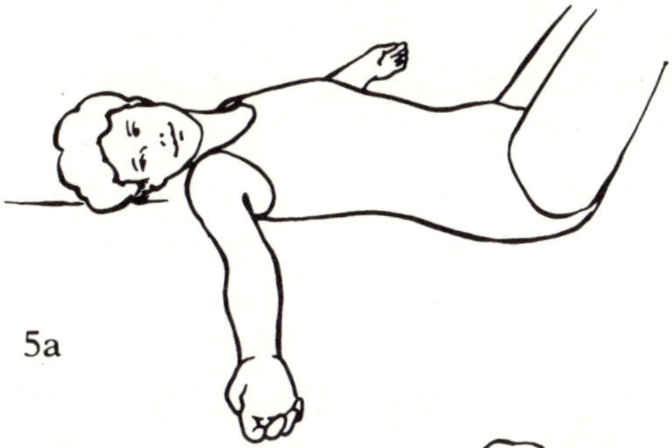

5a

5b

5c

Die Kräftigung: Machen Sie jeden Schritt über 4 langsame Zähleinheiten. **(1)** Heben Sie den Kopf, indem Sie die Bewegung mit der Stirn beginnen, in einem Bogen an (5b), so, als ob Sie sich unter die rechte Achselhöhle schauen wollten (5c). Die linke Schulter darf dabei vom Boden abheben. **(2)** Rollen Sie die Halswirbel wieder nacheinander ab, den Kopf zuletzt. Während der gesamten Übung ist der Kopf ständig in Bewegung und wird an keiner Stelle angehalten.

Bringen Sie den Kopf in die Mitte, dann auf die linke Seite, und wiederholten Sie Schritte (1) und (2) nach links. Nun wiederholen Sie das Kopfheben mittig und zur Seite noch zweimal. (*Achtung:* Es muß wirklich ein Wirbel nach dem anderen abgelegt werden, nicht der Kopf zuerst.)

Rollen Sie auf die Seite, und stützen Sie sich mit den Händen ab, um sich hinzusetzen. Wiederholen Sie die Nackendehnübungen 1–3. Die Verspannungen sollten nun nach den Kräftigungsübungen vollkommen verschwunden sein. Wenn nicht, machen Sie die nun folgenden Übungen, und wiederholen Sie die Dehnungen im Anschluß noch einmal.

6 Gedrehte Nackendehnung

Diese Dehnung bereitet Sie auf das »seitlich gedrehte Kopfheben« (Übung 7) vor.

Ausgangsposition: Legen Sie sich auf den Rücken, beugen Sie die Knie, und ziehen Sie die Füße nah an das Gesäß heran, wobei die Fußsohlen flach am Boden aufstehen. Breiten Sie die Arme aus, die Handflächen zeigen nach oben. Entspannen Sie den Hals, wodurch der Abstand vom Hals zum Boden verringert wird.

Die Dehnung: Drehen Sie den Kopf, so weit es geht, nach rechts, und versuchen Sie, sich über die rechte Schulter zu schauen. Benutzen Sie die rechte Hand, um die rechte Gesichtshälfte auf den Boden zu drücken. Halten Sie diese Position 30–60 Sekunden. Bevor Sie die Übung zur anderen Seite wiederholen, bringen Sie den Kopf zuerst wieder in die Ausgangsposition zurück und ziehen das Kinn ein.

7 Seitlich gedrehtes Kopfheben

Sollte Ihnen dieses Kopfheben Beschwerden verursachen, weil der Nacken noch allzu verspannt ist oder sogar beim Drehen des Kopfes Schmerzen bereitet, wiederholen Sie Übung 6, bis der Nacken besser gedehnt ist.

Ausgangsposition: Legen Sie sich auf die rechte Seite, rechtes Bein gebeugt zur Stabilisierung in der Seitenlage. Die linke

Hand vor dem Brustkorb aufgestützt, halten Sie diese Stellung. Legen Sie den Kopf auf den rechten gestreckten Arm, das Gesicht zeigt nach vorne (7a).

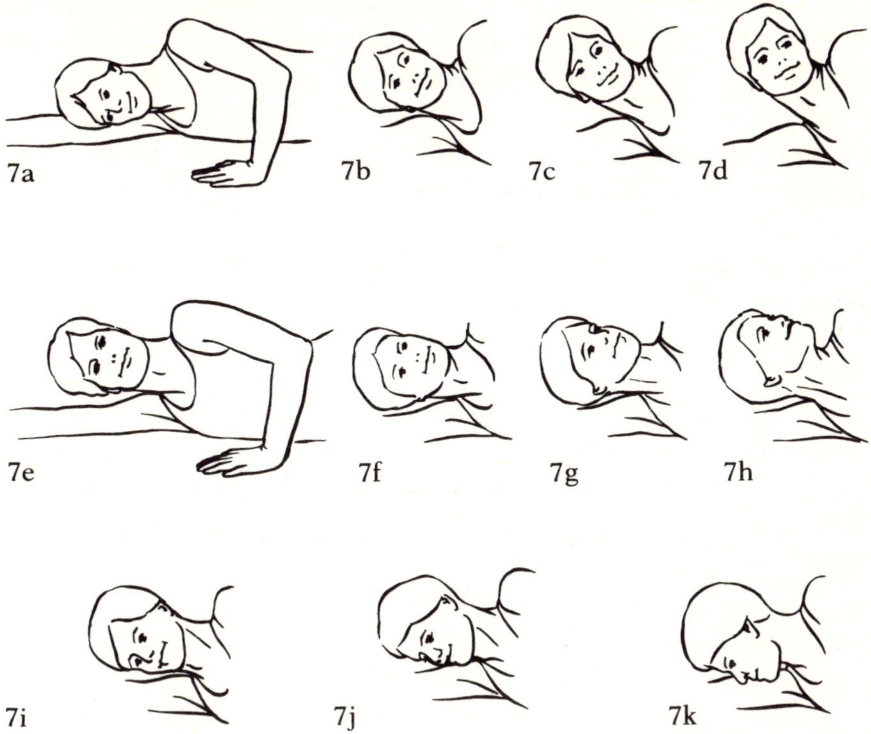

Die Kräftigung: Machen Sie jeden Schritt über 4 Zähleinheiten. **(1)** Heben Sie den Kopf langsam aus der Ruheposition in die Vertikale, wobei das linke Ohr in Richtung linke Schulter bewegt wird (7b, c, d). **(2)** Senken Sie den Kopf langsam bis ca. 5 Zentimeter über den Boden, ohne ihn auf den Arm aufzulegen (7e). **(3)** Drehen Sie den Kopf langsam, so daß Sie zur Decke schauen (7f, g, h). Ziehen Sie das Kinn ein, und lassen Sie den Unterkiefer entspannt. **(4)** Drehen Sie den Kopf wieder zurück (7i) und **(5)** dann nach unten, mit dem Gesicht zum Boden (7j, k), und **(6)** wieder zurück (7i). Wiederholen Sie diese 6 Schritte noch zweimal. Danach ruhen Sie den Kopf auf dem Arm ein wenig aus.

Drehen Sie sich auf die linke Seite, und wiederholen Sie die Übung nach links.

8 Verbessertes Kopfdrehen

Um die Bandscheiben der Halswirbelsäule zu schonen, sollten Sie kein herkömmliches Kopfkreisen machen. Hier ist eine vernünftige Alternative, die oft zur Erwärmung dient.

Ausgangsposition: Machen Sie einen langen Hals, und ziehen Sie das Kinn ein. Lassen Sie den Unterkiefer entspannt.

8a

8b

8c

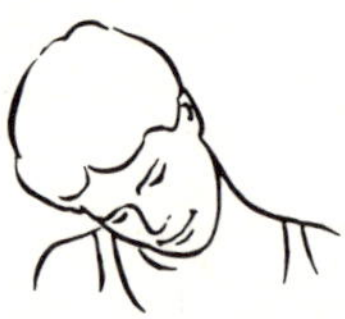

8d

8e

8f

Die Koordination: Machen Sie jeden Schritt über 2 Zähleinheiten. **(1)** Neigen Sie den Kopf langsam nach links, linkes Ohr in Richtung linke Schulter, so, als ob Sie die »seitliche Nackendehnung« (Übung 2) machen wollten (8a). **(2)** Kreisen Sie den Kopf nach vorne und in die Mitte, wobei das Gesicht parallel zum Boden ist (8b, c), und **(3)** weiter nach rechts, bis das rechte Ohr über der rechten Schulter ist (8d, e). **(4)** Bringen Sie den Kopf in die Ausgangsposition (8f), und spüren Sie dabei, wie sich die Muskeln der linken Gesichtshälfte zusammenziehen und den Kopf anheben, während Sie die Übung nach rechts wiederholen. Wiederholen Sie alles noch zweimal. Stellen Sie sich dabei vor, daß der Kopf ein Gewicht vor sich herschiebt, um das Gefühl zu bekommen, daß die Nackenmuskeln die Kopfbewegung kontrollieren und nicht umgekehrt. Ihr Kopf wiegt 8–10 Pfund, und wenn die Halbkreis-Bewegung nach vorne zu schnell ausgeführt wird, werden die Nackenmuskeln gezerrt, weil die Schwerkraft bzw. Fliehkraft einsetzt. Dennoch können Sie das Kreisen etwas schneller machen, z. B. zum Ticken der Uhr, solange Sie bewußt die Kontrolle über die Nackenmuskeln behalten.

9 Fußboden und Decke

Bei dieser Übung lernen Sie, den Kopf korrekt zu halten, wenn Sie nach unten oder oben schauen. Machen Sie einen langen Hals, ziehen Sie das Kinn ein, und lassen Sie den Unterkiefer entspannt.

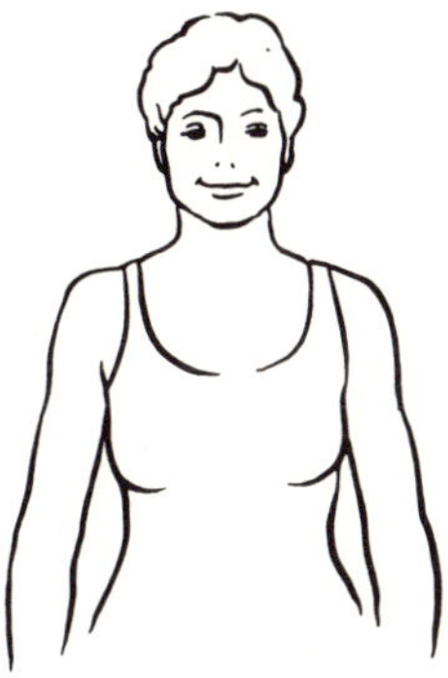

9a

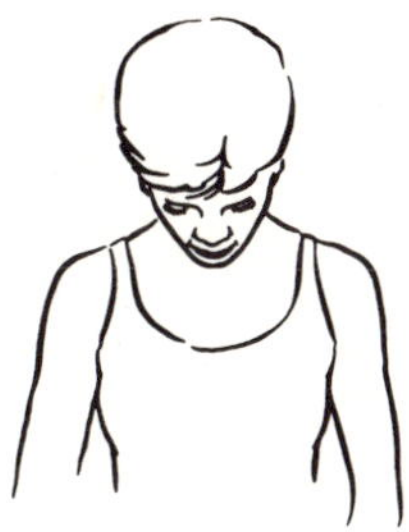

9b

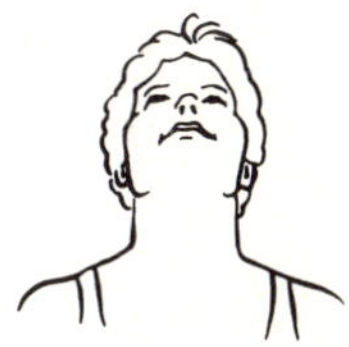

9c

Die Koordination: Machen Sie jeden Schritt über 2 Zähleinheiten. **(1)** Halten Sie das Kinn eingezogen, während Sie die Stirn langsam nach unten und nach vorne schieben (9b). Fühlen Sie, wie die Nackenmuskeln dabei gedehnt werden. (*Achtung:* Das Kinn darf nicht den Brustkorb berühren.) **(2)** Heben Sie den Kopf zurück in die Ausgangsposition (9a). **(3)** Lehnen Sie den Kopf nach hinten, bis das Gesicht parallel zur Decke ist, und drehen Sie es leicht auf die eine oder andere Seite (9c). Auf diese Weise können die Wirbel nicht aneinanderreiben und die Drehung behindern. (*Achtung:* Versuchen Sie dabei zu reden, denn nur dann ist der Kopf in der korrekten Position, d.h., der Atlas sitzt richtig auf dem Axis, und die restlichen Halswirbel sind richtig aufgestapelt. Wenn Sie nicht mehr sprechen können, haben Sie die Luftröhre teilweise blockiert, weil Sie den Kopf haben fallen lassen. Das schadet den Bandscheiben.) **(4)** Bringen Sie den Kopf nun wieder in die Senkrechte (9a).

Sie können diese Übung auch schneller zum Ticken der Uhr machen, solange Sie sich dabei vorstellen, daß Sie etwas Schweres mit dem Kopf schieben. Auf diese Weise kontrollieren die Nackenmuskeln die Bewegung, und es wird verhindert, daß die Schwerkraft die Muskeln zerrt.

Kapitel 5

Ihre Schultern

Anatomie

Die Struktur der Schultern ist außergewöhnlich, weil sie mehrgelenkig sind. Der Schultergürtel ist eine Kombination aus drei Knochen. Das Schulterblatt (Scapula) sitzt auf den Rippen im Rücken und ist oberhalb des Oberarmknochens mit dem Schlüsselbein (Clavicula) verbunden (V–A). Das andere Ende

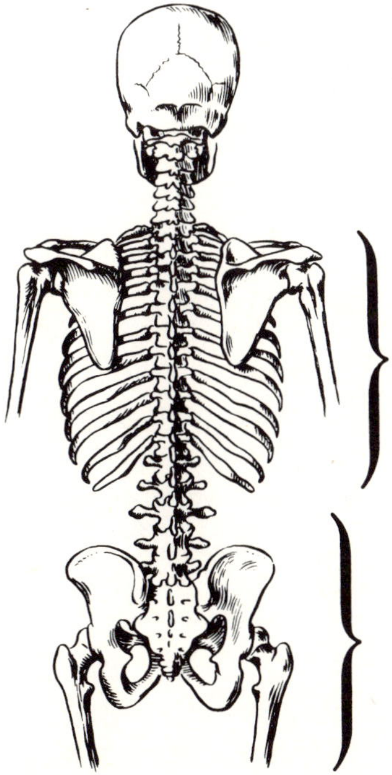

Abb. V–A
Schulter, Rückansicht;

Unterer Rücken und Hüfte
mit Oberschenkelknochen

des Schlüsselbeins ist vorne und unter dem Kinn mit dem Brustbeinknochen (Sternum) verbunden (V–B). Der dritte Knochen ist der Oberarmknochen (Humerus), der sich in die leichte Aushöhlung des Schulterblatts einfügt (V–C). Das Eigenartige dieser Schulterblattkonstruktion ist, daß die Schulterblätter im Rücken nirgendwo fest angebracht sind und nicht wie alle anderen Knochen von starken Bändern zusammengehalten, sondern lediglich von Muskeln am Wegrutschen gehindert werden.

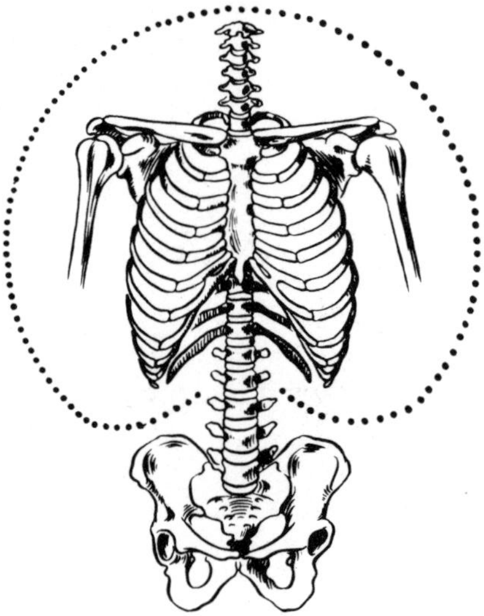

Abb. V–B
Schulter, Vorderansicht

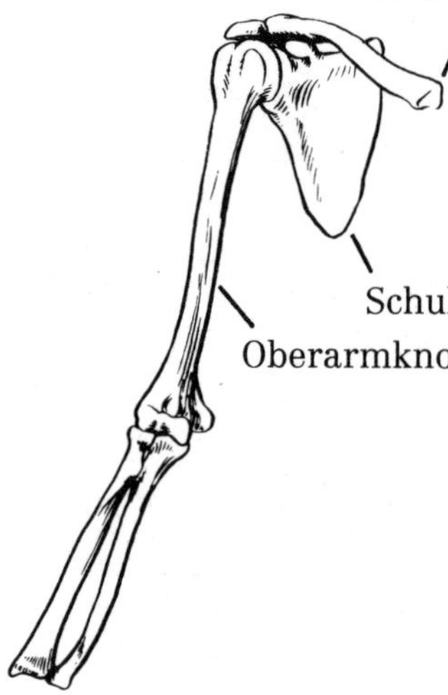

Abb. V–C
Schulter und Arm, Vorderansicht

Wenn Sie den ganzen Arm bewegen, bewegt sich das Schulterblatt und umgekehrt. Die Bewegungen dieser Knochen sind voneinander abhängig. Das Schulterblatt kann auf und ab bewegt werden sowie einwärts und auswärts gekreist werden (Einwärts-, Auswärtsrotation). Der Bewegungsspielraum der Arme ist sehr groß, weil die Knochen relativ lose aufeinandertreffen. Die Arme können im vollen Kreis rechtwinklig zum Körper bewegt werden sowie in einem Kreis vor dem Körper, ähnlich dem Uhrzeiger. Ein solcher Kreis kann, allerdings mit weniger Bewegungsspielraum, auch hinter dem Rücken ausgeführt werden. Der Kreis im rechten Winkel zum Körper kann mit nach außen bzw. mit nach innen gedrehten Handflächen ausgeführt werden.

Die Muskelstruktur des Schultergürtels macht all diese Bewegungen möglich (V–D, V–E). Die Muskeln heben und senken Schulterblatt und Schlüsselbein, bringen die Schulterblätter zusammen bzw. auseinander und helfen beim Einwärts- und Auswärtskreisen. Andere Muskeln heben und senken die Arme nach vorne und hinten, nach oben und unten, zur Seite und im Kreis. Die Schulterblätter bewegen sich immer mit,

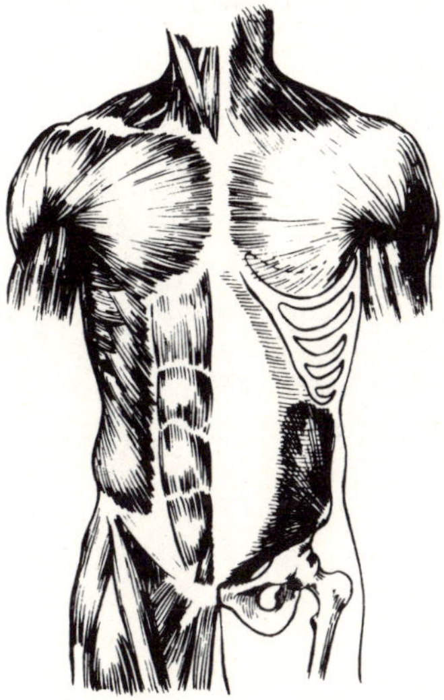

Abb. V–D
Vordere Brust- und Schultermuskulatur

Abb. V–E
Rückwärtige Schultermuskulatur

wenn die Arme bewegt werden, weil die Arme mit den Schulterblättern verbunden sind.

Es ist wichtig, die relativ lose Struktur des Schultergürtels zu verstehen. »Gürtel« bezieht sich auf sämtliche drei Knochen, ihre gelenkigen Verbindungen und Muskeln. Das Schultergelenk ist das Gelenk, das von der Gelenkpfanne des Schulterblatts und vom Gelenkkopf des Oberarms gebildet wird. Vier Muskeln, die den Arm bewegen, haben gleichzeitig die Aufgabe, den Gelenkkopf in der Pfanne zu halten, denn die Gelenkpfanne ist sehr flach. Wie gut die Schultern funktionieren, hängt davon ab, ob die Muskeln alle gleich stark und gleich gut gedehnt sind. Oft sind die Muskeln, die die Schulterblätter zusammen und gesenkt halten, sehr schwach und überdehnt. Diese Muskeln haben in erster Linie die Funktion, uns beim Hängen zu halten. Nachdem wir nicht wie unsere Primaten in den Bäumen hängen, sind diese Muskeln, wie die Forschung beweist, die schwächsten des menschlichen Körpers. Daraus resultiert, daß die Knochen des Schultergürtels nicht unbedingt richtig positioniert sind und die Arme oft nicht ausreichend oder anatomisch richtig von den Muskeln und Bändern im Gelenk gehalten werden.

Die Übungen dieses Kapitels betonen daher das Gleichgewicht zwischen Dehnung und Kräftigung der Schultergürtelmuskulatur. Die vorderen Schultermuskeln, die oft verkürzt sind, werden dabei gedehnt, und die Muskeln, die die Schulterblätter zusammenhalten und nach unten drücken, werden gekräftigt. Die Übungen sollen die korrekte Position der Knochen im Schultergürtel wiederherstellen, um Verletzungen und Unbeweglichkeit zu vermeiden. Kapitel 16 informiert Sie über spezielle Fürsorge bei empfindlichen Schultern.

Übungen

Vorbereitende Position: Bei jeder Übung dieses Buches ist es wichtig, den Kopf korrekt zu positionieren, d. h. **(1)** einen langen Hals machen, **(2)** das Kinn einziehen, **(3)** das Gefühl haben, als ob man an den Haaren am höchsten Punkt des Hinterkopfes hängen würde (an der Stelle, wo die Wirbelsäule herauskommen würde, wenn sie durch den Schädel hindurch verlängert wäre).

Um die Schultern für die Übungen vorzubereiten, müssen Sie bewußt die Schulterblätter herunterdrücken. Wenn die Schulterblattmuskeln nämlich entspannt sind, egal, ob im Stehen oder im Sitzen, ziehen sich die Muskeln vor der Schulter zusammen, und der Rundrücken (ein Haltungsschaden) prägt sich aus. Sportliche Betätigung mit Rundrücken kann den Schultergelenken schaden. Nur durch die richtige Ausgangsstellung werden die Dehn- und Kräftigungsübungen effektiv sein.

Es ist nicht leicht, die Schulterblätter gesenkt zu halten. Bevor Sie die Übungen dieses Kapitels machen, können Sie »Schulterzucken« (Übung 16) machen und die Schulterblätter herunterziehen.

Indem Sie die vordere Schultermuskulatur dehnen und die rückwärtige kräftigen, besonders die Muskeln, die die Schulterblätter senken, können Sie einen Rundrücken vermeiden. Indem Sie den Kopf korrekt positionieren, wird es leichter, die Schulterblätter herunterzudrücken. Diese Körperhaltung gibt den Lungen mehr Freiraum, sich voll zu entspannen und auszudehnen. Dadurch wiederum wird der Körper besser mit Sauerstoff versorgt, und Sie ermüden weniger leicht.

Um die Muskeln im vorderen Schulterbereich zu dehnen, werden Sie drei verschiedene Dehnpositionen kennenlernen: **(1)** auf dem Rücken von unten, **(2)** von der Seite und **(3)** auf dem Rücken von oben.

10 Schulterdehnung von unten

Ausgangsposition: Sie brauchen ein Seil, ein Handtuch oder etwas Ähnliches. Lassen Sie Ihre Arme im Sitzen oder Stehen locker hängen. Drücken Sie bewußt die Schulterblätter nach unten, und halten Sie sie unten. Halten Sie das Seil hinter dem Rücken mit beiden Händen etwa 15–25 Zentimeter auseinander. Halten Sie den Kopf gerade, und ziehen Sie das Kinn ein.

Die Dehnung: Heben Sie die Arme 10–15 Zentimeter an. Die Ellbogen sind etwas gebeugt und entspannt (10a). Beugen Sie den Oberkörper leicht nach vorne. Diese Position hilft Ihnen, die Arme noch etwas höher zu heben (10b). Drehen Sie den Oberkörper etwas nach rechts, so daß die linke Schulter nach unten und die rechte Schulter nach oben zeigt. Heben Sie die Arme noch etwas höher (10c). Sie spüren diese Dehnung mehr in der rechten Schulter, weil der Oberkörper etwas gedreht ist.

10a

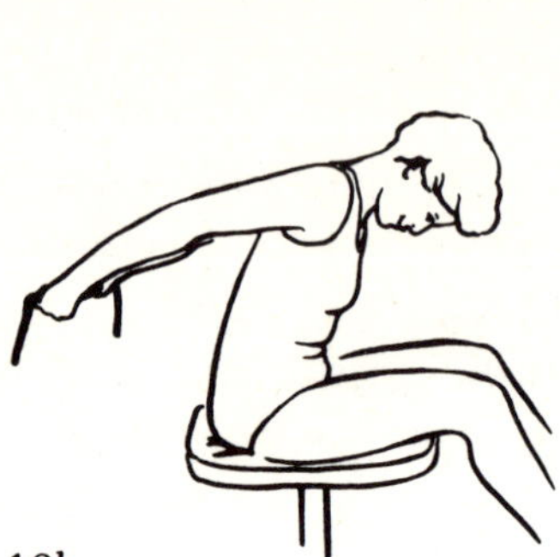
10b

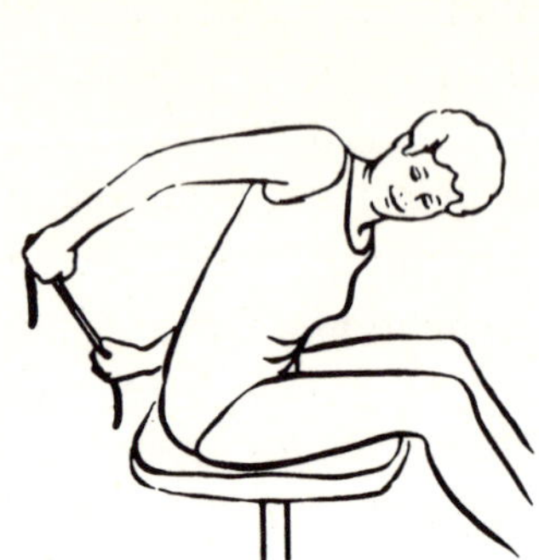
10c

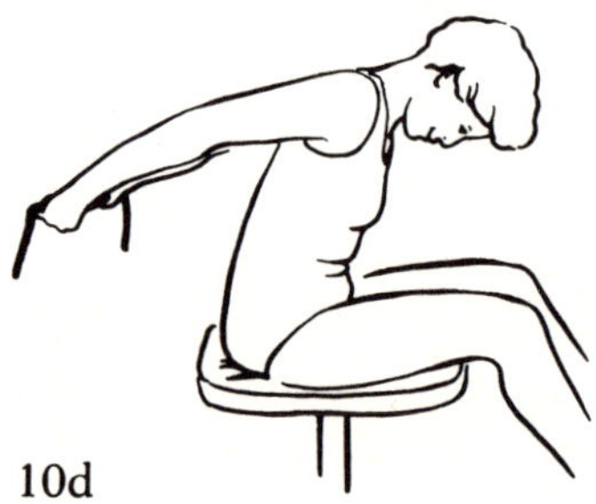
10d

10e

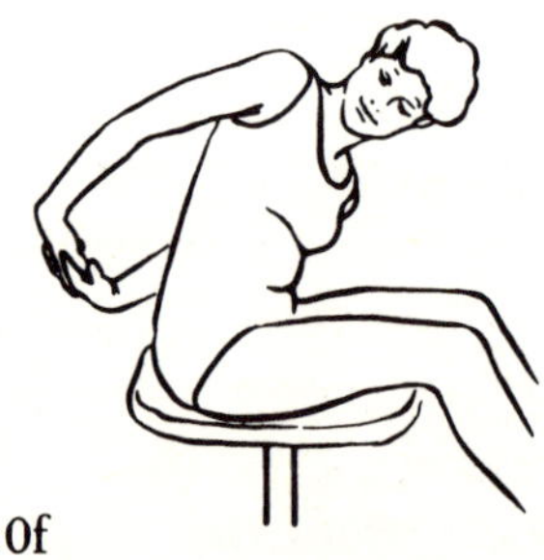
10f

10g

Weiterhin spüren Sie diese Dehnung vorne an den Schultern und auf der Seite des Brustkorbs nach hinten unter den Achselhöhlen. Das, was Sie zwischen den Schulterblättern spüren, ist eine Kontraktion. Halten Sie diese Position in der Drehung 30–60 Sekunden. Nun drehen Sie den Oberkörper so, daß die rechte Schulter nach unten und die linke nach oben zeigt. Sie spüren diese Dehnung vor und hinter dieser Schulter. Halten

Sie auch diese Position 30–60 Sekunden. Für den nächsten Schritt gehen Sie wiederum in die Ausgangsposition, wobei der Oberkörper leicht nach vorne gebeugt ist und beide Hände das Seil halten. Heben Sie die Arme so, daß Sie die Dehnung vorne vor den Schultern spüren. Sie sollten jetzt in der Lage sein, die Arme höher zu heben als zu Beginn dieser Übung (10d). Halten Sie die Arme etwa 30–60 Sekunden hoch. Achten Sie darauf, daß Sie die Schulterblätter bewußt nach unten drücken und daß die Ellbogen gebeugt sind.

Als nächstes versuchen Sie, diese Übungsfolge mit hinter dem Rücken zusammengehaltenen Händen durchzuführen (10e, f). Sollte dies jedoch noch zu stark in den Schultern ziehen, dann benützen Sie weiterhin ein Seil, und versuchen Sie, die Hände jedesmal ein wenig näher zusammenzubringen. Wiederholen Sie die Übung mit Drehung der rechten und linken Schulter nach oben (10g) und der Dehnposition von 30–60 Sekunden. Gehen Sie wieder in die Ausgangsposition mit leicht vorgebeugtem Oberkörper, und heben Sie beide Arme. Jetzt sollten Sie in der Lage sein, die Arme noch höher zu heben als am Ende des ersten Übungsteils.

11 Schulterdehnung von der Seite

Ausgangsposition: Stellen Sie sich mit der linken Schulter zur Wand gedreht etwa 50 Zentimeter vor die Wand. Strecken Sie den Arm, und legen Sie die flache Hand so an die Wand, daß die Finger nach hinten, nicht nach oben oder nach unten zeigen (11a). Sollte das Handgelenk in dieser Position schmerzen, stellen Sie sich in den Türrahmen und halten sich mit gekrümmten Fingern fest. Achten Sie darauf, daß die Schulterblätter heruntergedrückt sind und daß das Ellbogengelenk nicht voll durchgestreckt ist. Halten Sie den Kopf gerade, und ziehen Sie das Kinn ein.

Die Dehnung: Drehen Sie den Körper einschließlich der Füße nach rechts. Sie versuchen, den Rücken zur Wand zu drehen (11b). Sie brauchen bzw. können sich gar nicht sehr weit drehen, bis Sie eine starke Dehnung vorne im Brustkorb und im Schulterbereich verspüren. Es kann sein, daß Sie diese Dehnung auch im Handgelenk und im Unterarm wahrnehmen. Wenn Sie die Dehnung noch verstärken wollen, schieben Sie die linke Schulter nach vorne und verlagern das Gewicht auf die Fußballen (11c). Halten Sie diese Dehnung 30–60 Sekunden.

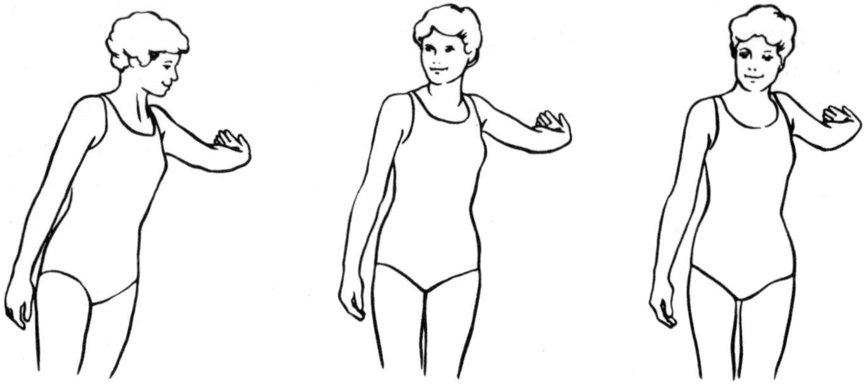

11a 11b 11c

Wiederholen Sie die gleiche Dehnung mit dem rechten Arm zur Wand, indem Sie sich nach links drehen.

Meistens hat man eine bessere und eine schlechtere Seite, und man spürt diese Dehnung mehr in der Schulter des Armes, mit dessen Hand man schreibt. Halten Sie die Dehnung länger auf der Seite, die mehr verspannt ist. Eine ähnliche Dehnung kann man noch auf eine andere Art erzielen, die Sie unter Übung 61 beschrieben finden, zusammen mit der »Quadrizepsdehnung im Sitzen« in Kapitel 11.

12 Schulterdehnung von oben

Ausgangsposition: Sie brauchen ein Seil, einen Gürtel oder etwas Ähnliches. Setzen Sie sich auf den Boden, auf einen Stuhl oder Hocker. Sie machen diese Übung im Sitzen, damit das Kreuz nicht fehlbelastet wird.

Die Dehnung: Halten Sie das Seil mit den Händen etwa einen Meter auseinander. Halten Sie die Arme in Schulterhöhe vor dem Körper hoch. Lassen Sie dabei die Ellbogen leicht gebeugt. Heben Sie die Arme hoch über den Kopf. Versuchen Sie vorsichtig, die Arme hinter den Kopf zu bringen, indem Sie die Ellbogen beugen, bis Sie ein Ziehen vorne im Schultergelenk verspüren. Hier halten Sie die Arme an (12a) bzw. bewegen die Arme und das Seil auf die rechte Seite. Achten Sie darauf, daß Sie nicht den ganzen Körper nach rechts lehnen. Bewegen Sie lediglich das Dreieck, das Ihre Arme mit dem Seil bilden, ca. 15–20 Zentimeter zur Seite, um die gegenüberliegende Schulter dehnen zu können. Beugen Sie nun den rechten Ellbogen, und benützen Sie die rechte Hand, um den linken ausgestreckten Arm nach hinten zu ziehen (12b). Dieses sanfte Ziehen dehnt den vorderen oberen Teil der linken Schulter. Halten Sie diese Dehnposition 30–60 Sekunden.

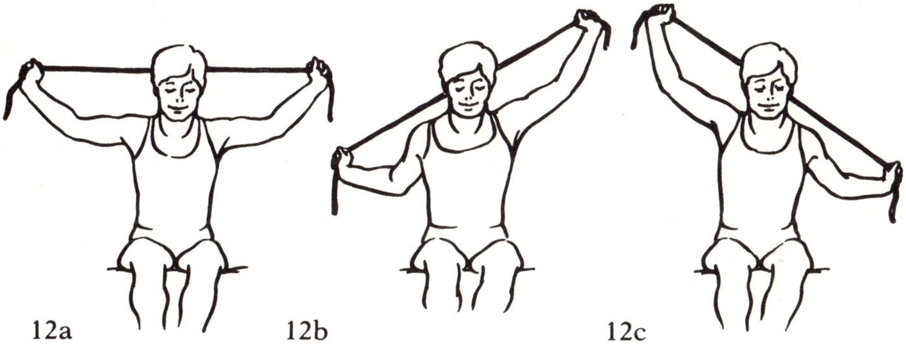

12a 12b 12c

Wiederholen Sie die Übung, indem Sie den linken Ellbogen beugen und das Dreieck nach links bewegen. Benützen Sie nun die linke Hand, um den rechten ausgestreckten Arm nach hinten zu ziehen (12c). Diese Dehnung spüren Sie jetzt vorne oben in der rechten Schultermuskulatur. Außerdem kann es sein, daß Sie die Kontraktion der Muskeln zwischen den Schulterblättern spüren. Halten Sie auch diese Dehnung 30–60 Sekunden.

Zur weiteren Dehnung strecken Sie den linken Arm aus. Bringen Sie das Dreieck genau über Ihren Kopf. Führen Sie das Seil vorsichtig mit beiden Armen gleichzeitig hinter dem Rükken nach unten (12d). Der Bewegungsweg der im Ellbogen leicht gebeugten Arme verläuft nach hinten unten (12e, f, g). Versuchen Sie, mit dem Seil das Gesäß zu berühren. Sollten die vorangegangenen Dehnübungen noch nicht ausgereicht haben, die Schultermuskeln genügend für diese Übung vorzudehnen, dann dürfen Sie das Seil vorläufig noch etwas weiter fassen, mit dem Ziel, die Hände bei jeder Wiederholung der

12d

12e

12f

12g

Übung näher zusammenzubringen. Der letzte Teil dieser Übung kann auch in einem Bett ausgeführt werden. Legen Sie sich diagonal ins Bett mit dem Kopf in einer Ecke des Fußendes. Die Schultern dürfen nicht aufliegen. Nehmen Sie die Arme über den Kopf. In dieser Position zieht die Schwerkraft das Gewicht der Arme nach unten. Dadurch werden die Muskeln noch mehr gedehnt, und der Bewegungsgrad der Schultergelenke wird gesteigert.

Diese Dehnübungen der Schultermuskeln von unten, von der Seite und von oben sind besonders wichtig, wenn Sie Gewichtstraining machen, Tennis, Squash oder Badminton spielen. Sie sind sehr gut für all diejenigen, die ihre Arme oft vor dem Körper halten müssen. Hierdurch kann man die Beweglichkeit erhalten und Verspannungen vorbeugen.

13 Engelsflügel

Bei dieser Übung werden zwei Fliegen mit einer Klappe geschlagen. Die Muskeln im vorderen Schulterbereich werden gedehnt, und die Muskeln, die die Schulterblätter zusammenhalten, werden gekräftigt.

Ausgangsposition: Legen Sie sich auf den Rücken, winkeln Sie die Knie an, und stellen Sie die Füße flach am Boden auf. Dadurch wird die Lendenwirbelsäule entlastet und entspannt. Breiten Sie die Arme auf Schulterhöhe seitlich aus, die Handflächen zeigen nach oben. Drücken Sie dabei wieder bewußt die Schulterblätter nach unten (13a).

13a

13b

Die Kräftigung: Machen Sie jeden Schritt über 8 Zähleinheiten. Heben Sie die ausgestreckten Arme etwa 5 Zentimeter über den Boden an, und halten Sie sie 30 Sekunden. Achten Sie darauf, daß die Ellbogengelenke nicht blockiert sind. Beschreiben Sie mit den Armen einen Kreis in die eine, dann in die andere Richtung (13b). Wiederholen Sie diese beiden Kreise noch einmal.

Die Dehnung: Ruhen Sie die Arme ein paar Sekunden aus. Konzentrieren Sie sich auf die Entspannung im Brustkorb und in den Schultern. Legen Sie nun die Arme 15 Zentimeter höher diagonal ab (13c). Wiederholen Sie die gesamte Übungsfolge: heben, halten, vier langsame Kreise mit Richtungswechsel und Erholungsphase. Anschließend machen Sie die Übungsfolge noch einmal mit den Armen in einer noch höheren Diagonalen und zuletzt noch einmal mit den Armen direkt über dem Kopf

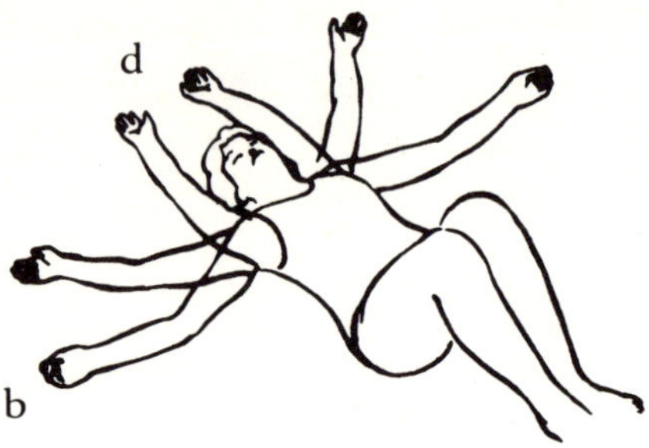

(13d). Während der gesamten Übung drücken Sie die Schulterblätter nach unten, um verkrampfte hochgezogene Schultern zu vermeiden. Um die Übung zu erschweren, nehmen Sie einen Schuh oder ein Halbkilogewicht in jede Hand.

14 Die Welt umarmen

Diese Übung kräftigt die Muskeln zwischen den Schulterblättern.

Ausgangsposition: Setzen oder stellen Sie sich bequem hin. Richten Sie den Kopf gerade aus, machen Sie einen langen Hals, entspannen Sie den Unterkiefer, drücken Sie die Schulterblätter bewußt nach unten, und ziehen Sie die Bauchmuskeln ein. Halten Sie die Arme auf Schulterhöhe vor sich ausgestreckt, so, als ob Sie jemanden umarmen wollten. Die Handflächen sind ca. 15 Zentimeter auseinander und zeigen nach innen (14a).

Die Kräftigung: Machen Sie die Schritte (1)–(3) über 8 langsame Zähleinheiten. **(1)** Beugen Sie die Ellbogen, und bewegen Sie die Handflächen bis etwa 15 Zentimeter vor den Brustkorb

(14b). Gleichzeitig ziehen Sie **(2)** die Ellbogen zur Seite und nach hinten, so, als ob Sie die Wände an den Seiten berühren wollten (14c). Halten Sie die Schulterblätter nach unten gedrückt. **(3)** Öffnen Sie langsam die Unterarme, und versuchen Sie, gleichzeitig die Ellbogen hinter Ihrem Rücken zusammenzuführen (14d). Dabei spüren Sie, wie sich der rautenförmige

14a

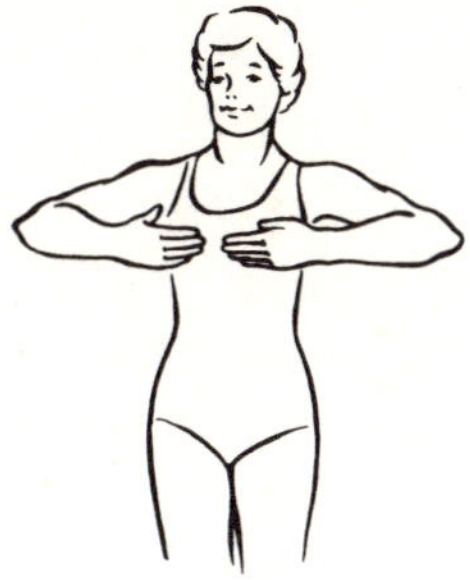
14b

14c

14d

14e

14f

Muskel, der Trapezius, zusammenzieht. Sie bringen diese Übung zum Abschluß **(4)**, indem Sie sich vorstellen, daß Sie die Welt oder einen großen runden Ball umarmen. Nehmen Sie über 4 Zähleinheiten die Arme zurück in die Ausgangsposition (14e, f). Diesen letzten Schritt sollten Sie so machen, als ob Ihre Arme an einem sehr festen Gummiband befestigt wären. Dabei fühlen Sie dann alle Muskeln auf der Innenseite der Arme. Wiederholen Sie die gesamte Übung noch dreimal. Wenn Sie jetzt im Anschluß Dehnübungen für die Schulter machen, werden Sie bemerken, daß sich die Muskeln leichter dehnen lassen.

15 Das Huhn

Diese Übung kräftigt die Muskeln, die die Schulterblätter nach unten drücken, die Muskeln zwischen den Schulterblättern und die Muskeln des Nackens.

Ausgangsposition: Stellen Sie sich hin, die Füße hüftknochenbreit auseinander. Die Fußspitzen zeigen direkt nach vorne. Gehen Sie so weit in die Knie, als ob Sie sich auf einen niedrigen Hocker setzen wollten. Halten Sie dabei die Fersen am Boden. Machen Sie nun einen runden Rücken – Hüfte, Brustkorb und Kopf hängen entspannt und schwer nach vorne, nur der untere Teil des Rückens ist parallel zum Boden. Die Vorderseite des Oberkörpers berührt fast die Oberschenkel. Rücken und Nakken haben die Form eines Schildkrötenpanzers. Die Arme hängen locker neben dem Körper (15a).

Die Kräftigung: Machen Sie jeden Schritt über 2 Zähleinheiten. Versuchen Sie, die Wirbelsäule aus dieser runden Rückenposition in eine gerade Linie parallel zum Boden zu bringen. **(1)** Heben Sie den Brustkorb (15b), und **(2)** heben Sie die Arme nach vorne an, wobei sich die Schulterblätter zusammenziehen (15c), dann weiter über den Kopf, wobei Sie die Schulterblätter nach unten drücken müssen. (Sie spüren eine langsame Kontraktion der Schulterblattmuskulatur ähnlich wie in Übung 14, »die Welt umarmen«.) **(3)** Breiten Sie die Arme wie die Flügel eines Vogels zur Seite aus, immer noch parallel zum Boden. **(4)** Heben Sie erst den Hals, dann den Kopf, bis er in Verlängerung der Wirbelsäule ist (15d, e). Ihr Blick ist auf den Boden gerichtet; der Kopf darf nicht so weit angehoben werden, daß Sie die Wand vor sich sehen, weil dadurch der Hals überdehnt wird. Die Wirbelsäule ist nun flach und gerade, und die Arme sind auf der Seite. **(5)** Sie beenden diese Übung, indem Sie den Kopf senken (15c), **(6)** den Hals Wirbel für Wirbel abrollen, **(7)** die Arme senken (15b) und **(8)** den Brustkorb abrollen (15b). Nun sind Sie wieder in der Ausgangsposition (15a). Bei dieser Übung dürfen Sie auf keinen Fall die

Beine durchstrecken. Nur bei leicht gebeugten Beinen wird das Kreuz nicht fehlbelastet. Wiederholen Sie die gesamte Übungsfolge mit den Armen in der Diagonalen, danach mit den Armen über dem Kopf (15d), zuletzt mit den Armen seitlich diagonal nach unten (15e).

15a

15b

15c

15d

15e

Diese Übung können Sie wie folgt erschweren: Erstens können Sie einen Schuh oder ein Halbkilogewicht (z. B. eine gefüllte Konservendose) in jeder Hand halten, während Sie diese Übung machen. Zweitens können Sie ein Bein nach hinten vom Boden abheben und es parallel zum Boden ausstrecken. Achten Sie darauf, daß das Standbein wie in der Ausgangsstellung immer leicht gebeugt ist. Verlagern Sie das Gewicht auf den Fußballen, wobei Sie die Zehen spreizen müssen, um eine gute Balance zu halten.

(*Achtung:* Bei dieser Übung kann man drei Fehler machen. (1) Sie sollen nicht nur einfach die Arme anheben und den Rücken flach ausstrecken, ohne dabei die Schulterblattmuskeln zu kontrahieren. (2) Die Bewegung darf auf keinen Fall vom Kopf ausgehen, und der Kopf darf nicht in den Nacken genommen werden. Die Bewegung muß unten in der Wirbelsäule in der Steißbeingegend begonnen und mit dem Kopf beendet werden. (3) Wenn Sie versuchen, ein Bein anzuheben, müssen Sie auf jeden Fall das Gefühl bekommen, daß jeder Muskel unterhalb der Gesäßmuskeln angespannt und am Abheben beteiligt ist.)

Zum Aufrichten rollen Sie den Oberkörper Wirbel für Wirbel auf, bevor Sie die Beine strecken. Ziehen Sie die Bauchmuskeln ein, und kippen Sie das Becken nach vorne. Das Gesäß wird dadurch in die Körpermitte gerückt, und es wird möglich, den Oberkörper in eine gute, gerade Haltung zu bringen. Wenn Sie längere Zeit so mit leicht gebeugten Beinen stehen, werden die Muskeln in den Oberschenkeln zwar müde, aber gleichzeitig gekräftigt.

(*Achtung:* Um die Knie vor unnötiger Belastung zu schützen, müssen Sie unbedingt darauf achten, daß das Gewicht gleichmäßig auf der gesamten Fußsohle verteilt ist. Dabei kann man die Zehen nicht mehr abheben. Es kann sein, daß Sie in den Knien spüren, wie Ihre Kraft langsam nachläßt, wenn Sie das Gewicht mehr auf die Fußballen verlagern. Prüfen Sie, ob die Beine zu sehr gebeugt sind, und richten Sie sich notfalls etwas mehr auf. Hilfestellung: Sie können sich beim Aufrichten des Oberkörpers mit den Händen auf den Oberschenkeln abstützen.)

16 Schulterzucken

Heben und Senken

Diese Übung kräftigt die Muskeln, die die Schulterblätter herunterdrücken.

Ausgangsposition: Setzen oder stellen Sie sich hin, und lassen Sie die Arme locker hängen (16a). Richten Sie den Kopf gerade aus, ziehen Sie das Kinn ein, und entspannen Sie den Unterkiefer. Bevor Sie diese Übung in Angriff nehmen, sollten Sie die drei Schulterdehnungen (Übungen 10–12) gemacht haben, um die Schulterblätter richtig positionieren zu können. Diese Übung wird anspruchsvoller, wenn Sie ein Halbkilo- oder Kilogewicht in jeder Hand halten.

Die Kräftigung: Machen Sie jeden Schritt über 4 Zähleinheiten. Nehmen Sie ein Gewicht in jede Hand, und lassen Sie die Arme hängen. Achten Sie darauf, daß die Gewichte die Ellbogengelenke nicht überdehnen und blockieren und daß die Hände nicht verkrampft sind. Der ganze Vorgang (Heben und Senken) soll sehr langsam ausgeführt werden. **(1)** Heben Sie die Schultern, und senken Sie sie danach so, daß Sie dieses Senken vorne in der Brustmuskulatur spüren. **(2)** Heben Sie die Schultern, und drücken Sie sie herunter. Konzentrieren Sie sich dabei auf die Muskeln im Rücken, die die Schulterblätter herunterziehen (16b). **(3)** Jetzt heben Sie die Schultern wieder und versuchen, sowohl die Muskeln vorne als auch hinten im Schultergelenk zu spüren. Dies ist eine Kombination der Schritte (1) und (2). **(4)** Schließlich stellen Sie sich vor, daß Sie ein schweres Gewicht auf den Schultern tragen, während Sie die Schultern sehr langsam heben und senken. Dabei konzentrieren Sie sich wieder auf beide Muskelgruppen vorne und hinten. Diesen letzten Schritt wiederholen Sie mehrmals.

Vorwärts und rückwärts

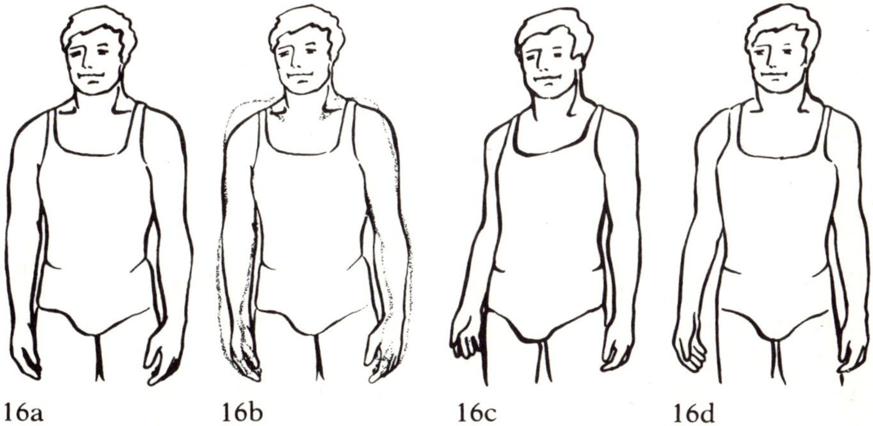

16a 16b 16c 16d

Sie können die Schultern auch nach vorne und nach hinten bewegen. Während Sie die Schultern nach vorne schieben, konzentrieren Sie sich auf die vordere Muskulatur, die sich zusammenzieht, während die rückwärtige Muskulatur dabei gedehnt wird, und umgekehrt. Machen Sie die nun folgende Übung mit einer Schulter. Machen Sie jeden Schritt über 2

Zähleinheiten. **(1)** Ziehen Sie die Muskeln vor dem entsprechenden Schultergelenk zusammen, wobei die Schulter nach vorne gerückt wird. Spüren Sie, wie sich die vorderen Muskeln zusammenziehen, während die hinteren Muskeln sich dehnen. **(2)** Nehmen Sie die Schulter wieder zurück, wobei sich die rückwärtige Schulterblattmuskulatur zusammenzieht. **(3)** Ziehen Sie die Schulter nach hinten, und fühlen Sie dabei, wie sich die Muskeln zwischen den Schulterblättern kontrahieren und die Muskeln vorne gedehnt werden (16c). **(4)** Bringen Sie die Schulter in die Ausgangsposition zurück, indem Sie langsam die Kontraktion in den Muskeln lösen. Wiederholen Sie die Übungsfolge von Schritt (1) bis (4) mit der anderen Schulter. Anschließend machen Sie die Übung mit beiden Schultern gleichzeitig.

17 Schulterkreisen

Dieses Schulterkreisen ist eine Kombination von Auf- und Abbzw. Vorwärts- und Rückwärtsbewegungen wie in der letzten Übung. Versuchen Sie, jede einzelne Muskelgruppe, wie gelernt, zu spüren, wenn Sie diese Kreise machen. Arbeiten Sie zunächst mit jeder Schulter separat, dann mit beiden Schultern gleichzeitig. Machen Sie jeden Schritt über 2 Zähleinheiten. **(1)** Ziehen Sie die Schultern nach vorne. **(2)** Heben Sie nun die Schultern so, als ob Sie etwas Schweres auf den Schultern tragen würden. **(3)** Ziehen Sie die Schultern zurück, und **(4)** bringen Sie sie durch Entspannung der Muskeln in die Ausgangsposition zurück. Wiederholen Sie die Übung in die andere Richtung, zurück, auf, vor und ab. Versuchen Sie, jede neue Position in den Muskeln zu spüren. Kreisen Sie nun mit der anderen Schulter und im Anschluß mit beiden gleichzeitig. Auch wenn Sie die Übung schneller machen, zum Ticken der Uhr beispielsweise, müssen Sie sich weiterhin auf die sich zusammenziehenden Muskeln konzentrieren. Nur dadurch vermeiden Sie, daß die Schultern passiv durch Schwerkraft bewegt werden, wodurch nur die Bänder belastet werden, was aber nicht Ziel der Übung ist.

18 Klimmzüge

Im Anatomieteil haben Sie erfahren, daß die Muskeln, die die Schulterblätter senken, sehr schwach sind. Bei unseren Primaten, die in den Bäumen hingen, waren die Muskeln dagegen sehr ausgeprägt. Folglich kräftigt man diese Muskeln am besten, indem man sich an eine Stange hängt. Vielleicht finden Sie ein fest installiertes Rohr im Keller, oder Sie machen die Übung das nächste Mal an der Stange, wenn Sie auf dem Trimm-dich-Pfad sind. Vergewissern Sie sich, daß die Stange Ihr Gewicht aushält. Sollten Sie genügend Kraft haben, um sich an der Stange hochzuziehen, dann können Sie den ersten Teil dieser Übung übergehen und machen die Klimmzüge.

Ausgangsposition: Fassen Sie die Stange so, daß die Handflächen nach vorne zeigen. Der Kopf muß gerade ausgerichtet, das Kinn eingezogen und der Unterkiefer entspannt sein. Gehen Sie einen Schritt vor, so daß die Füße ca. 20–25 Zentimeter vor der Hüfte sind. Durch diese vorgezogene Position der Beine kann der Rücken nicht ins Hohlkreuz fallen.

Die Kräftigung: Beugen Sie die Knie, und lassen Sie sich hängen. Beugen Sie die Arme im Ellbogengelenk leicht, damit

18a

18b

18c

Sie das Gelenk nicht blockieren, und ziehen Sie aus dem gleichen Grund die Schulterblätter bewußt nach unten (18a). Ziehen Sie den Bauch ein, und lassen Sie die Bauchmuskeln angespannt, während Sie die Knie ein wenig anheben. Die Füße hängen über dem Boden, während Sie versuchen, die Ellbogen stärker zu beugen und sich dadurch mit dem Kopf an die Stange heranzuziehen (18b). Dieses Hängen und Halten des eigenen Körpergewichts kräftigt die Muskeln, die die Schulterblätter senken (18c). Zählen Sie bis 4 oder 6, und legen Sie anschließend eine kleine Erholungspause ein. Wiederholen Sie das Hängen von der Stange noch viermal. Sobald Sie kräftiger werden, versuchen Sie die Stellung 8 oder 10 Zähleinheiten lang zu halten und sich dabei hochzuziehen.

Klimmzüge machen Sie, indem Sie sich langsam an der Stange hochziehen, bis Sie mit dem Kopf bzw. Kinn die Stange berühren (18b). Ziehen Sie sich hoch, und lassen Sie sich langsam herunter. Wenn Sie fertig sind, dehnen Sie das Handgelenk und die Schultermuskeln mit den Dehnübungen am Anfang dieses und des folgenden Kapitels (Übungen 20–22).

19 Vom Stuhl aufstehen

Diese Übung kräftigt wiederum die Muskeln, die die Schulterblätter senken, diesmal, indem Sie Ihr Körpergewicht stemmen müssen. Klimmzüge (Übung 18) kräftigen dieselben Muskeln, indem man das Körpergewicht nach oben zieht.

Ausgangsposition: Setzen Sie sich auf einen stabilen Stuhl mit oder ohne Armlehne. Die Hände sind seitlich auf der Sitzfläche oder Stuhllehne. Unter- und Oberschenkel bilden einen rechten Winkel, d. h., die Füße stehen etwa 15–25 Zentimeter vor dem Stuhl (19a). Während dieser Übung müssen Sie die Schulterblätter wieder nach unten drücken.

Die Kräftigung: Machen Sie jeden Schritt über 4 Zähleinheiten. **(1)** Mit den Füßen am Boden stemmen Sie sich langsam von der Sitzfläche hoch. **(2)** Halten Sie diese Position. **(3)**

Senken Sie den Körper langsam wieder ab (19b). Wiederholen Sie die Schritte (1)–(3) noch fünfmal. Sie werden diese Übung auch in den Händen, Unter- und Oberarmen spüren. Drücken Sie die Schulterblätter aktiv nach unten, damit die Kräftigung effektiver ist.

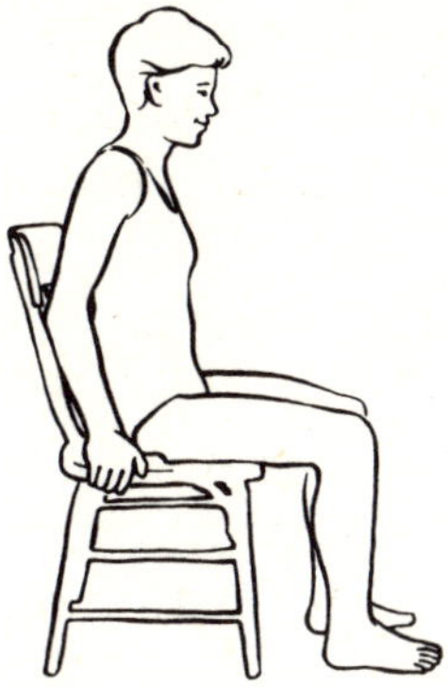

19a

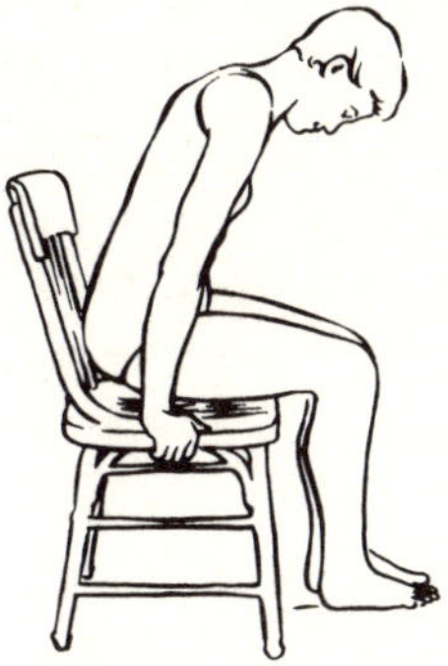

19b

Kapitel 6

Ihre Arme

Anatomie

Beim Bewegen der Arme werden Knochen, Gelenke und Muskeln des Schultergürtels eingesetzt. Weitere Armbewegungen können im Ellbogen- und Handgelenk gemacht werden. Dieses Kapitel beschäftigt sich mit Dehn- und Kräftigungsübungen für die Arme, wobei allerdings die Schultern und Hände einbezogen werden. Die Zerlegung des Körpers in seine anatomischen Einzelteile wurde hier lediglich der Einfachheit halber vorgenommen, um ihre Funktion im Detail besprechen zu können.

Die Struktur der Arme macht viele verschiedene Handbewegungen möglich, ohne daß Sie darüber nachdenken müssen (VI–A). Der Arm hat drei Gelenke, Schulter-, Ellbogen- und Handgelenk. Das untere Ende des Oberarmknochens, der Humerus, ist über das Ellbogengelenk mit den beiden Unterarmknochen, dem Radius und der Ulna, verbunden. Diese beiden Unterarmknochen bilden nebeneinanderliegend mit dem Oberarmknochen das Ellbogengelenk. Der Knochen, auf dem Sie lehnen, wenn Sie den Arm auf den Tisch aufstützen, ist die Ulna. Beim Beugen und Strecken des Unterarms werden Ulna und Radius gleichzeitig bewegt. Die Struktur des Ellbogengelenks erlaubt dem Unterarm keine Bewegung von Seite zu Seite. Seitenbewegungen sind nur möglich, weil der Oberarm im Schultergelenk mitbewegt wird.

Sie können die Hand so halten, daß die Handfläche nach oben bzw. unten zeigt, weil der Radius über die Ulna rollt. Um zu spüren, wie das funktioniert, brauchen Sie nur einmal die Hand an den anderen Unterarm zu legen und die Handflächen nach oben und nach unten zu drehen. Sie können den Unterarm beugen, strecken und drehen, ohne daß dabei das Schultergelenk mit einbezogen wird, indem Sie den Oberarm in einer Position halten. Weil aber die Schultermuskulatur mit der Armmuskulatur kooperiert, bewegt sich der Oberarm meistens mit. Hand- und Ellbogengelenk sind wie jedes andere Gelenk durch Bänder gesichert.

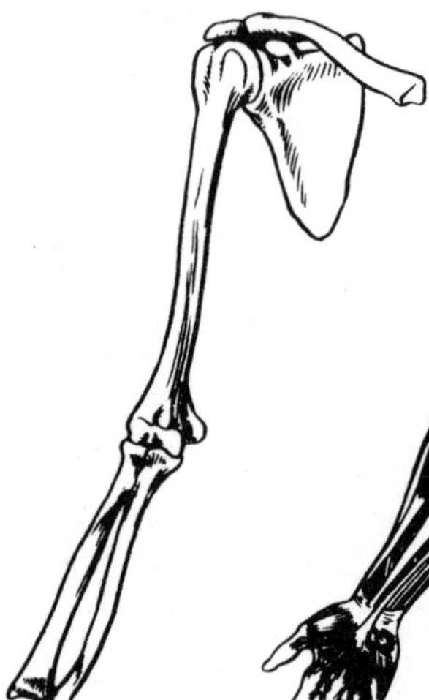

Abb. VI–A
Armgelenke

Abb. VI–B
Armmuskulatur, Vorderansicht

Abb. VI–C
Armmuskulatur, Rückansicht

Die Armmuskeln sind so genial angeordnet, daß Sie all diese fantastischen Bewegungen in endlosen Kombinationsmöglichkeiten vollbringen können. Wenn man herausgefordert wird, seine Muskelkraft unter Beweis zu stellen, dann muß dafür meist der Armbeuger (Bizeps) herhalten, indem der Unterarm gebeugt wird. Dieser Muskel ist auf der Vorderseite des Oberarms und unterhalb des Ellbogengelenks befestigt und hebt den Unterarm an, macht also die Beuge möglich (VI–B). Der Muskel auf der Rückseite des Arms, der Trizeps, streckt den Arm wieder (VI–C). Sie haben Muskeln, die die Handflächen nach unten drehen (Pronation), und Muskeln, die die Handflächen nach oben drehen (Supination). Diese liegen in erster

Linie auf dem Unterarm und drehen Radius und Ulna so, wie oben beschrieben.

Das Training mit Gewichten kommt immer mehr auch bei den Frauen in Mode. Dabei will man zunächst die Oberarmkraft stärken, obwohl es Übungen mit Gewichten für alle Körperteile gibt. Wenn Sie die Armmuskeln trainieren wollen, dann brauchen Sie aber nicht unbedingt mit Gewichten zu arbeiten. Klimmzüge sind bestens dazu geeignet, den Bizeps zu vergrößern, und Liegestütze trainieren den Trizeps, den Muskel auf der Rückseite des Oberarms. Auf die herkömmliche, recht schnell ausgeführte Art und Weise sind Liegestütze recht anstrengend und für Anfänger zu schwierig. Dieses Kapitel enthält Variationen dieser Übung, die sehr langsam gemacht werden und die auch für Anfänger geeignet sind.

Eines der größten Probleme der Arm- und Schultermuskulatur ist das Ungleichgewicht der Muskeln. Das kommt von der schlechten Haltung, und weil Arm- und Schultermuskeln nicht ausreichend für Alltagsaktivitäten gedehnt sind. Als Resultat dieses Ungleichgewichts treten oft chronische Beschwerden im Schulter-, Ellbogen- und Nackenbereich auf.

Macht man Kräftigungsübungen für die Arme zu schnell, verstärkt sich dieses Ungleichgewicht und kann Überanstrengung und sogar Muskelrisse verursachen. Wenn man die Schulterblätter nicht nach unten drückt und dort hält, können Verletzungen im Schulterbereich auftreten; die Ellbogengelenke werden angegriffen, wenn die Gelenke blockiert werden, und die Handgelenke sind anfällig für Verletzungen, wenn die Finger beim Aufstützen nicht gespreizt sind. Gespreizte Finger verhindern, daß die Bänder in den Handgelenken überdehnt werden, wenn man passiv auf den Handgelenken ruht.

Handgelenk-, Hand- und Fingerübungen finden Sie in Kapitel 7. Wie man mit einem Tennisellbogen lebt, können Sie in Kapitel 16 nachlesen.

Übungen

Bei all den Übungen dieses Kapitels werden Arm- und Schultermuskeln beansprucht. Das Hauptgewicht dieser Übungen liegt auf den Muskelgruppen der Ober- und Unterarme und deren Koordination. Bei den Übungen in Kapitel 7 »Ihre Handgelenke, Hände und Finger« hilft natürlich auch die Armmuskulatur mit.

20 Trizepsdehnung

Die Schulterdehnübungen (10–12) in Kapitel 5 dehnen auch einige Muskeln in den Armen, Handgelenken und Unterarmen. Zusätzlich sollten Sie die Arme aber noch an einer anderen Stelle dehnen, nämlich da, wo der Trizeps sitzt.

20a

20b

Ausgangsposition: Stellen Sie sich etwa 50 Zentimeter von der Wand entfernt hin, so daß die rechte Seite zur Wand zeigt. Dann heben Sie den rechten Arm und berühren mit der gesamten Kleinfingerseite des Unterarms die Wand, wobei die Handfläche nach vorne, nicht an die Wand zeigt. Der Arm bildet dadurch eine hohe Diagonale (20a).

Die Dehnung: Jetzt lehnen Sie sich ein wenig auf den Unterarm. Um mehr von dieser Dehnung zu spüren, müssen Sie noch ein wenig die Wand hinaufgleiten (20b). Dabei spüren Sie die Dehnung im rückwärtigen Oberarm. Es kann sein, daß Sie den ganzen Körper noch etwas nach links drehen müssen, um die Dehnung zu spüren. Halten Sie diese Position 30–60 Sekunden, dann wiederholen Sie diese Dehnung mit dem linken Arm.

21 Handgelenkdehnung

Diese Dehnung gehört eigentlich zu Kapitel 7. Sie ist hier aufgeführt, weil Sie diese Übung an dieser Stelle für die Unterarme einsetzen können. Sie können diese Dehnung nach jeder

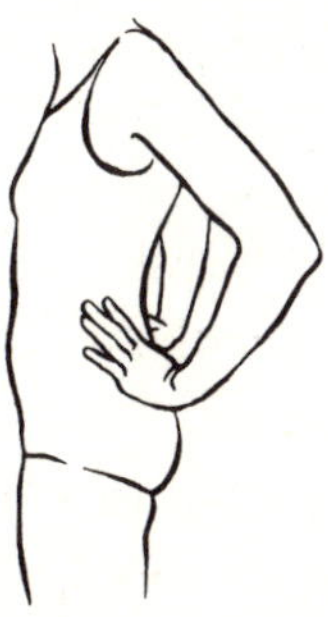

21a

21b

Tätigkeit machen, bei der Sie lange etwas in der Hand halten mußten, z. B. ein Werkzeug, einen Tennisschläger oder den Fahrradlenker, oder wenn Sie die Finger lange Zeit gebeugt halten mußten, wie z. B. beim Schreibmaschineschreiben, Schreiben oder beim Spielen eines Instruments.

Ausgangsposition: Beugen Sie die Hände im Handgelenk, und legen Sie sie auf die Hüftknochen auf. Versuchen Sie, die

Handflächen gegen die Hüften zu drücken und die Finger nach oben zu halten (21a), oder halten Sie die Finger nach vorne, indem Sie die Handgelenke zueinander wenden (21b). Die Schulterblätter müssen heruntergedrückt und nach hinten gezogen werden.

Die Dehnung: Indem Sie die Hände in einer dieser Positionen 30–60 Sekunden halten, können Sie die Dehnung in den Handgelenken, im Unterarm und in den Fingern spüren. Nun üben Sie Druck auf den Daumen aus und anschließend auf den kleinen Finger. Dieses Position dehnt die Unterarmmuskeln viel mehr als die Übung, bei der Sie eine Hand mit Hilfe der anderen Hand nach hinten ziehen.

22 Unterarmdehnung

Diese Dehnung lockert die verspannten Muskeln im oberen Bereich des Unterarms. Sie ist sehr einfach.

Die Dehnung: Beugen Sie die Hände im Handgelenk, wobei die Finger ausgestreckt und geschlossen sind. Strecken Sie die Arme nach vorne oder zur Seite aus, und drehen Sie sie so, daß die Ellbogen nach oben zeigen. Um diese Dehnung zu spüren, müssen Sie das Handgelenk unbedingt gebeugt lassen. Halten Sie diese Position 30–60 Sekunden. Lassen Sie die Arme in derselben Position, beugen Sie aber die Hände im Handgelenk in die andere Richtung, d. h. nach oben, und halten Sie diese Position.

23 Armkreisen

Schnelles Armkreisen horizontal oder vertikal dient häufig zum Aufwärmen. Es kann, wenn es langsamer ausgeführt wird, auch als Kräftigungsübung dienen. Wenn Sie bei der langsamen Übung ein Gewicht von ½ bis 1½ kg halten, wird die Kräftigungsübung noch effektiver.

Ausgangsposition: Setzen oder stellen Sie sich hin, und richten Sie den Kopf gerade aus, ziehen Sie das Kinn ein, und entspannen Sie den Unterkiefer. Spannen Sie die Bauchmuskeln an, und lassen Sie die Füße fest am Boden stehen. Im Stehen müssen Sie zusätzlich darauf achten, daß die Knie im Kniegelenk nicht blockiert werden, damit die Lendenwirbelsäule entspannt bleibt. Die Zehen zeigen nach vorne, und Sie verlagern das Gewicht auf Fußballen und Zehen. Breiten Sie die Arme auf Schulterhöhe zur Seite aus, wobei Sie darauf achten, daß die Ellbogen ebenfalls leicht gebeugt sind (23a).

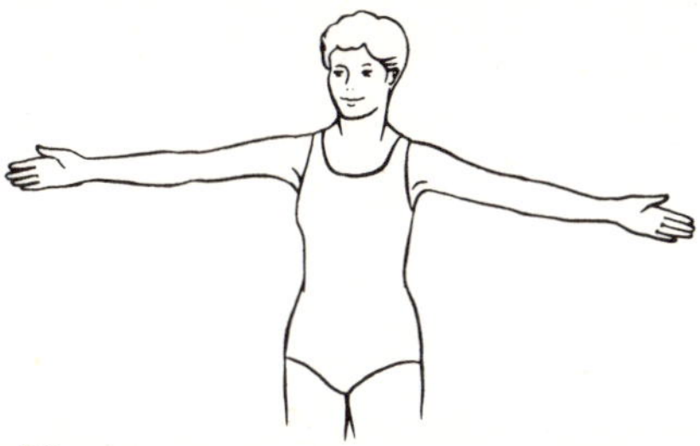

23a

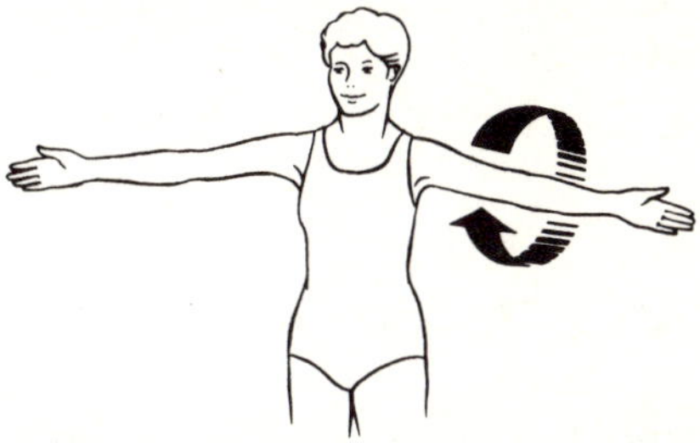

23b

Die Kräftigung: Machen Sie jeden Schritt über 8 Zähleinheiten. **(1)** Machen Sie langsam kleine Armkreise, wobei Sie die Kreisbewegung von vorne und nach oben beginnen (23b). **(2)** Machen Sie einen Kreis in die andere Richtung, und beginnen Sie nach unten und nach hinten. Wiederholen Sie diese Kreise mehrmals in jede Richtung. Wenn Sie die Armkreise beendet haben, dehnen Sie die Muskeln, indem Sie die »Schulterdehnung von unten« oder »von der Seite« machen (Übungen 10, 11).

Vertikales Armkreisen ist eine Variation des horizontalen Armkreisens. Die Ausgangsposition ist die gleiche, außer daß die Hände nach unten zeigen. Drücken Sie die Schultern nach unten und zurück, und lassen Sie die Ellbogen leicht gebeugt.

Die Kräftigung: **(1)** Kreisen Sie die Arme langsam über 20 Zähleinheiten einwärts, **(2)** dann auswärts. Machen Sie insgesamt 8 langsame Kreise. Mit einem ½ oder 1½ kg schweren Gewicht in der Hand wird die Übung anspruchsvoller. Nach dem Kräftigen sollten Sie die Schultermuskulatur dehnen.

24 Käse schneiden

Ausgangsposition: Diese Übung können Sie im Sitzen oder im Stehen machen. Lassen Sie die Arme locker hängen. Richten Sie den Kopf gerade aus, und drücken Sie bewußt die Schulterblätter während der gesamten Übung nach unten und zurück. Das wird nicht sehr leicht sein, weil man die Schultern beim Heben und Senken der Arme automatisch mitbewegt. Diese Übung wirkt effektiver, wenn Sie ein Gewicht in jeder Hand halten (24a).

24a

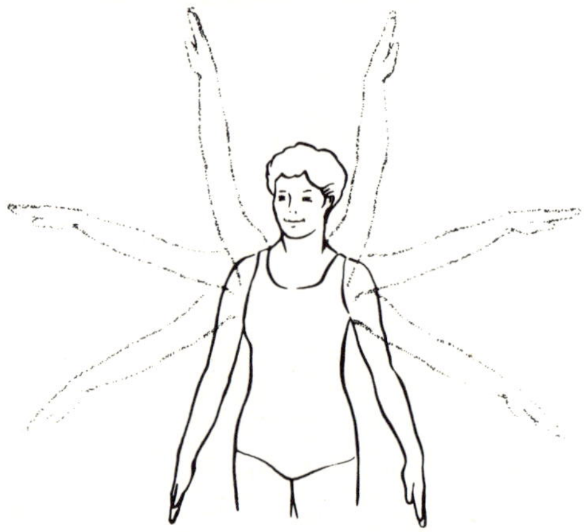

24b

Die Kräftigung: Machen Sie jeden Schritt über 8 Zähleinheiten. Beim Heben und Senken zeigen die Handflächen nach unten. **(1)** Heben Sie die Arme, so hoch Sie können (24b). Stellen Sie sich dabei vor, daß der Arm ein Käsemesser ist, mit dem Sie einen Käse durchschneiden. Diese Vorstellung soll Ihnen helfen, einen Widerstand zu spüren. **(2)** Senken Sie die Arme (Handflächen zeigen nach unten) wieder so, als ob Sie einen Käse durchschneiden wollten. Danach lockern Sie die Arme durch Schütteln. **(3)** Drehen Sie die Arme so, daß die Handflächen nach vorne zeigen (24c). Heben Sie die Arme, so hoch Sie können. Diesmal kommen Sie etwas höher als beim ersten Schritt. Wieder »schneiden Sie Käse«, wobei die Daumen nach oben zeigen. Sie spüren andere Muskeln als bei der vorigen Handposition. **(4)** Senken Sie die Arme wieder gegen den imaginären Widerstand. Lassen Sie die Arme kurz hängen. **(5)** Drehen Sie die Arme wieder, wobei die Kleinfingerseite nach vorne zeigt (24d). Heben Sie die Arme langsam, so hoch Sie können. Hierbei kommen Sie noch höher als vorher. **(6)** Senken Sie die Arme gegen Widerstand, und achten Sie darauf, daß die Ellbogen gebeugt sind. Lassen Sie danach die Arme wieder locker hängen. **(7)** Drehen Sie die Arme nach innen, so daß die Daumen die Oberschenkel berühren (24e).

24c

24d

24e

Die beiden anderen Rotationen, Daumen nach oben (3 und 4) und Handflächen nach oben (5 und 6), waren Auswärtsrotationen. Diesmal »schneiden Sie den Käse« mit der Arminnenseite. Heben Sie die Arme langsam, so hoch Sie können, und konzentrieren Sie sich dabei auf die Ellbogenseite der Arme. In dieser Position können Sie die Arme nicht so hoch heben wie bei den Schritten (3) bis (6). **(8)** Senken Sie die Arme nun so, als ob Sie gegen den Widerstand einer großen Feder drücken würden. Achten Sie darauf, daß die Schulterblätter zurückgezogen sind. Lassen Sie danach die Arme wieder locker hängen.

Diese Übung können Sie auch mit den Armen vor und hinter bzw. diagonal vor oder hinter Ihrem Körper machen. Machen Sie alle vier Handrotationen mit jeder neuen Armposition.

Sie können diese Übung auch auf dem Rücken liegend machen. Lassen Sie die Knie gebeugt, so daß die Füße fest am Boden aufstehen, um Ihr Kreuz zu entlasten. Wenn Sie die Arme heben, während Sie ein Gewicht halten, müssen Sie darauf achten, daß die Schulterblätter am Boden bleiben. Am Anfang wird es leichter sein, nur einen Arm hochzuheben. **(1)** Heben Sie die Arme zu Beginn der Übung etwas vom Boden ab, und machen Sie langsame Kreisbewegungen. Weitere Ausgangspositionen sind: **(2)** Arme auf der Seite und nach unten zeigend, **(3)** Arme auf Schulterhöhe ausgebreitet, **(4)** Arme über dem Kopf hochgehalten, **(5)** Arme diagonal nach unten zeigend und **(6)** Arme diagonal nach oben zeigend. Heben Sie in jeder Position die Arme nur so weit, wie Sie können. Lassen Sie die Schulterblätter am Boden. Wenn Sie die gesamte Übung beendet haben, machen Sie Dehnübungen für die Schultern (Übungen 10–12), für die Arme (Übungen 20–22) und für die Handgelenke (Übungen 33–36).

25 Anfängerliegestütz

Ausgangsposition: Knien Sie sich auf den Boden, und stützen Sie sich auf den Händen auf. Die Schultern stehen senkrecht über den Händen. Die Ellbogen müssen gebeugt sein und dürfen nicht im Gelenk blockiert werden. Öffnen Sie die Finger, so daß sie nach vorn außen zeigen. Das Gewicht ist gleichmäßig auf alle Finger verteilt. Die Füße sind ausgestreckt, und der Fußrücken liegt am Boden auf. Vergewissern Sie sich, daß die Füße nicht nach innen oder außen gedreht sind. Durch diese korrekte Fußposition werden die Kniegelenke vor Fehlbelastungen geschützt. Nun wandern Sie mit den Händen ca. 20–25 Zentimeter nach vorne. Dadurch werden die Oberschenkel diagonal nach vorne gerückt (25a).

25a

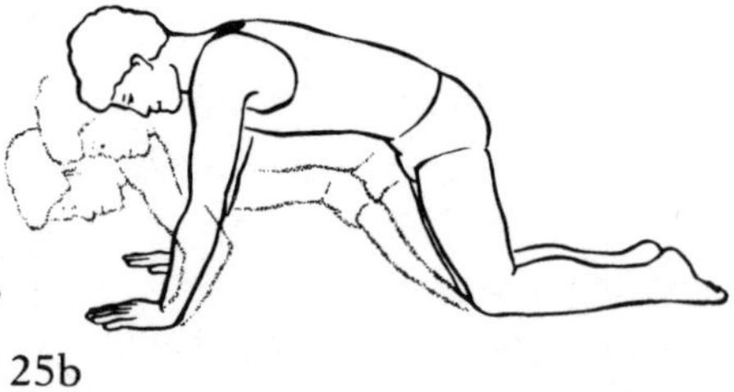

25b

Die Kräftigung: Machen Sie jeden Schritt über 4 Zähleinheiten. **(1)** Beugen Sie langsam die Ellbogen, und bewegen Sie den Oberkörper zum Boden. **(2)** Strecken Sie die Arme langsam wieder, und heben Sie den Oberkörper dadurch an (25b). Wiederholen Sie diese Übungsfolge vier- bis sechsmal. Sobald

Ihnen diese Anfängerliegestütze leichtfallen, können Sie die normalen Liegestütze versuchen.

26 Liegestütz

Ausgangsposition: Knien Sie sich hin, und stützen Sie sich mit den Händen auf dem Boden ab. Die Schultern müssen direkt senkrecht über den Händen stehen. Die Ellbogen dürfen nicht blockiert werden. Öffnen Sie die Finger so, daß sie nach vorn außen zeigen. Das Gewicht ist gleichmäßig auf alle Finger verteilt. Richten Sie den Kopf in Verlängerung der Wirbelsäule gerade aus, entspannen Sie den Unterkiefer, und achten Sie darauf, daß Sie die Zähne nicht zusammenbeißen. Strecken Sie die Beine nach hinten aus, halten Sie dabei aber den Oberkörper oben, so daß das Gesäß etwas höher als die Schulter und nicht in einer Linie mit dem restlichen Körper ist (26a).

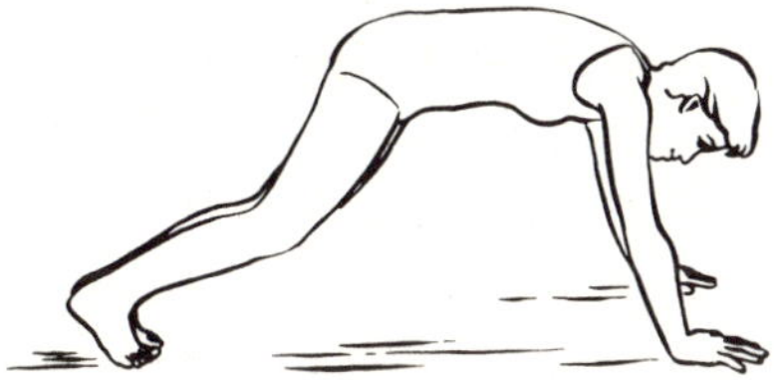

26a

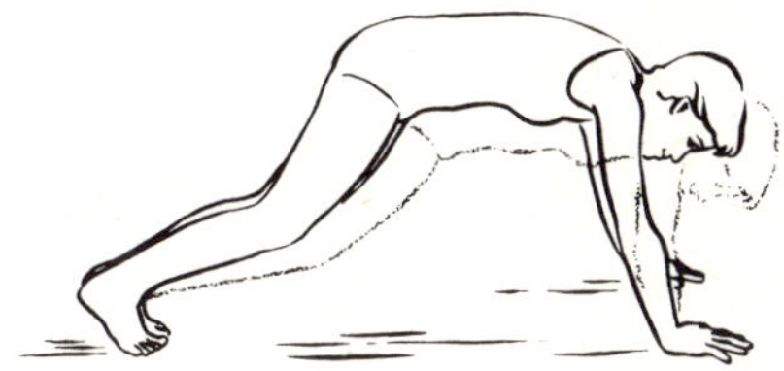

26b

Durch diese Position der Hüften wird das Kreuz entlastet. Achten Sie darauf, daß Sie die Bauchmuskeln einziehen. Die Knie sind entspannt. Blockieren Sie auf keinen Fall die Kniegelenke. Die Füße sind 10–15 Zentimeter auseinander.

Die Kräftigung: Machen Sie jeden Schritt über 4 Zähleinheiten. Beugen Sie langsam die Ellbogen, um den Oberkörper zu senken. **(1)** Beugen Sie die Ellbogen nur so weit, wie Sie die Bewegung unter Kontrolle haben (26b). **(2)** Strecken Sie die Arme, wobei Sie darauf achten müssen, daß Sie die Ellbogengelenke nicht blockieren. Wiederholen Sie dieses Senken und Heben weitere vier- bis sechsmal. Wenn Sie die Übung halb so schnell machen, wird sie erschwert.

27 A-geformter Liegestütz

Diese Modifikation des normalen Liegestützes (Übung 26) ist insbesondere für Sprinter geeignet, die sich beim Start besonders kräftig abdrücken müssen. In dieser Position werden die Deltamuskeln (vorne oben auf der Schulter) gekräftigt. Der einzige Unterschied zwischen dem normalen und dem A-geformten Liegestütz ist die Ausgangsposition.

Ausgangsposition: Um das A zu formen, begeben Sie sich zunächst in die Position für den normalen Liegestütz, heben dann aber das Gesäß weiter nach oben an, indem Sie die Hände ungefähr 30 Zentimeter näher an die Füße heranbringen. Der Körper ist dabei stark in der Hüfte gebeugt. Halten Sie den Rücken gerade, und ziehen Sie die Bauchmuskeln ein.

27a

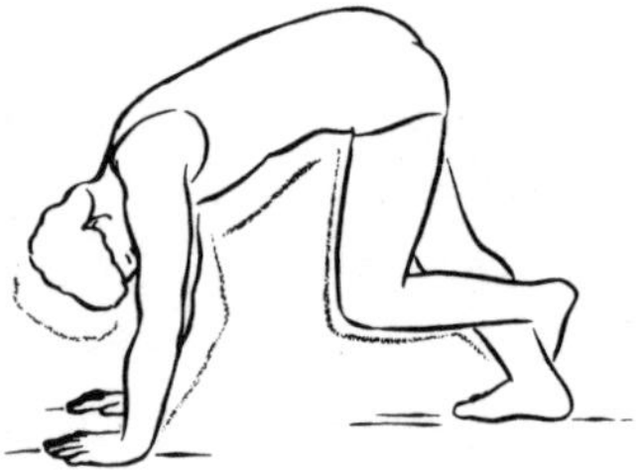

27b

Stellen Sie die leicht gebeugten Arme direkt unter dem Schultergelenk auf, und richten Sie den Kopf in Verlängerung der Wirbelsäule aus (27a). Auf keinen Fall dürfen Sie den Kopf in den Nacken nehmen oder das Kinn auf die Brust ziehen, denn in beiden Fällen werden die Wirbel fehlplaziert. Die Fußposition dieses A-geformten Liegestützes bedeutet eine sehr starke Dehnung für die Wadenmuskulatur. Wie in Übung 87 (»A-geformte Wadendehnung«) sollten Sie die Zehen eines Fußes auf die Ferse des anderen Fußes auflegen bzw. die Füße in Schrittstellung hintereinanderstellen und jeweils 2 Liegestütze mit dem rechten bzw. linken Fuß vorne machen.

Die Kräftigung: Machen Sie jeden Schritt über 4 Zähleinheiten. **(1)** Beugen Sie langsam die Ellbogen, um den Oberkörper zu senken (27b). Gehen Sie nur so weit hinunter, wie Sie die Bewegung mit Ihrer Armkraft kontrollieren können. **(2)** Strekken Sie die Arme nun langsam wieder, und gehen Sie zurück in die Ausgangsposition. Wiederholen Sie dies vier- bis sechsmal. (*Achtung:* Wenn Sie die Fersen zu hoch heben, wird der gesamte Körper nach vorne bewegt und nicht nur nach oben und unten, wie es das Ziel dieser Übung ist.) Im Anschluß an die Liegestütze dehnen Sie die Schultermuskulatur (siehe Kapitel 5).

28 Wandliegestütz

Diese Liegestütze sind für Anfänger sehr gut geeignet, weil sie die Armmuskeln sozusagen vorkräftigen.

Vorbereitende Position: Stellen Sie sich nah vor eine Wand. Halten Sie den Kopf gerade ausgerichtet, so daß die Ohren direkt über den Schultern sind. Ziehen Sie das Kinn ein, und entspannen Sie den Unterkiefer. Ziehen Sie die Schulterblätter nach unten, und spannen Sie die Bauchmuskeln an. Die Knie müssen leicht gebeugt sein, und die Füße zeigen gerade nach vorne.

Mit beiden Armen

Ausgangsposition: Stellen Sie sich etwa eine Armlänge von der Wand entfernt hin, und legen Sie die Hände mit den Handflächen auf die Wand, wobei die Finger nach oben zeigen. Spannen Sie die Bauchmuskeln an, und winkeln Sie den Oberkörper im Hüftgelenk leicht nach vorne ab (28a). Diese Haltung des Oberkörpers ist wichtig, um die Lendenwirbelsäule vor Fehlbelastungen zu schützen.

Die Kräftigung: **(1)** Beugen Sie langsam die Ellbogen, und lehnen Sie sich mit dem ganzen Körper in die Wand hinein (28b). Die gebeugten Ellbogen zeigen Richtung Boden. Gehen

Sie nur so weit nach vorne, wie Sie mit der Armkraft das Gewicht des Oberkörpers abfangen können. **(2)** Bringen Sie den Oberkörper wieder in die Ausgangsposition zurück, indem Sie die Arme langsam strecken, jedoch nicht im Ellbogengelenk blockieren. (*Achtung:* Vergewissern Sie sich, daß Sie das Gewicht nach vorne auf die Hände verlagern, bevor Sie die Arme wieder ausstrecken, weil Sie ansonsten den Schwung ausnützen, um sich von der Wand wegzudrücken.)

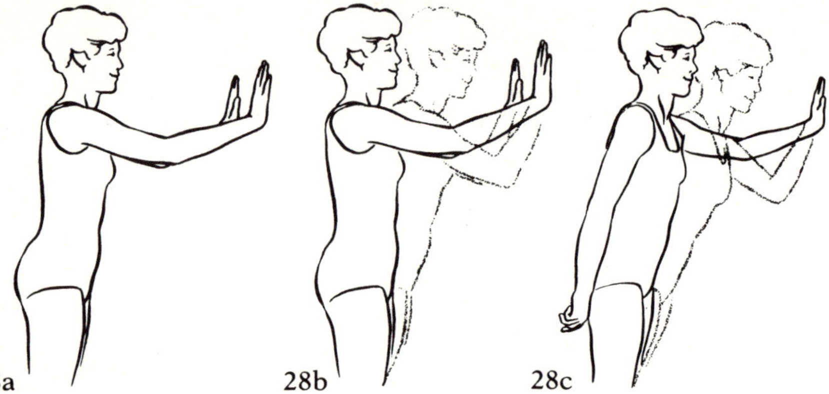

28a 28b 28c

Wiederholen Sie diesen Wandliegestütz zehnmal. Die Übung wird erschwert, wenn sie langsamer gemacht wird. Beim Lehnen werden nebenbei die Wadenmuskeln gedehnt (siehe Kapitel 13).

Mit einem Arm

Machen Sie diese Übung, wenn einer der Arme schwächer ist als der andere. Befolgen Sie sämtliche Anleitungen für den beidarmigen Liegestütz. Lassen Sie den linken Arm hängen, und stellen Sie die rechte Hand etwas weiter nach innen auf. **(1)** Beugen Sie langsam den Ellbogen, und lehnen Sie sich wieder in die Wand. Der Ellbogen zeigt diagonal zum Boden (28c). **(2)** Drücken Sie sich nun langsam wieder von der Wand weg, indem Sie den Ellbogen strecken. Achten Sie aber darauf, daß Sie das Ellbogengelenk nicht blockieren. Wiederholen Sie die Übung rechts sechs- bis zehnmal, danach links. Sie können auch die Arme nach jedem Liegestütz wechseln, ganz wie Sie wollen.

Diese Übung wird schwieriger, wenn Sie die Hand weiter nach außen auf die Wand aufstellen. Wenn Sie diese Variation der Übung ausführen, müssen Sie sich vergewissern, daß Sie den Körper nicht zu sehr drehen. Zwischen Arm und Körper muß immer ein rechter Winkel bestehen bleiben. Wiederholen Sie die Übung mit dem anderen Arm. Anschließend machen Sie Schulterdehnübungen (Übungen 10–12).

29 Seitlicher Wandliegestütz

Die vorbereitende Position ist die gleiche wie beim Wandliegestütz.

Ausgangsposition: Stellen Sie sich etwa eine Armlänge von der Wand entfernt seitlich zur Wand hin (vgl. Übung 11). Legen Sie die Hand so auf die Wand, daß die Finger nach oben zeigen (29a). Drücken Sie die Finger fest an die Wand.

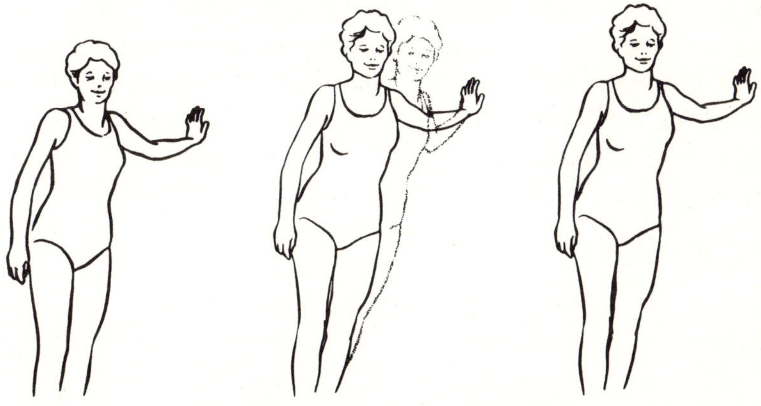

29a 29b 29c

Die Kräftigung: Machen Sie jeden Schritt über 4 Zähleinheiten. **(1)** Beugen Sie langsam den Ellbogen, und lehnen Sie den ganzen Körper, den Sie geradehalten müssen, gegen die Wand, und zwar so weit, wie es die Armkraft zuläßt (29b). Achten Sie darauf, daß der Ellbogen nicht überbeugt wird. **(2)** Drücken Sie den Körper von der Wand weg, indem Sie die Ellbogen langsam strecken. Wiederholen Sie dieses Beugen und Strecken sechs- bis zehnmal. Diese Übung kräftigt die Muskeln, die die Schulterblätter senken. Wenn Sie den Körper etwas von der Wand nach hinten wegdrehen, spüren Sie diese Muskeln stärker. Drehen Sie sich jedoch nicht so weit wie bei der »Schulterdehnung von der Seite« (Übung 11). Wiederholen Sie die Übung mit dem anderen Arm. Danach machen Sie die »Schulterdehnung von der Seite«.

Stellen Sie sich vor, daß Sie eine Seemöwe, einen Kormoran oder eine wilde Ente beim Fliegen nachahmen wollen. Mit kontrollierten Arm- und Schulterbewegungen kann dieser Bewegungsfluß eines Flügelschlags nachempfunden werden. Sie lernen bei dieser Übung Koordination, kräftigen aber gleichzeitig Schulter- und Armmuskulatur.

30 Die Seemöwe

Vorbereitende Position: Die vorbereitende Position ist dieselbe wie für alle Übungen in diesem Kapitel. Der Kopf muß gerade ausgerichtet werden, wobei die Ohren direkt über den Schultern sind, das Kinn ist eingezogen und der Unterkiefer entspannt. Die Schulterblätter müssen bewußt nach unten gedrückt und die Bauchmuskeln eingezogen werden.

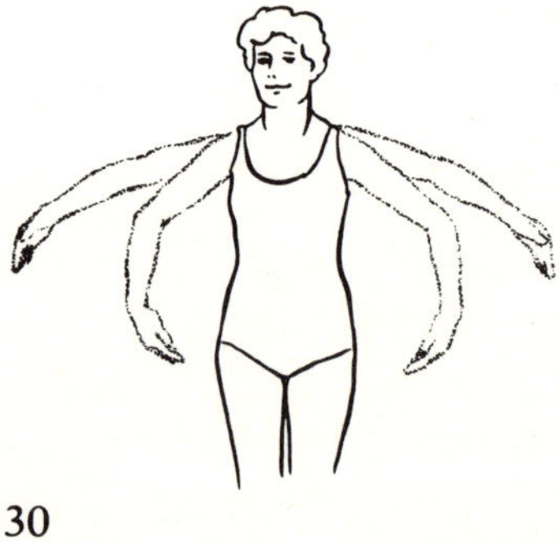

30

Ausgangsposition: Stellen oder setzen Sie sich hin. Lassen Sie die Arme locker hängen, auch wenn Sie die Übung auf dem Boden sitzend machen.

Die Koordination: **(1)** Konzentrieren Sie sich auf die Achselhöhle bzw. die Muskelgruppen in diesem Körperbereich. Spreizen Sie die Arme so vom Körper weg, als ob jemand einen Luftballon in der Achselhöhle aufblasen würde (30). Heben Sie langsam nacheinander Oberarm, Ellbogen, Unterarm, Handgelenk, Hände und Finger. Jeweils nach 10–15 Zentimetern, die Sie an Höhe gewinnen, wird ein neuer Körperteil in der genannten Reihenfolge in die Gesamtbewegung mit einbezogen. Die Arme beschreiben eine Kurve, ähnlich einem Tassenhenkel, der sich im Laufe der Übung von der Tasse löst und zu einer tiefen Diagonale wird. **(2)** Kurz bevor die Arme die Diagonale erreicht haben, beginnen Sie wieder in der Achselhöhle mit dem Senken der Arme. Mit dem Oberarm drücken Sie sozusagen die Luft aus dem Ballon wieder heraus, indem Sie die Ellbogen leicht drehen und in Richtung Taille bewegen. Das bewirkt, daß Unterarm, Hand und Finger passiv noch eine leichte Aufwärtsbewegung machen, bevor sie aktiv gesenkt werden. Sobald die Arme wieder in der Ausgangsposition sind, fangen Sie wieder mit dem Heben an. Wiederholen Sie die Übung noch dreimal, dann in einem schnelleren Tempo, wobei Sie aber unbedingt darauf achten müssen, daß die Bewegung durch Muskeleinsatz kontrolliert bleibt und nicht schwunghaft wird. Sie können »die Seemöwe« variieren, indem Sie die Arme über die Horizontale hinaus in eine hohe Diagonale bewegen.

31 Der Kormoran

Ausgangsposition: Heben Sie die Arme seitlich in die Horizontale bis auf Schulterhöhe. Die Handflächen zeigen nach vorne und die Daumen nach oben (31a).

Die Koordination: Machen Sie jeden Schritt über 4 Zähleinheiten. **(1)** Während Sie die Oberarme ruhig halten, bewegen Sie die Unterarme langsam nach vorne (31b). Sie können über den rechten Winkel hinaus bis auf 45° gehen, obwohl dies nicht unbedingt notwendig ist (31c). **(2)** Gehen Sie zurück in die Ausgangsposition. Wiederholen Sie die Übung mehrmals. Sie erschweren die Übung, indem Sie die Schulterblätter zurückziehen und sich auf die Oberarme konzentrieren, die ganz ruhig gehalten werden sollen. Als Variationsmöglichkeit können Sie die Unterarme im Ellbogengelenk nach oben oder unten bewegen, so daß sie einen rechten Winkel mit dem Oberarm bilden. Dabei werden die Hand- und Unterarmstellung leicht verändert.

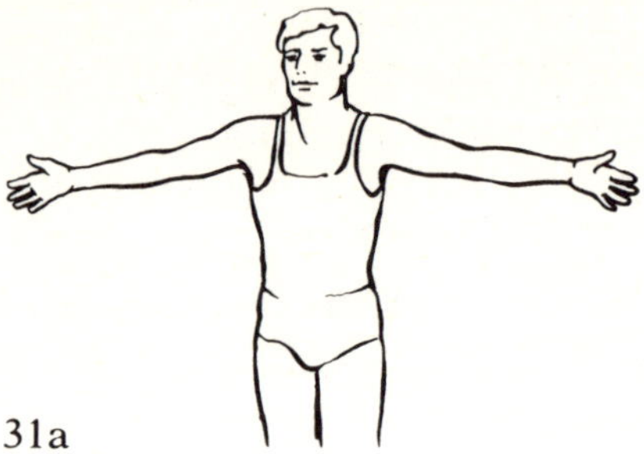

31a

31b

31c

32 Die wilde Ente

Wenn Sie jemals eine Entenschar im Flug beobachtet haben, werden Sie bemerkt haben, daß die Flügel sich am Körperansatz auf und ab bewegen, ohne daß der ganze Flügel in Bewegung gesetzt wird. Auf den menschlichen Körper übertragen, entspricht diese Bewegung der des Oberarms bis hin zum Ellbogengelenk. Bei dieser Koordinationsübung wird das geschult.

Ausgangsposition: Setzen oder stellen Sie sich hin, und breiten Sie die Arme horizontal auf Schulterhöhe aus. Die Arme sind im Ellbogengelenk leicht gebeugt, Hände und Finger sind gestreckt.

Die Kräftigung: Machen Sie jeden Schritt über 4 Zähleinheiten. **(1)** Führen Sie langsam die Arme von der Seite nach vorne.

32a

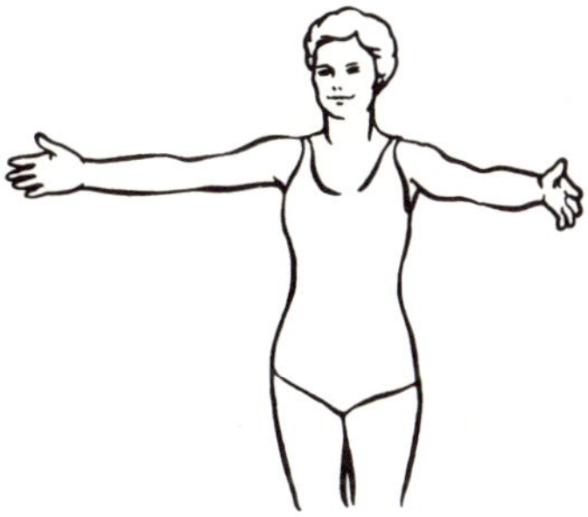

32b

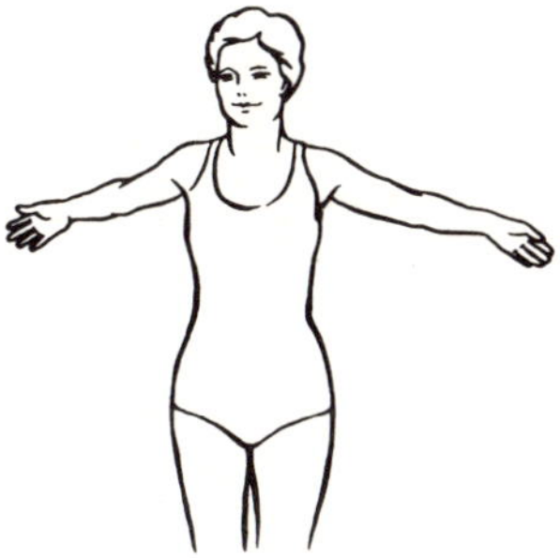

32c

Dabei bildet jeder Arm für sich eine starre Einheit, die gegen einen starken Widerstand bewegt wird (32a, b). **(2)** Öffnen Sie langsam die Arme, und gehen Sie über die Ausgangsposition so weit nach hinten hinaus, wie Sie mit heruntergedrückten Schulterblättern in der Lage sind. Die Arme müssen auf Schulterhöhe bleiben (32c). Wiederholen Sie die Übung noch einige Male. Sobald Sie diese Koordinationsübung fließend ausführen können, machen Sie diese Übung mit Gewichten in den Händen. Anschließend dehnen Sie wieder Schulter-, Arm- und Handgelenkmuskulatur.

Kapitel 7

Ihre Handgelenke, Hände und Finger

Anatomie

Sie würden sich schwertun, dieses Buch zu lesen, wenn Sie keine Hände hätten. Die komplexe und großartig koordinierte Struktur der Hände läßt uns die verschiedenartigsten menschlichen Aktivitäten verrichten, z. B. essen mit Messer und Gabel, schreiben, Nadel einfädeln etc. Dabei führen die Hände die Befehle des Gehirnes aus. Die Knochen, Bänder und Muskeln in den Händen machen ein großes Spektrum an Bewegungen möglich.

Jede Hand hat 27 Knochen – also eine ganze Menge für einen so kleinen Körperteil. Diese Knochen mit den Gelenken geben Ihren Händen Beweglichkeit und Geschicklichkeit. Die Unterarmknochen sind im Handgelenk mit den Händen verbunden, das Handgelenk besteht aus acht Knochen in zwei Reihen mit jeweils vier Knochen. Die erste Reihe verbindet die Hand mit dem Arm, und die zweite Reihe setzt an den fünf Knochen der Handfläche an. Diese fünf Handflächenknochen sind eine Verlängerung der Fingerknochen. Sie können die Form fühlen und sehen, weil jeder der Finger eine separate Einheit bildet, die aus drei weiteren Knochen besteht. Die Daumen haben ebenfalls drei Knochen, die allerdings etwas anders mit der Hand verbunden sind, nämlich so, daß der Daumen jeden der anderen Finger berühren kann – die sehr wichtige Greiffunktion.

Der Bandapparat für die Handknochen ist lockerer als der restliche Bandapparat des Körpers, wodurch die notwendige Beweglichkeit der Hände sichergestellt wird. Die acht Handknochen sind leicht bogenförmig angeordnet. Die Bänder, die diese Knochen zusammenhalten, bilden einen kleinen Tunnel, durch den Nerven, Sehnen und Muskeln hindurchziehen. Die Gelenkkapseln, die die vielen Knochen verbinden, erlauben einen großen Bewegungsspielraum.

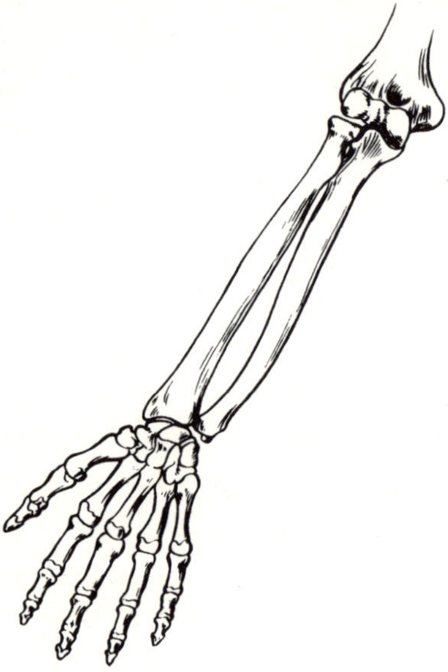

Abb. VII–A
Hand- und Fingergelenke

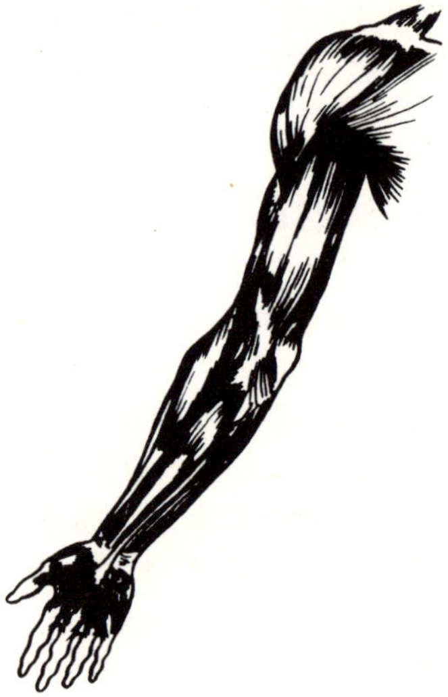

Abb. VII–B
Handflächen nach oben

Die Hände werden so oft gebraucht, daß Sie sicherlich die vielen verschiedenen Bewegungsmöglichkeiten kennen. Sie können die Handgelenke nach oben, unten und zur Seite bewegen bzw. eine Kombination dieser Bewegungen machen und sie im oder gegen den Uhrzeigersinn kreisen. Indem Sie die Finger beugen, können Sie die Handfläche leicht aushöhlen bzw. wieder strecken. Sie können die Hand zur Faust, zu einer Halbkugel formen und aus der Faust wieder in die gerade bzw. überstreckte Hand bewegen. Weiterhin können Sie die Finger auseinanderspreizen wie einen Fächer bzw. wieder zusammenbringen oder sogar in einem Bündel übereinanderlagern.

Man kann die Finger einzeln oder gemeinsam bewegen. Jeder Finger kann in jede Richtung kreisen. Zusätzlich zu all diesen Bewegungen kann der Daumen jeden einzelnen Finger berühren. Die Beweglichkeit des Daumens ist eigentlich der Hauptgrund, warum die Hand so viele fantastische Bewegungen ausführen kann.

Die Hände haben viele Muskeln, die es ermöglichen, daß die Knochen in so verschiedene Richtungen bewegt werden können (VII–B). Die Arm- und Fingermuskeln sind für die Handmobilität verantwortlich. Die Muskeln in der Handfläche bewegen Handgelenke und Finger. Einige der Fingermuskeln fangen im Unterarm an, andere im Handgelenk. Die Muskeln, die die Finger beugen, sind stärker als die, die sie strecken. Der Daumen hat acht (einige Anatomie-Spezialisten sagen neun) Muskeln, die ihn in so viele Richtungen bewegen. All diese Muskeln brauchen ein Gleichgewicht an Dehnung und Kräftigung, um sie effektiv bewegen zu können.

Die Hände sind zum Festhalten und Klettern gedacht. Deshalb fallen Ihnen manche Bewegungen leichter als andere. Sie haben vielleicht auf Umwegen festgestellt, daß es schwierig ist, zu greifen, wenn das Handgelenk nach vorne gebeugt ist. Auch werden Sie festgestellt haben, daß das Handgelenk stabiler ist, wenn die Finger nicht mit Festhalten beschäftigt sind. Nur im entspannten Zustand tragen die Finger zur Handgelenkstabilisierung bei. Meistens stellen sich die Muskeln automatisch auf die Aufgabe ein, die Sie gerade verrichten. Dieser Hinweis soll Ihnen helfen, die Hände in der vorteilhaftesten Position einzusetzen.

Je nachdem, wie kräftig oder wie gedehnt die Hände sind, können Sie sie mehr oder weniger gut einsetzen. Mit zunehmendem Alter verlieren die Hände immer mehr die natürliche Bewegungsfreiheit, außer Sie achten darauf, daß die Handmuskeln ständig das gesamte Bewegungsspektrum ausführen. Um dies zu verdeutlichen, machen Sie 30 Sekunden lang eine Faust. Dann entspannen Sie die Hand wieder. Sie werden feststellen, daß sich die Finger nicht von ganz alleine in die gestreckte Ausgangsposition zurückbewegen. Nur durch bewußtes Öffnen der Hand können Sie die Finger wieder ausstrecken. Wie kräftig und wie gedehnt die Handmuskeln sind, hängt auch davon ab, wie gut Sie die Hände entspannen können. Die Übungen dieses Kapitels erhalten die Vielfalt an Bewegungen, die die Hände ausführen können. Weiterhin helfen diese Übungen, durch Nichtgebrauch, Verletzungen oder Gelenkkrankheiten verlorengegangene Flexibilität und Geschicklichkeit zurückzugewinnen.

Übungen

Vorbereitende Position: Obwohl Sie sich jetzt in erster Linie auf die Handgelenke, Hände und Finger konzentrieren, müssen Sie dennoch die Hals-, Schulter- und Bauchmuskeln aktivieren und den Kopf gerade ausrichten, die Schulter herunter- und zurückdrücken und die Bauchmuskeln anspannen. Die Handgelenk-Drehübungen sind wahrscheinlich leichter, wenn Sie die Ellbogen auf einem Tisch aufstützen.

33 Handkreisen

Bei dieser Übung wird gleichzeitig gedehnt und gekräftigt, d. h., wenn Sie die Muskeln auf dem Handrücken zusammenziehen und dadurch kräftigen, werden die Muskeln auf der Handflächenseite gedehnt, und umgekehrt.

Ausgangsposition: Sie können bei dieser Handgelenkübung von vier verschiedenen Positionen ausgehen: Handflächen nach unten (33a), Handflächen nach oben (33b), Daumen nach oben (33c) und Daumen nach unten (33d). Weiterhin können Sie diese Übung mit ausgestreckten und auseinandergespreizten Fingern machen (33e) oder mit ausgestreckten und geschlossenen Fingern (33a) oder mit der Hand, zu einer leichten Faust geformt (33f). Die Übung wird im Detail für eine dieser eben erwähnten Handflächenpositionen beschrieben. Sie können die Übung dann aus einer der drei anderen Ausgangspositionen wiederholen.

Die Übung: Machen Sie jeden Schritt über 4 Zähleinheiten. Halten Sie die Hand gerade und nicht im Handgelenk gebeugt (33a). **(1)** Heben Sie langsam die geschlossenen Finger in Richtung Unterarm an, indem Sie die Muskeln auf dem Handrücken zusammenziehen (33b). **(2)** Bringen Sie die Hände langsam wieder in die Ausgangsposition zurück (33a). **(3)**

33a

33b

33c

33d

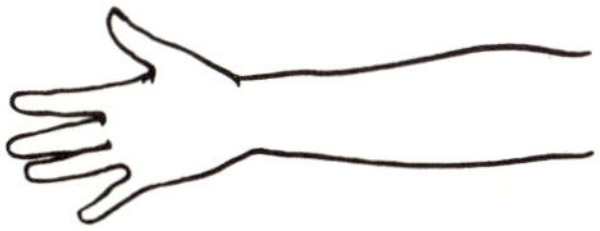

33e

33f

33g

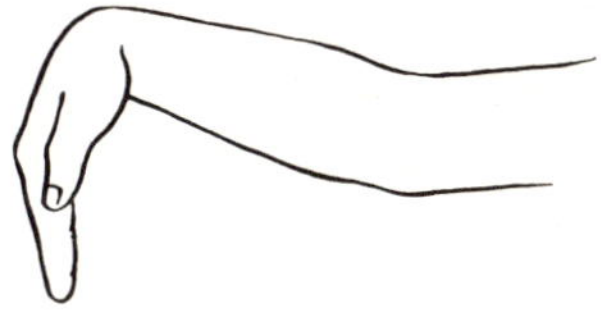

33h

33i

33j

Drücken Sie die Hände nach unten, indem Sie versuchen, die Handflächen im rechten Winkel zum Unterarm zu führen. Halten Sie dabei die Finger von der Handfläche nach vorne gestreckt (33h). **(4)** Heben Sie langsam die Hände nach oben in die Ausgangsposition zurück (33a). **(5)** Bewegen Sie die Hände zur Seite, und bewegen Sie die Kleinfingerseite, so weit Sie können, in Richtung Unterarm (33i). **(6)** Nehmen Sie die Hände in die Ausgangsposition zurück (33a). **(7)** Bewegen Sie die Hände zur Seite, indem Sie versuchen, mit der Daumenseite in Richtung Unterarm zu kommen (33j). **(8)** Bringen Sie die Hände wieder in die Ausgangsposition (33a).

Wiederholen Sie die ganze Folge mit den Händen – nach oben, flach, nach unten, flach, zur Seite, zur Mitte, zur Seite, zur Mitte –, während Sie die Finger weit gespreizt halten. Danach machen Sie eine entspannte Faust und wiederholen die gesamte Übungsfolge, ohne dabei die Fingermuskeln einzusetzen. Wiederholen Sie alles noch dreimal. Bei jeder neuen Ausgangsposition für die Hände besteht die Folge aus drei Teilen: 1. mit geschlossenen, ausgestreckten Fingern, 2. mit gespreizten Fingern und 3. mit den Fingern leicht zur Faust geballt. Sie beenden diese Handgelenkübung mit Handkreisen in alle die Richtungen, die Sie im ersten Teil separat geübt haben.

Ausgangsposition: Beginnen Sie die Übung mit ausgestreckter Hand, Handflächen nach unten und mit geschlossenen Fingern. Stützen Sie die Ellbogen auf einen Tisch auf, damit die Unterarme so stabilisiert werden, daß Sie wirklich nur die Muskeln des Handgelenks benützen. Normalerweise helfen nämlich die Unterarmmuskeln mit, das Handgelenk zu kreisen (33k).

Die Übung: Machen Sie jeden Schritt über 4 Zähleinheiten. **(1)** Heben Sie die Hand an (33l), **(2)** kreisen Sie die Hand nach außen (33m, n), **(3)** beugen Sie die Hand nach unten (33o, p), **(4)** bewegen Sie die Hand zur Daumenseite (33q, r). **(5)** Heben Sie die Hand bei gebeugtem Handgelenk und mit hochgestreckten Fingern (33l, m), **(6)** bringen Sie die Hand zurück in die Ausgangsposition (33g). Danach wechseln Sie die Kreisrichtung. Wiederholen Sie diese Handkreise mit geöffneter Hand sowie mit leicht gekrümmter Hand. Nun können Sie die Kreise noch aus den anderen Ausgangspositionen wiederholen. Sichern Sie den arbeitenden Arm mit der anderen Hand in der Ausgangsposition, d. h. mit der Handfläche nach oben, Daumen nach oben, Daumen nach unten. Danach dehnen Sie das Handgelenk mit der »Unterarmdehnung« (Übung 22).

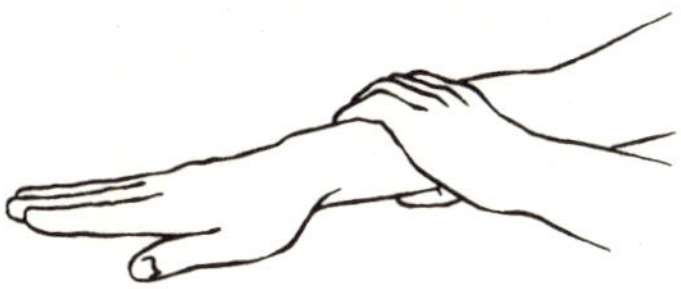
33k

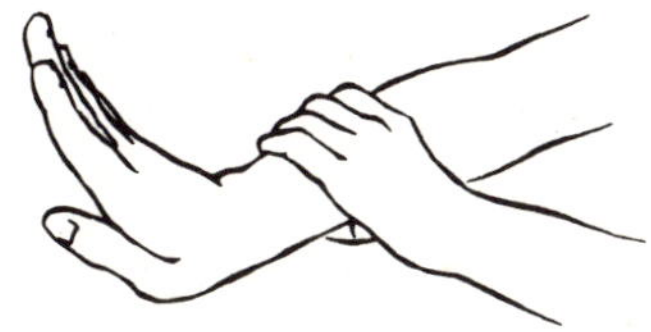
33l

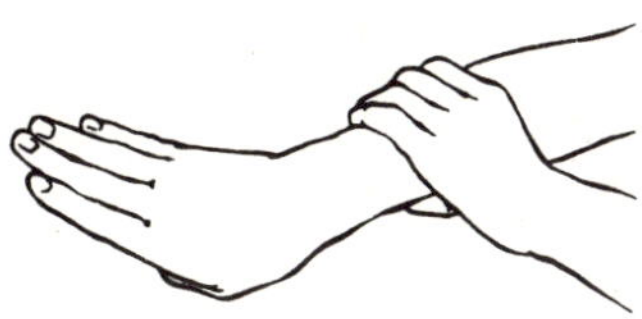
33m

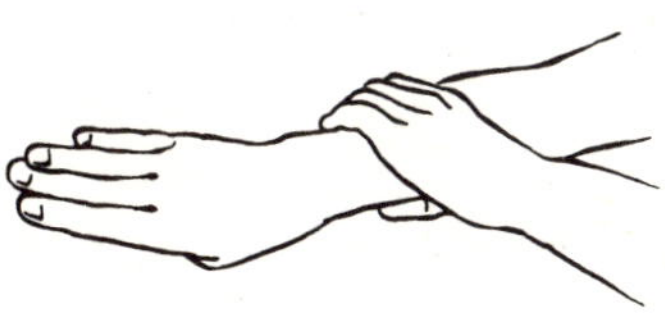
33n

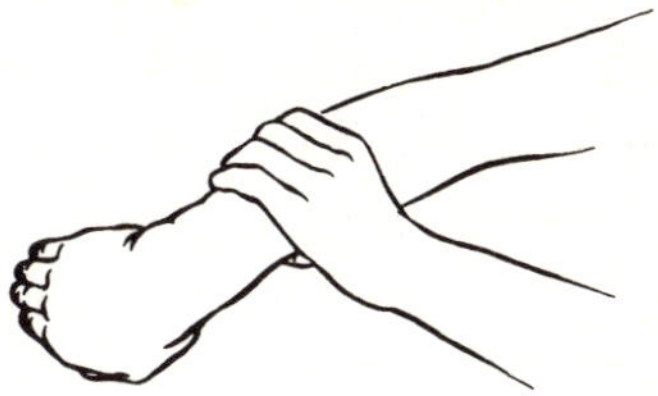
33o

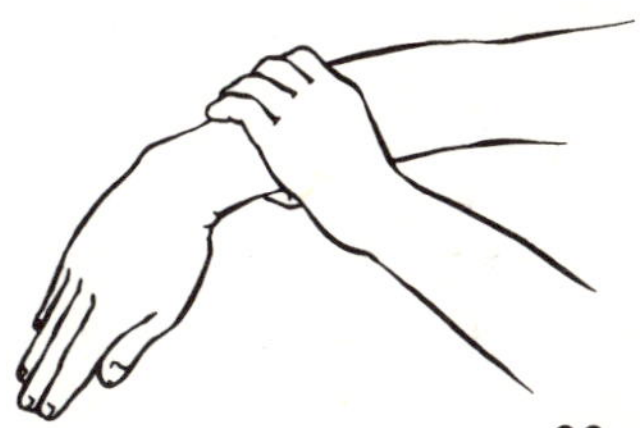
33p

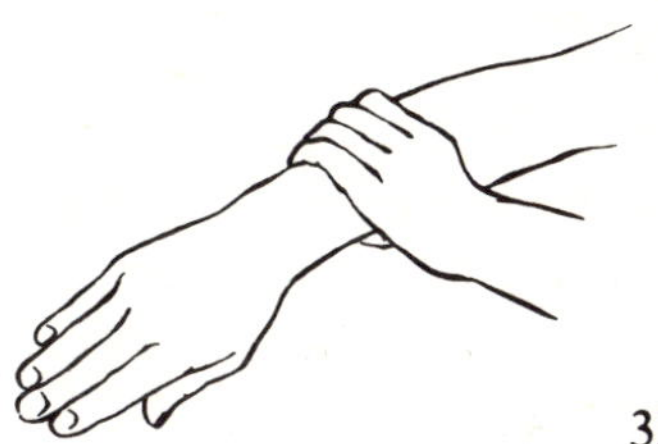
33q

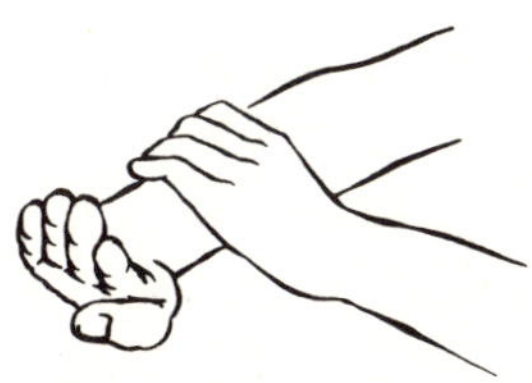
33r

34 Handdrehen

Mit zunehmendem Alter verlieren die Hände an Bewegungsspielraum und Geschicklichkeit. Wenn Sie sowohl Dehn- als auch Kräftigungsübungen machen, können Sie diesen Alterungsprozeß etwas hinauszögern. Bei dieser Übung setzen Sie die Handgelenkmuskeln effektiv zur Erhaltung der Beweglichkeit und Geschicklichkeit ein.

Ausgangsposition: Setzen Sie sich hin, und stützen Sie die Ellbogen auf einen Tisch auf. Strecken Sie die Unterarme nach vorne aus, ohne den Tisch dabei zu berühren. Die Handflächen zeigen dabei nach unten. Die Finger sind ausgestreckt und geschlossen.

Die Übung: Machen Sie jeden Schritt über 4 Zähleinheiten. **(1)** Drehen Sie langsam die Hände so, daß die Handflächen nach oben zeigen, und dann noch etwas darüber hinaus, so, als ob Sie die Hände endlos in diese Richtung drehen wollten. Sie versuchen also, die Kleinfingerseite parallel zur Decke zu halten. **(2)** Drehen Sie die Hände wieder zurück, und versuchen Sie auch in dieser Richtung, die Kleinfingerseite parallel zur Decke zu halten. Stellen Sie sich bei der Übung vor, daß Sie etwas Schweres vor der Hand herschieben.

Wiederholen Sie die ganze Übung mit den Fingern gestreckt und weit gespreizt. Dann wiederholen Sie die gesamte Übungsfolge noch einmal mit geschlossenen und geöffneten Fingern bzw. mit gekrümmten Händen, wobei Sie ganz andere Muskeln spüren als mit ausgestreckten Händen.

35 Fingerfächer

Ausgangsposition: Lassen Sie die Arme locker hängen. Beugen Sie die Arme, und halten Sie die Unterarme nach vorne, Handflächen nach unten. Strecken Sie die Finger.

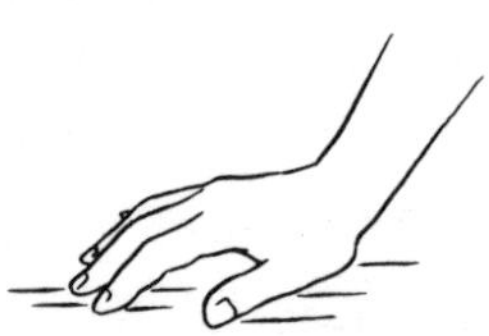

35a

35b

Die Übung: Machen Sie jeden Schritt über 4 Zähleinheiten. **(1)** Spreizen Sie die Finger, und stellen Sie sich vor, daß Sie ein festes Gummiband um die Finger gewickelt haben. **(2)** Schließen Sie die Finger, und stellen Sie sich vor, daß Sie die Finger gegen den Widerstand von Federn zusammenhalten. **(3)** Krümmen Sie die Hand so, als ob Sie eine Pampelmuse halten, die Sie ausdrücken sollen (35a). **(4)** Strecken Sie langsam die Hände wieder in die ausgestreckte Position (35b). Drehen Sie die Hände herum, und wiederholen Sie die Übungsfolge noch dreimal in jede Richtung.

36 Fingerkreisen

Ausgangsposition: Die Ausgangsposition ist die gleiche wie für Übung 35.

Die Übung: Machen Sie jeden Schritt über 8 Zähleinheiten. **(1)** Kreisen Sie den Daumen auswärts. **(2)** Ändern Sie die Kreisrichtung, und wiederholen Sie diese Kreise noch dreimal. Danach machen Sie das Fingerkreisen mit den anderen Fingern. Versuchen Sie dabei, die Finger, die nicht den Kreis beschreiben, ganz ruhig ausgestreckt zu lassen. Das ist schwierig, insbesondere beim Ring- bzw. kleinen Finger. Arbeiten Sie daran, die Finger ruhig halten zu können. Die Fingermuskulatur braucht diese Herausforderung. Wiederholen Sie die Übung mit den Handflächen nach oben. Durch diese neue Ausgangsposition werden andere Fingermuskeln gedehnt und gekräftigt.

37 Fingerdrücken

Ausgangsposition: Die Ausgangsposition ist die gleiche wie für Übung 35.

Die Übung: Machen Sie jeden Schritt über 4 Zähleinheiten. **(1)** Drücken Sie langsam die Spitzen des Daumens und des Zeigefingers zusammen (37a). Lassen Sie dabei die Finger in den Gelenken leicht rund, und achten Sie darauf, daß sie durch den Druck nicht begradigt werden. **(2)** Entspannen Sie die Hand. **(3)–(8)** Drücken Sie langsam die Fingerspitzen der restlichen Finger gegen den Daumen, und entspannen Sie die Hand jeweils, bevor Sie mit dem nächsten Finger drücken.

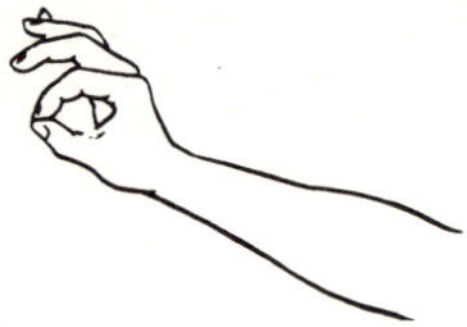

37a

37b

Sie können diese Übung auch so ausführen, daß die Fingerspitzen der einen Hand gegen die Fingerspitzen der anderen Hand drücken. Dadurch werden die Daumen nicht so überlastet. Halten Sie die Handgelenke mit konstantem Abstand auseinander (37b). Nun drücken Sie fest die kleinen Finger, Ringfinger, Mittelfinger und Zeigefinger zusammen. (*Achtung:* Vergewissern Sie sich unbedingt, daß die Finger nicht abgeflacht und überstreckt, sondern leicht gekrümmt gehalten werden.)

38 Langsames Klavierspiel

Diese Übung schult die Koordination, speziell für die Hand, mit der Sie nicht schreiben, weil sie oft vernachlässigt wird. Die Übung hat den gleichen Effekt wie langsames Klavierspielen, wenn Sie eine Note nach der anderen in einem gleichmäßig langsamen Rhythmus anschlagen. Für jede Fingerbewegung stellen Sie sich vor, daß Sie den Finger durch einen zähen Teig hindurchdrücken, damit Sie den Widerstand spüren. Wenn Sie viel Klavier spielen, können Sie diese Übung weglassen.

Sie machen diese Übung erst mit ausgestreckten, dann mit leicht gekrümmten Fingern.

Ausgangsposition: Die Ausgangsposition ist die gleiche wie für Übung 35.

Die Übung: Machen Sie jeden Schritt über 2 Zähleinheiten. **(1)** Die Handflächen zeigen nach unten, die Finger sind ausgestreckt, und Sie drücken die Daumen so nach unten, als ob Sie sie in eine zähe Teigmasse hineindrücken würden. Halten Sie die Daumen unten. **(2)–(5)** Drücken Sie den Zeigefinger langsam herunter, und halten Sie ihn dort. Machen Sie das gleiche mit den restlichen Fingern. **(6)–(10)** Mit den kleinen Fingern beginnend, machen Sie die Bewegung genau umgekehrt, d. h., Sie heben nacheinander jeden Finger gegen einen gedachten Widerstand wieder hoch, jeweils 2 Zähleinheiten lang. **(11)** Drehen Sie die Hände mit den Handflächen nach oben, und wiederholen Sie die gesamte Übungsfolge.

Anschließend wiederholen Sie die Übung mit leicht gekrümmten Fingern.

Kapitel 8

Ihr Brustkorb

Anatomie

Im Brustkorb (VIII–A, VIII–B) liegen die Lungen und das Herz. Er sieht aus wie ein Bienenstock mit einer dreieckigen Öffnung vorne. Das Zwerchfell bildet den Brustkorbboden. Mit seinen

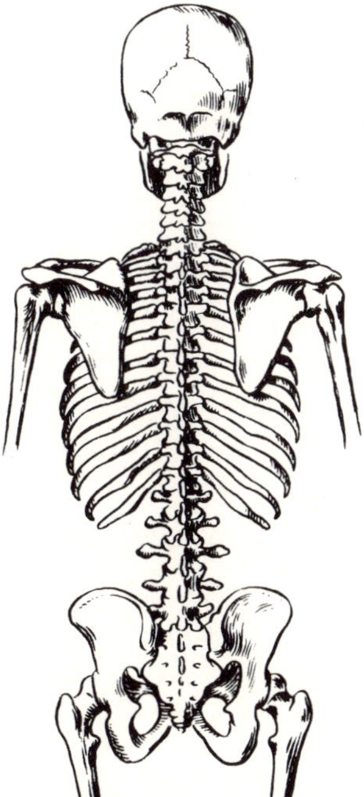

Abb. VIII–A
Brustkorb, Rückansicht

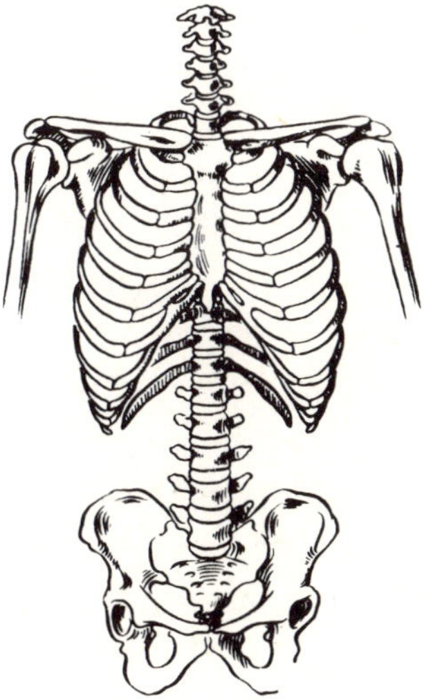

Abb. VIII–B
Brustkorb, Vorderansicht

horizontalen Rippen, die im Rücken mit der beweglichen Wirbelsäule und vorne durch Knorpel mit dem Brustbein (Sternum) verbunden sind, erfüllt der Brustkorb die für das Atmen notwendigen Anforderungen. Die Brustwirbelsäule ist nicht so beweglich wie die Hals- oder Lendenwirbelsäule.

Dementsprechend ist auch der Brustkorb nicht für große Beweglichkeit ausgelegt. Er dehnt sich aus, zieht sich zusammen, zieht sich hoch und entspannt sich, je nachdem, wie stark Sie sich anstrengen, emotional verausgaben oder z. B. niesen oder schreien.

Die erste Rippe sitzt direkt unter dem Schlüsselbein. Sie ist vom Umfang her die kleinste. Die nächsten sechs Rippen werden immer größer, sind aber der ersten Rippe ansonsten sehr ähnlich, was die Befestigung an der Wirbelsäule bzw. am Brustbein angeht. Die nächsten drei Rippen sind an der Wirbelsäule befestigt und vorne durch Knorpel mit dem Brustbein verbunden. Die letzten beiden Rippen sind »schwimmende Rippen«, weil sie nur an der Wirbelsäule befestigt sind. Vorne bekommen diese beiden Rippen lediglich durch Muskeln Halt.

Legen Sie die Hände auf den Brustkorb, zuerst seitlich, dann oben unterhalb des Schlüsselbeins, danach vorne und hinten, und machen Sie jedesmal ein paar tiefe Atemzüge. Sie können den Bewegungsspielraum des Brustkorbs spüren. Husten Sie einmal, und spüren Sie, wie die Rippen sich heben und senken und dabei auseinandergehen. Das wird durch die knorpelige Verbindung möglich gemacht. Man kann dieses Phänomen am Beispiel eines Plastikeimers verdeutlichen, dessen Verbindungsstellen sich mit dem Henkel hebt bzw. senkt, wenn man den vollen Eimer hochhebt. Jede Rippe besitzt diese bewegliche Verbindung. Die Gelenke werden durch sehr starke Bänder zusammengehalten.

Im und um den Brustkorb herum befinden sich mehrere Schichten von Muskeln. Der Boden des Brustkorbs, das Zwerchfell, ist der wichtigste Muskel des Brustkorbs. Wenn es sich nach oben in den Brustkorb hineinwölbt, werden die Rippen gehoben, und das wiederum veranlaßt Sie zu einem tiefen Atemzug. Sowie sich das Zwerchfell entspannt, senken sich die Rippen wieder, und Sie atmen aus (mehr über die

Atmung in Kapitel 15). Drei Schichten von Muskeln verbinden vertikal jede einzelne Rippe entlang der gesamten Oberfläche mit der darunter- und darüberliegenden Rippe. Diese Schichten füllen gewissermaßen die Freiräume zwischen den Rippen aus und halten sie parallel zueinander. Daneben gibt es die kleineren und schwächeren Muskeln, die diagonal von einer Rippe bis zur übernächsten reichen. Diese sitzen dort, wo die Rippen an die Wirbelsäule bzw. an das Brustbein ansetzen. Während des Atmungsprozesses arbeiten alle diese Muskeln zusammen und ermöglichen, daß die Rippen auch alle anderen physiologischen Anforderungen erfüllen können.

Die Nackenmuskeln, einige Schulterblattmuskeln sowie einige vordere Armmuskeln und die Bauchmuskeln sind an der tiefen Atmung ebenfalls beteiligt, indem sie durch Ruhestellung Stabilität verleihen bzw. die Ausdehnung der Brustkorbmuskeln für die Atmung ermöglichen. Wenn Sie einmal schnell gelaufen sind, können Sie feststellen, daß sich der Brustkorb nach dieser Anstrengung schnell hebt und senkt, während Nacken- und Armbereich automatisch ganz ruhig sind, damit sich die Rippen voll ausdehnen können. Dieses Zusammenwirken der Muskeln geschieht ganz automatisch.

Außer wenn Sie einmal Seitenstiche haben (siehe Kapitel 16, was man dagegen tun kann), achten Sie wahrscheinlich kaum auf die Rippenmuskeln. Es ist jedoch für Ihr allgemeines Wohlbefinden notwendig, daß die Rippenmuskeln gedehnt werden und kräftig bleiben. Jede größere aerobe Anstrengung oder Sportart, die Sie zum kräftigen Atmen anregt, wird zur Übung für die Lungen, die mit Sauerstoff versorgt werden, bzw. für das Herz, das den Sauerstoff besser durch den Körper pumpt, und für die Rippenmuskeln, die stark beansprucht werden. Durch Dehnen und Kräftigen der Rippenmuskulatur wird der Einsatz der Bauch- und Rückenmuskeln ökonomischer. Sie erzielen daher größeren Gewinn aus den Übungen, wenn Sie die Rippenmuskeln kräftigen und gleichzeitig dafür sorgen, daß die Hilfsmuskeln richtig positioniert sind (vgl. Kapitel 15).

Übungen

39 Kegelförmige Dehnung

Diese Dehnung löst die kleineren Verspannungen in den Rippenmuskeln, so daß Sie tief und frei atmen können. Machen Sie diese Übung vor einer anstrengenden Tätigkeit oder nachdem Sie länger gesessen haben.

Ausgangsposition: Setzen oder stellen Sie sich hin. Im Sitzen drücken Sie die Lendenwirbelsäule, Kreuz- und Steißbein fest gegen die Stuhllehne und die Füße fest auf den Boden. Ziehen Sie die Bauchmuskeln ein. Dabei sind die Füße, wie auch im Stehen, hüftknochenbreit auseinander. Im Stehen müssen die Knie leicht gebeugt sein, damit Sie die Wirbelsäule geradehalten können, um jegliche Fehlbelastung auszuschalten. Heben Sie die Arme über den Kopf, und lassen Sie die Ellbogengelenke leicht gebeugt. Drücken Sie die Schulterblätter bewußt nach unten. Die Oberarme sind neben den Ohren.

Die Dehnung: (1) Heben Sie die Arme so weit nach oben zur Decke hin hoch, wie Sie die Schulterblätter noch unten halten können (39a). Diese Dehnung spüren Sie im unteren Teil des Brustkorbs vorne und hinten. Halten Sie diese Position ca. 10–15 Zähleinheiten oder bis Sie spüren, daß sich die Spannung des Brustkorbs löst. **(2)** Strecken Sie die Arme leicht nach rechts in eine hohe Diagonale, und ziehen Sie sich in dieser Richtung hoch (39b). Sie dürfen sich dabei nicht in der Taille abbeugen. Sie fühlen diese Dehnung auf der linken Körperseite zwischen den Rippen. Halten Sie diese Position über 10–15 Zähleinheiten oder bis Sie spüren, daß die Verspannungen nachlassen. **(3)** Ziehen Sie die Muskeln über 4 Zähleinheiten auf der linken Brustkorbseite zusammen, und bringen Sie dadurch Brustkorb, Hals und Kopf wieder in die Ausgangsposition. (Sie dürfen nicht den Schwung ausnützen, um in die Ausgangsposition zurückzukommen.) **(4)** Nun wiederholen Sie die Übung nach links und dehnen dabei die rechte Körperseite in der hohen Diagonalen bzw. **(5)** kontrahieren die Muskeln rechts. **(6)** Als nächstes ziehen Sie die Arme und damit den Brustkorb nach vorne/oben in die hohe Diagonale bzw. in Richtung Ecke, die Decke und Wand vor Ihnen bilden. Halten

39a

39b

Sie diese Dehnung über 10–15 Zähleinheiten. Die Schulterblätter müssen dabei nach unten gedrückt werden. Das macht diese Übung sehr schwierig. Um die Lendenwirbelsäule zu entlasten, dürfen Sie sich nicht in der Hüfte abbeugen, sondern müssen versuchen, sich höher, nämlich zwischen Hüftknochen und unterster Rippe, in die Diagonale vorzubeugen. Auch dieser Schritt ist schwierig und braucht viel Übung. Je mehr Sie die Bauchmuskeln dabei einziehen, um so stärker verspüren Sie die Dehnung im Brustkorb auf der Rückenseite. **(7)** Setzen Sie aktiv die Muskeln auf der rückwärtigen Brustkorbseite ein, und bringen Sie durch Kontraktion Brustkorb, Hals, Kopf und Arme wieder in die Ausgangsposition. Wiederholen Sie die ganze Übungsfolge ab (1), beginnen Sie diesmal aber nach links.

40 *Oberer Brustkorbbogen*

Im ersten Teil dieser Anleitung lernen Sie durch Körperbewußtsein die richtige Körperposition einzunehmen. Es ist sehr schwierig, bei dieser Übung die Lendenwirbelsäule nicht fehlzubelasten. Das ist ein Grund mehr, die Wirbelsäule kennenzulernen.

Ausgangsposition: Die Brustkorbstellung ist die gleiche wie für »Brustkorbheben« (Übung 60). Setzen Sie sich im Schneidersitz auf den Boden. Verlagern Sie das Körpergewicht so nach vorne, daß Sie es vor den Sitzknochen spüren. Halten Sie sich mit den Händen an den Knien fest. Ziehen Sie die Bauchmuskeln ein, und richten Sie den Rücken gerade aus.

40a

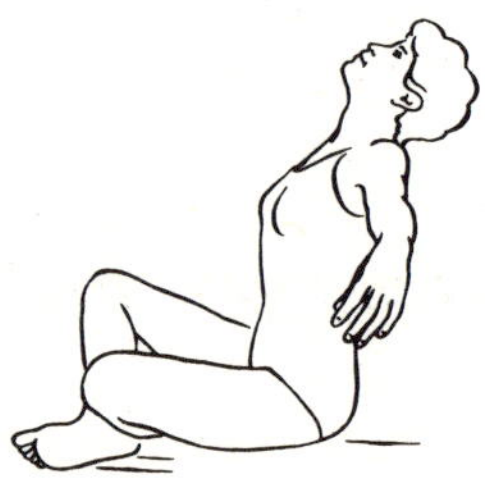

40b

Die Kräftigung: Während des ersten Teils der Übungsfolge halten Sie sich an den Knien fest und halten so die Lendenwirbelsäule in der richtigen Position (nicht ins Hohlkreuz fallen). **(1)** Konzentrieren Sie sich auf das Brustbein, und versuchen Sie, es nach vorne und nach oben zu bewegen, so, als ob Sie es parallel zur Decke drehen wollten. Diese Bewegung ist sehr klein, und der Brustkorb bewegt sich maximal 8–10 Zentimeter nach hinten. Wie Sie in Kapitel 4 gelernt haben, ist es möglich, den Kopf nach hinten zu nehmen, jedoch dabei den Hals geradezulassen. Versuchen Sie dies im zweiten Schritt. **(2)** Schauen Sie zur Decke hoch, mit dem Gesicht parallel zur Decke (40a). (*Achtung:* Sie dürfen den Kopf nicht nach hinten fallen lassen, sondern müssen ihn mit der vorderen Halsmuskulatur halten und noch sprechen können, d. h. den Hals nicht überdehnen und nicht die Luftröhre damit verschließen.) **(3)** Heben Sie die Arme auf Schulterhöhe zur Seite an (40b). (*Achtung:* Wenn Sie dabei das Gefühl haben, nach hinten zu fallen, richten Sie sich sofort wieder nach oben aus, und denken Sie beim nächsten Versuch daran, das Gewicht vor den Sitzknochen zu lassen.) Halten Sie diese Position 5–10 Zähleinheiten. Bringen Sie dann Brustkorb und Kopf zurück in die Vertikale, und senken Sie die Arme. Üben Sie diese Folge, bis Sie das Gefühl für die richtige Körperstellung bekommen. Es ist sehr wichtig, die Bauchmuskeln angespannt zu halten und sich nicht in der Taille abzubeugen. Im Bereich der Lendenwirbelsäule dürfen Sie keine Schmerzen empfinden. Machen Sie diese Übung als Körpererfahrungsübung für die korrekte Haltung des Oberkörpers, um Fehlbelastungen für die Wirbelsäule auszuschalten. Erst dann ist diese Übung verletzungssicher, und Sie spüren die Dehnung vorne im unteren Teil des Brustkorbs, nicht in der Bauchmuskulatur.

41 Rückenrippendehnung

Ausgangsposition: Diese Übung kann im Stehen, auf dem Stuhl oder im Schneidersitz auf dem Boden sitzend ausgeführt werden. Im Stehen sind die Füße hüftknochenbreit auseinander, die Knie leicht gebeugt, die Bauchmuskeln angespannt und die Ohren senkrecht über den Schultern. Im Sitzen auf dem Stuhl wird das Gesäß fest gegen die Rückenlehne gedrückt, die Füße stehen neben den Stuhlbeinen fest am Boden auf. Um bequemer auf dem Boden zu sitzen, dürfen Sie etwas zum Abstützen unter die Oberschenkel legen.

Die Dehnung: (1) Lehnen Sie den Körper etwa 15 Zentimeter rechts zur Seite. Wenn Sie auf dem Boden sitzen, dürfen Sie sich abstützen. Danach heben Sie den linken Arm diagonal vor dem Brustkorb hoch und ziehen die linke Körperseite in die Richtung, wo Decke und Wand aufeinandertreffen (41), während Sie die linke Hüfte aktiv nach unten drücken. Halten Sie diese Dehnung, die Sie in den Rückenmuskeln unterhalb des

Brustkorbs spüren. Halten Sie diese Position 30 Sekunden. (*Achtung:* Wenn Sie diese Dehnung auf der Seite des Brustkorbs spüren, haben Sie den Brustkorb nach rechts gedreht, er sollte aber nach vorne zeigen. Der Oberkörper darf nicht diagonal nach vorne gebeugt sein, sonst spüren Sie die Dehnung nicht unterhalb der Rippen. Lediglich der Arm zeigt in die Diagonale.) Bewegen Sie den ausgestreckten Arm noch etwa 10 Zentimeter weiter nach links, wobei Sie die Dehnung näher an der Wirbelsäule spüren. Senken Sie den Arm, und **(2)**

41

wiederholen Sie die Dehnübung nach links, wobei Sie den rechten Arm diagonal nach links ziehen. Denken Sie daran, die rechte Hüfte aktiv nach unten zu drücken und den Brustkorb vertikal geradezuhalten. Diese Dehnübung schafft Abhilfe bei Rückenschmerzen im Lendenwirbelbereich.

42 Oberkörperdrehung

Bei dieser Übung lernen Sie, den Brustkorb mit den Bauchmuskeln zu bewegen. In Kapitel 9 werden Sie mehr über die Bauchmuskeln erfahren. An dieser Stelle geht es um die Brustkorbverlagerung nach rechts und links bei ruhig- und geradegehaltener Lendenwirbelsäule. Wenn Sie sich zur Gewohnheit machen, den Rücken im Bereich der Lendenwirbelsäule geradezuhalten, wird das Kreuz vor mechanischen Fehleinwirkungen vieler Alltagsbewegungen geschützt.

Ausgangsposition: Als Anfänger machen Sie diese Übung im Sitzen, obwohl man sie auch im Stehen machen kann. Setzen Sie sich auf den Boden (42a) oder auf einen Stuhl ganz vorne, so daß Sie die Rückenlehne nicht berühren. Die Füße stehen hüftknochenbreit flach am Boden auf. Die Bauchmuskeln sind eingezogen, die Ohren senkrecht über den Schultern. Am Anfang lassen Sie die Arme locker hängen, später können Sie sie zur Seite oder nach oben ausstrecken. Im Stehen sind die Füße ebenfalls hüftknochenbreit auseinander, die Knie sind leicht gebeugt, und das Gewicht ist auf der ganzen Fußsohle gleichmäßig verteilt. Die Oberkörperhaltung ist die gleiche wie im Sitzen.

42a

42b

Die Kräftigung: Machen Sie jeden Schritt über 2 Zähleinheiten. Sie versuchen, den Oberkörper leicht nach rechts zu drehen. **(1)** Erst drehen Sie den Brustkorb, **(2)** dann den Hals, **(3)** dann den Kopf. **(4)** Richten Sie Ihren Blick so weit nach hinten, daß Sie direkt hinter sich sehen können. Halten Sie dabei die Wirbelsäule gerade. Vergewissern Sie sich, daß das Gewicht gleichmäßig auf beide Sitzknochen verteilt ist (42b). **(5)** Drehen Sie nun langsam, mit Konzentration auf die einzelnen Körperteile, nacheinander Brustkorb, Hals, Kopf und Augen in die Ausgangsposition zurück. **(6)** Wiederholen Sie die ganze Übung nach links, danach noch jeweils dreimal nach rechts und links.

Als nächstes machen Sie die Übung mit den Armen ausgestreckt zur Seite bzw. nach oben. Wenn diese Übung richtig und langsam genug gemacht wird, spürt man, wie die schrägen Bauchmuskeln in der Taille von der Beanspruchung ermüden. (*Achtung:* Das kleinste Ziehen im Lendenwirbelbereich bedeutet, daß Sie die Hüften leicht nach vorne gekippt haben. Um jegliche Fehlbelastung im Kreuz auszuschalten, müssen Sie sich auf den Rücken konzentrieren, wo Sie nichts spüren dürfen.)

43 Rutschbahn

Diese Übung hilft Rückenschmerzen, die von einem Rundrükken herrühren, beseitigen sowie bei Menstruationsbeschwerden.

Ausgangsposition: Knien Sie sich auf den Boden, und stellen Sie die Hände senkrecht unter den Schultern auf. Die Oberschenkel sind ebenfalls senkrecht und bilden einen rechten Winkel mit dem Boden. Ziehen Sie die Bauchmuskeln ein (43).

43

Die Dehnung: Beugen Sie die Arme, und lassen Sie das Gewicht herunter auf die Unterarme, während Sie mit den Händen nach vorne gehen. Die Ellbogen zeigen dabei nach außen. Legen Sie den Kopf bequem auf den Boden, entweder auf die Stirn oder auf die Seite. Bleiben Sie 5–10 Minuten in dieser Stellung. In der richtigen Stellung bleibt die Lendenwirbelsäule gerade. (*Achtung:* Sie dürfen den Rücken auf keinen Fall ins Hohlkreuz fallen lassen. Um dies zu vermeiden, müssen Sie darauf achten, daß die Arme weit genug vorne und die Oberschenkel senkrecht sind.)

Kapitel 9

Ihre Bauchmuskeln

Anatomie

Durch die Bauchmuskeln wird der Brustkorb mit dem Hüftgürtel verbunden, d. h. der Oberkörper mit dem Unterkörper (IX–A). Sie halten die inneren Organe an Ort und Stelle. Zusammen mit den Muskeln, die neben der Wirbelsäule liegen, halten sie den Oberkörper aufrecht. Sie sind für einen großen Teil körperlichen Wohlbefindens und der Beweglichkeit verantwortlich. Glücklicherweise kann man Bauchmuskeln mit schnellem und gutem Trainingserfolg kräftigen.

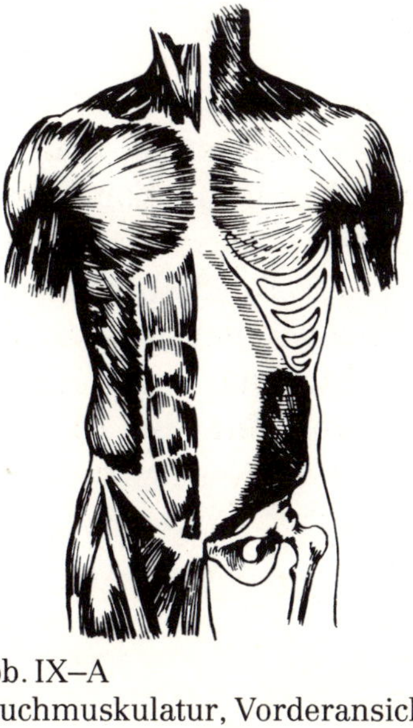

Abb. IX–A
Bauchmuskulatur, Vorderansicht

Dieses Kapitel ist eng mit Kapitel 10 »Ihr unterer Rücken und Ihre Hüften« verbunden. Weil die Bauchmuskeln so wichtig sind, wird Ihnen ein ganzes Kapitel gewidmet. Sie sollen dabei lernen, wie Sie die Bauchmuskeln kräftigen und kräftig halten, damit Sie auf diese Weise Ihr persönliches Wohlgefühl steigern können.

Dies ist die einzige Anatomiebeschreibung in diesem Buch, die sich nur mit Muskeln und nicht mit Knochen und Bändern beschäftigt. Die Bauchmuskeln sind wie die restliche Körpermuskulatur in Schichten gelagert. Ähnlich wie die Halsmuskeln arbeiten auch diese Muskeln auf den Seiten miteinander. In der Mitte ist vorne ein langer, vertikaler Muskel, der vom untersten Teil des Brustbeins bis zum obersten Teil des Schambeinknochens reicht. Dies ist der gerade Bauchmuskel (Rectus Abdominus). Er ist 8–10 Zentimeter breit. Unter ihm zeichnet sich die Linea Alba (weiße Linie) ab. Sie besteht aus sehr sehnigem Gewebe und wird durch die anderen Bauchmuskeln, die hier zusammentreffen, gebildet. Der äußere schräge Bauchmuskel setzt an den unteren Rippen und an der Linea Alba vorne an, und er verläuft über die Taille hinaus schräg nach hinten bis zum Hüftgürtel. Er verläuft diagonal von den Seiten zur Mitte des Körpers hin in der Form eines V. Der innere schräge Bauchmuskel verläuft diagonal in die andere Richtung.

Darunter, etwa unter dem Nabel, liegt der quere Bauchmuskel, dessen Fasern fast horizontal, aber zum Schambein hin etwas diagonal verlaufen. Im Rücken formt der quere Bauchmuskel einen Faserstrang (Faszie), der an der Lendenwirbelsäule ansetzt. Dieser Muskel hält durch automatisierte oder Reflexbewegungen in erster Linie die inneren Organe zusammen und hilft bei der Atmung mit. Der viereckige Lendenmuskel, der von der Lendenwirbelsäule und der unteren Rippe bis hin zum oberen Rand des Hüftgürtels reicht, zählt mit zur hinteren Bauchmuskulatur. Weil dieser Muskel nicht mit den anderen Bauchmuskeln zusammentrifft, gehört er nicht zu den Muskeln, die die Körpermitte zusammenhalten. Er hilft bei der vertikalen Abstützung des Körpers und bei Seitwärtsbewegungen des Rückens mit.

Insgesamt ist die Bauchmuskulatur sehr aktiv: wenn Sie sich im Sitzen oder Stehen ausruhen, sind die Bauchmuskeln entspannt und werden passiv gedehnt. Beim Atmen wölben sie sich auf und ab. Wenn Sie auf dem Rücken liegen und Kopf und Muskeln vom Boden abheben, kontrahieren sich die Bauchmuskeln. Wenn Sie dazu noch die Knie anziehen und in Richtung Nase bewegen, kontrahieren sich die unteren Bauchmuskeln. Beim Vornüberbeugen werden die Bauchmuskeln nicht kontrahiert, weil die Schwerkraft einsetzt und den Oberkörper nach unten zieht. Im Sitzen, Stehen oder Liegen werden die Bauchmuskeln ebenfalls aktiv eingesetzt, um Oberkörper, Kopf oder Brustkorb zur Seite zu drehen.

Die Bauchmuskeln leisten einen wichtigen Beitrag, um die Lendenwirbelsäule bzw. deren Bandscheiben vor permanenten Verletzungen zu schützen. In Kapitel 10 wird das noch näher erläutert. In der Zwischenzeit versuchen Sie einmal, sich die Bauchmuskeln bildhaft in Ihrem Körper vorzustellen, und konzentrieren sich bei den Kräftigungsübungen auf die arbeitende Muskulatur.

Der Durchschnittsmensch hat einen mehr oder weniger vorstehenden Bauch, ganz flach ist er selten. Durch die Atmung werden die Bauchmuskeln ständig nach außen, innen, oben und unten bewegt. Wenn Sie den Atem anhalten, können Sie die Bauchdecke abflachen. Die Bauchmuskeln verlaufen vertikal und halten in jeder Körperlage die inneren Organe, die nach außen drücken, fest. Sie haben daher die Tendenz, abzusacken und nach außen zu drücken. Normalerweise achtet man nicht darauf, ob die Bauchmuskeln eingezogen sind. Die Bauchmuskeln erschlaffen daher sehr leicht und sind aufgrund mangelnden Körperbewußtseins bei den meisten Menschen viel zu schwach. Gezielte Kräftigung kann zum allgemeinen Wohlbefinden beitragen, weil die Bauchmuskeln eine so zentrale Rolle bei der Körperhaltung spielen.

In diesem Buch gibt es keine Dehnübungen für die Bauchmuskulatur, da sie fast immer überdehnt ist und gekräftigt werden muß. Die folgenden Übungen sind sehr effektiv für diese unterentwickelte Muskulatur.

Übungen

44 Isometrisches Bauchmuskelkräftigen

Machen Sie diese Übungen sooft Sie können. Ziehen Sie die Bauchmuskeln ein, und halten Sie sie über 8–10 Zähleinheiten angespannt. Das Entspannen daraufhin sollte sehr langsam erfolgen, weil ein plötzliches Loslassen der Bauchmuskeln die Überdehnung verstärkt.

45 Katzenbuckel

Die Übungen 47–49 verhelfen am schnellsten zu kräftigen Bauchmuskeln. Im Anschluß daran machen Sie diese und die nächste Übung (46), die zwar weniger kräftigen, aber bei Rückenschmerzen Abhilfe schaffen.

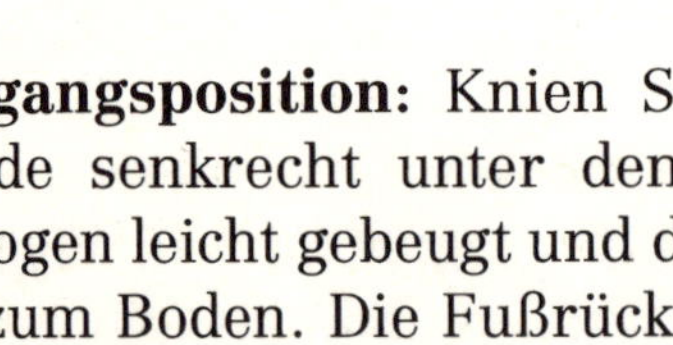

45a

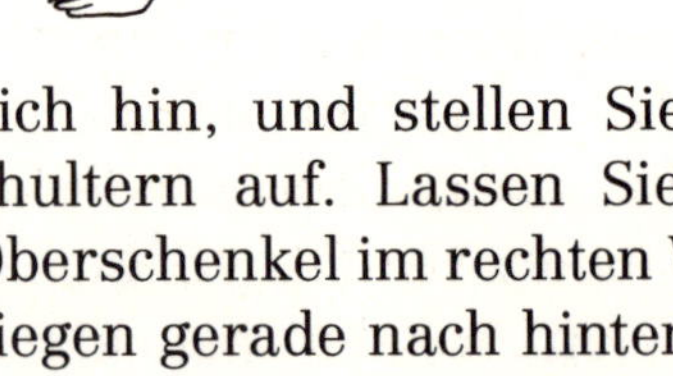

45b

Ausgangsposition: Knien Sie sich hin, und stellen Sie die Hände senkrecht unter den Schultern auf. Lassen Sie die Ellbogen leicht gebeugt und die Oberschenkel im rechten Winkel zum Boden. Die Fußrücken liegen gerade nach hinten am Boden auf. Sie bilden einen Tisch, dessen Tischplatte Ihr Rücken ist und dessen Tischbeine Ihre Arme und Beine sind (45a).

Die Kräftigung: Machen Sie jeden Schritt über 4 Zähleinheiten. **(1)** Spannen Sie die Bauchmuskeln langsam an, und machen Sie dadurch einen runden Rücken. Es ist möglich, den Rücken durch Anheben des Brustkorbs und Anspannung der Gesäßmuskeln rund zu machen. Das soll aber bei dieser Übung vermieden werden. **(2)** Flachen Sie den Rücken ab, ohne dabei die Bauchmuskeln zu entspannen und ohne ins Hohlkreuz zu fallen. Der Rücken geht lediglich wieder zurück in die Waagerechte. Machen Sie die Übung insgesamt achtmal.

46 Bein-Arm-Kopfheben

Ausgangsposition: Legen Sie sich auf die rechte Seite, lassen Sie das rechte Bein zur Stabilisierung der Seitenlage gebeugt. Legen Sie den Kopf auf den abgewinkelten rechten Arm. Den linken Arm nehmen Sie hoch, so, als ob Sie etwas, das genau über dem Kopf liegt, vom Boden aufheben wollten.

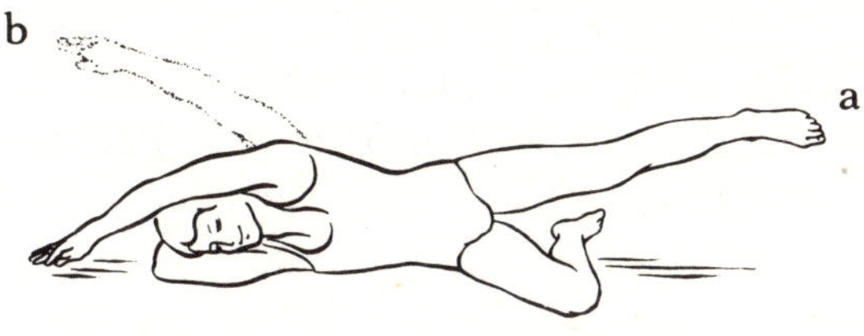

46

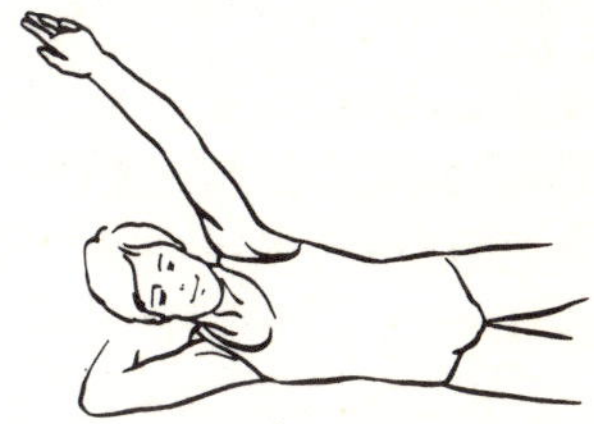
46c

Die Kräftigung: Machen Sie jeden Schritt über 4 Zähleinheiten. **(1)** Heben Sie das linke Bein, so weit Sie können, an, wobei das linke Knie nach vorne zeigen muß, nicht zur Decke. Halten Sie das Bein während der Schritte **(2)–(5)** so (46a). **(2)** Heben Sie den ausgestreckten linken Arm etwa 20 Zentimeter über das Ohr an, so daß er in die Diagonale zeigt (46b). **(3)** Heben Sie den Kopf, so daß das linke Ohr in Richtung linke Schulter bewegt wird (46c). **(4)** Legen Sie den Kopf wieder ab. **(5)** Senken Sie den Arm. **(6)** Senken Sie das linke Bein bis in die Ausgangsposition zum Boden zurück. Wiederholen Sie die Übungsfolge noch siebenmal. Diese Übung kräftigt die seitlichen Bauchmuskeln. Der Übungseffekt ist wesentlich milder als beim »Abrollen seitlich« (Übung 47). Daher muß die Übung öfter wiederholt werden. Wenn Sie das Tempo verlangsamen, wird die Übung erschwert und effektiver.

47 Abrollen

Mittig

Ausgangsposition: Setzen Sie sich auf den Boden, winkeln Sie die Knie an, und stellen Sie die Füße flach am Boden auf. Ziehen Sie das Kinn auf die Brust. Wenn Sie die eigentlichen Abrollübungen machen, werden die Arme vor der Brust gekreuzt. Um die richtige Ausgangsposition zu finden, legen Sie die Hände auf die Knie.

Die korrekte Ausgangsposition ist schwer zu finden und nur mit Konzentration und Körperbewußtsein von einer fehlerhaften zu unterscheiden. Machen Sie dennoch die nun folgenden drei falschen Sitzpositionen um Ihre Körpererfahrung zu schulen. Hierbei sind die Hüftbeuger, eine Muskelgruppe in der Hüfte, für das Abrollen des Oberkörpers verantwortlich. Sie wollen aber die Bauchmuskeln kräftigen und müssen daher darauf achten, daß der Rücken rund gemacht wird.

Bei der ersten falschen Position fühlen Sie die Sitzknochen so, als ob sie unter dem Gewicht des Oberkörpers fest in den Boden hineingedrückt würden (47a). Bei der zweiten falschen Ausgangsposition haben Sie zwar den Rücken etwas rund gemacht und sind etwas zurückgerollt (47b), aber hierbei wird das Sitzfleisch am Gesäß auf unangenehme Weise gequetscht. Wenn Sie nun noch etwas weiter zurückrollen, spüren Sie das Steißbein (47c). Das ist so unangenehm, daß Sie automatisch noch etwas weiter abrollen. An dieser Stelle nun sind Sie in der korrekten Ausgangsposition (47d). Sie erkennen die richtige Ausgangsposition auch daran, daß Sie den obersten Bauchmuskel spüren. (*Achtung:* Oft schiebt sich dieser Bauchmuskel dabei nach außen und wird dadurch gedehnt, was Sie dadurch verhindern können, daß Sie einen tiefen Atemzug machen und ihn bewußt einziehen.) Nun kreuzen Sie die Arme vor der Brust und ziehen das Kinn ein.

Die Kräftigung: Setzen Sie sich noch einmal gerade hin, ziehen Sie bewußt die Bauchmuskeln ein, und rollen Sie sich in die Ausgangsposition ab. Erst jetzt beginnen Sie mit der eigentlichen Übung. **(1)** Rollen Sie langsam nach hinten in Richtung Boden ab, und stellen Sie sich dabei vor, daß Sie nacheinander mit jedem Wirbel den Boden berühren (47d, e, f). (Das können Sie natürlich nicht, weil die Wirbelsäule nicht so beweglich ist.)

47

47

Während Sie den Oberkörper nach hinten abrollen, ziehen Sie die Füße näher an das Gesäß heran. Dadurch arbeiten Sie wirklich mit den Bauchmuskeln und nicht mit den Hüftbeugern. Rollen Sie unter Muskelkontrolle so weit ab, wie Sie können. Es kann sein, daß Sie sich nur bis zur Mitte des Brustkorbs abrollen können, weil die Bauchmuskeln noch nicht sehr kräftig sind. Am Anfang sind es nur ein paar Zentimeter, die Sie abrollen und aufrollen, aber durch Übung werden die Bauchmuskeln schnell kräftiger. Achten Sie darauf, daß Sie nicht so weit abrollen, daß Sie nur durch eine ruckartige Bewegung wieder zum Sitzen kommen können. Hierbei arbeiten Sie mit Schwungeinsatz, aber nicht mit den Bauchmuskeln. Lassen Sie den Oberkörper beim Abrollen rund, das Kinn auf die Brust gesenkt und die Füße flach auf dem Boden. Beginnen Sie die Übung über 3 Zähleinheiten, und verlangsamen Sie das Tempo, je kräftiger die Bauchmuskeln werden. **(2)** Nun richten Sie den Oberkörper im selben Tempo auf bis in die Ausgangsposition und stellen sich dabei vor, daß Sie in einem Reifen sitzen. Sie beginnen die Aufrollbewegung mit der Stirn; das Kinn ist eingezogen, damit der Nacken nicht das Gewicht des Kopfes halten muß. Die Arme sind vor der Brust gekreuzt und sollen Ihnen nicht beim Aufrichten helfen. Vergewissern Sie sich, daß die Bauchmuskeln eingezogen sind und daß Sie wirklich nur zurück in die Ausgangsposition gekommen sind und nicht höher in eine der falschen Ausgangspositionen. Bei dieser Übung sind Sie ständig in Bewegung, entweder beim Ab- oder beim Aufrollen. Wenn Sie sich nicht mehr aufsetzen können, haben Sie Ihre Muskelkraft überschätzt. Rollen Sie nur so weit ab, wie Sie mit den Muskeln kontrollieren können. Je kräftiger die Bauchmuskeln sind, desto weiter können Sie abrollen.

Das war das erste Drittel dieser Übung.

Seitlich

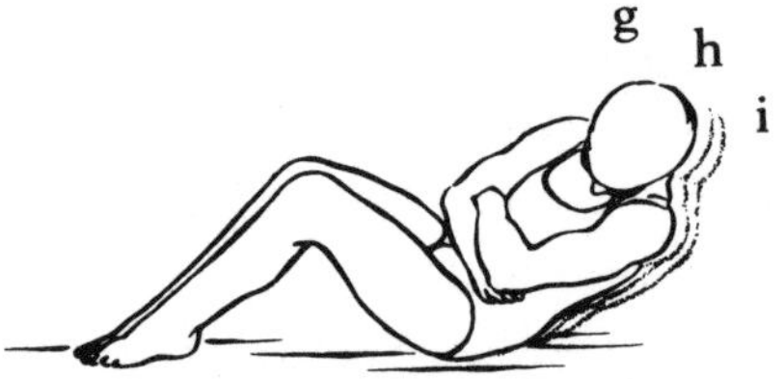

47

Ausgangsposition: Auch für das seitliche Abrollen ist die Ausgangsposition sehr wichtig. Nehmen Sie die Ausgangsposition für das mittige Abrollen ein, und drehen Sie sich nach links. Dabei sind Sie so weit nach links gekippt, daß sich die rechte Gesäßhälfte vom Boden abhebt. Entspannen Sie den Kopf zur Seite, und schauen Sie über die Schulter zum Boden (47g). (*Achtung:* Wenn Sie spüren, wie sich das Sitzfleisch verschiebt, ist der Rücken nicht mehr richtig rund.) In der korrekten Position sitzen Sie recht bequem auf dem Gesäßmuskel. **(3)** Rollen Sie den Oberkörper Wirbel für Wirbel ab, bis Sie mit der Seite des Hüftknochens zum Boden hinunterkommen, dann mit der Taille und schließlich mit dem seitlichen Brustkorb (47g, h, i). Bestimmen Sie das Tempo je nach Muskelkraft. **(4)** Rollen Sie sich in der seitlichen Position wieder auf, wobei die rechte Gesäßhälfte noch immer vom Boden abgehoben ist. Der Kopf ist nach wie vor entspannt. Schauen Sie auf den Boden, damit der Nacken nicht überanstrengt wird und Sie die seitliche Körperlage besser halten können. Achten Sie darauf, daß der gerade Bauchmuskel (Mitte) eingezogen ist und nicht nach vorne ausweicht, um den sehr schwachen seitlichen Bauchmuskeln zu helfen. Die Knie sind gebeugt, die Füße flach am Boden. **(5)–(6)** Lehnen Sie sich nun in der runden Körperstellung auf die andere Seite, und wiederholen Sie das seitliche Abrollen auf die rechte Seite.

Nun haben Sie ein komplettes Set von Abrollübungen mit den drei Positionen zur Mitte und zu den Seiten beendet. Wiederholen Sie die Übungsfolge noch dreimal. Am Anfang wählen Sie ein schnelleres Arbeitstempo und verlangsamen es mit kräftiger werdenden Bauchmuskeln. Wenn Sie am Anfang zu langsam arbeiten oder zu weit abrollen, ohne daß Sie sich wieder aufrollen können, haben Sie an Kraft nichts dazugewonnen. (*Achtung:* Vermeiden Sie folgende Fehler: Halten Sie die mittleren Bauchmuskeln fest angespannt, auch wenn Sie das seitliche Abrollen machen. Mit einem tiefen Atemzug können Sie den ausgewichenen Bauchmuskel wieder einziehen, oder Sie richten sich wieder auf, um ihn einzuziehen. Jede falsche Wiederholung der Übung ist Zeitverschwendung, und Sie gewöhnen die Muskeln an eine falsche Bewegung. Achten Sie beim seitlichen Abrollen darauf, daß der Kopf entspannt ist und Sie sich über die Schulter schauen. Holen Sie nicht mit dem Kopf zum Schwung aus, um sich aufzusetzen. Achten Sie darauf, daß Sie die Füße immer wieder nah an das Gesäß heranziehen. Mit ausgestreckten Beinen halten Sie zwar den Oberkörper in einer bequemen Balance, aber Sie verhindern die Kräftigung der Bauchmuskeln. Halten Sie den Körper während der gesamten Übung rund. Während des seitlichen Abrollens ist eine Gesäßhälfte vom Boden abgehoben.)

48 Vereinfachtes Abrollen

Wenn Sie die Übungen 45 und 46 zu einfach, das Abrollen in Übung 47 jedoch zu schwierig finden, dann machen Sie diese Übung.

Ausgangsposition: Mit den Händen auf den Knien bringen Sie sich in die tiefste korrekte Position für das »Abrollen mittig«

(Übung 47). Vergewissern Sie sich, daß der gerade Bauchmuskel (in der Mitte) fest eingezogen ist.

Die Kräftigung: **(1)** Lassen Sie die Knie los, und halten Sie die Arme ausgestreckt etwas über den Knien. Versuchen Sie, diese korrekte Position über 4–6 Zähleinheiten zu halten. **(2)** Halten

48

Sie sich wieder an den Knien fest, und richten Sie den Brustkorb noch 5 Zentimeter höher auf. Nehmen Sie die Hände wieder weg, und halten Sie die Position über 4–6 Zähleinheiten. **(3)–(4)** Wiederholen Sie diese Übung noch jeweils 5 Zentimeter höher, bis Sie so hoch sind wie bei der korrekten Ausgangsposition für Übung 47. Sobald Sie das schaffen, kreuzen Sie beim Loslassen der Knie die Arme vor der Brust und erschweren dadurch die Übung, weil die gekreuzten Arme den Unterkörper nicht ausbalancieren.

49 Wandgestütztes Abrollen

Dieses Abrollen ist viel schwieriger als das normale Abrollen (47), weil dadurch die Hüftbeuger als helfende Muskeln komplett ausgeschaltet werden.

Ausgangsposition: Setzen Sie sich so vor die Wand, daß Sie mit den Zehenspitzen bei gebeugten Knien die Wand berühren. Richten Sie den Körper wie für das normale Abrollen aus (49a). Sie sitzen auf keinen Fall auf den Sitzknochen oder auf dem Steißbein, sondern eher auf der Lendenwirbelsäule. Stellen Sie nicht den ganzen Fuß auf die Wand, weil es zu einfach wäre, sich von der Wand abzudrücken. Die Arme werden vor der Brust gekreuzt, das Kinn ist eingezogen.

Die Kräftigung: Machen Sie jeden Schritt über 4 Zähleinheiten. **(1)** Rollen Sie den Oberkörper, so weit Sie es unter Muskelkontrolle schaffen können, ab, ohne daß dabei der gerade Bauchmuskel herausgedrückt wird (49a, b, c). **(2)** Richten Sie sich wieder in die korrekte Ausgangsposition auf. **(3)** Kippen Sie den Oberkörper nach links, und heben Sie die rechte Gesäßhälfte etwas vom Boden ab (49d). Entspannen Sie den Kopf, und schauen Sie über die linke Schulter auf den Boden.

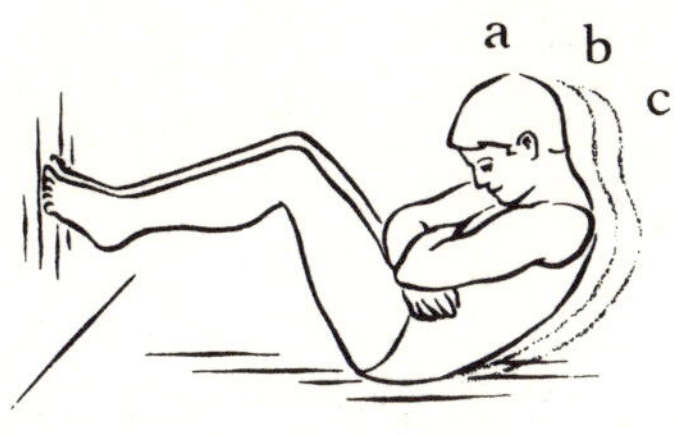

49

49

Rollen Sie über die Taille bis zu den Rippen ab. Wenn Sie das Gefühl haben, daß Sie nicht weiter abrollen können (49d, e, f), richten Sie sich sofort mit rundem Körper wieder auf **(4)** und lassen die rechte Gesäßhälfte vom Boden abgehoben und den Kopf entspannt. **(5)–(6)** Wiederholen Sie die Übung zur rechten Seite, dann die gesamte Übungsfolge noch dreimal.

Kapitel 10

Ihr unterer Rücken und Ihre Hüften

Anatomie

Zwei Teile der Wirbelsäule wurden bereits in den vorigen Kapiteln vom Hals und vom Brustkorb beschrieben. Dieses Kapitel beschäftigt sich mit der Lendenwirbelsäule und dem Hüftgürtel. Kreuz- und Steißbein, der Abschluß der Wirbelsäule unten, sind mit dem Hüftgürtel verbunden. Durch diese feste Verbindung wird die Lendenwirbelsäule bei Hüftbewegungen mitbewegt, und umgekehrt. Eine Beschreibung der Struktur der Wirbelsäule soll Ihnen helfen, zu verstehen, wie Sie sich vor Fehlbelastungen schützen können (X–A, X–B, X–C).

Die Wirbelsäule

Stellen Sie sich die Wirbelsäule als eine Aufstapelung von runden Pumpernickelscheiben und gereiften Camembertkäsen vor. Diese Metapher soll Ihnen helfen, Form und Beschaffenheit der einzelnen Teile der Wirbelsäule zu verstehen. Am Rand der runden »Pumpernickelscheiben« sind jeweils drei Zacken befestigt. Zwei dieser Zacken stehen jeweils auf der Seite nach unten ab, während der dritte Zacken hinten nach unten absteht. Diesen Zacken fühlt man, wenn man mit dem Finger über die Wirbelsäule fährt. Je nach Wirbelsäulenabschnitt zeigen diese Zacken jeweils in verschiedene Richtungen: diagonal nach unten an der Halswirbelsäule, vertikal an der Brustwirbelsäule und horizontal an der Lendenwirbelsäule. Durch die verschiedenen Formen werden die verschiedenen Bewegungen jedes Wirbelsäulenabschnitts möglich gemacht. Die einzelnen Teile eines jeden Wirbelkörpers sind miteinander verbunden. Die herausstehenden Zacken sind untereinander mit Bändern bzw. kleinen Muskeln verbunden, wodurch der Bewegungsgrad bestimmt wird.

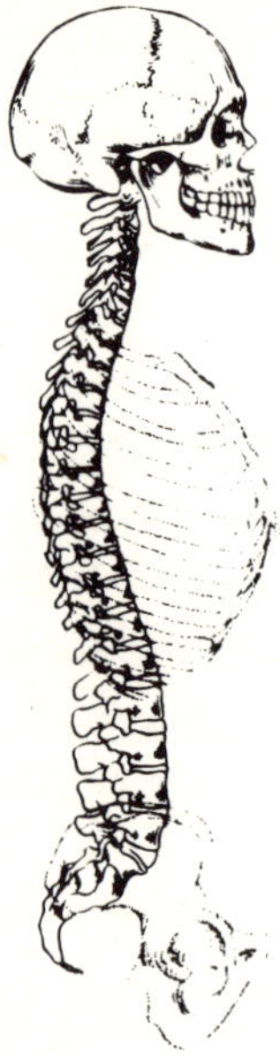

Abb. X–A
Wirbelsäule,
Seitenansicht

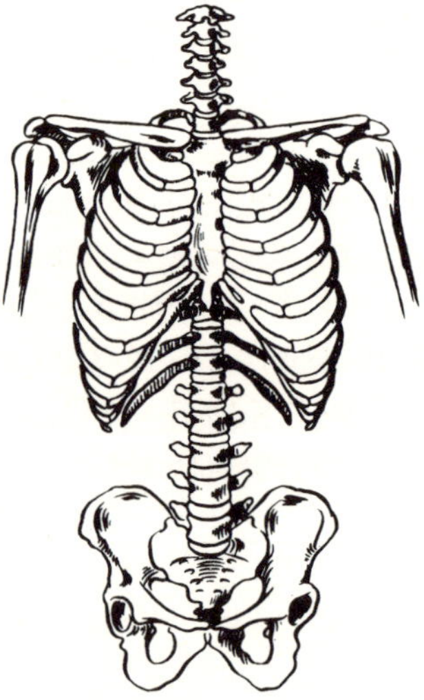

Abb. X–B
Wirbelsäule, Brustkorb,
Becken; Vorderansicht

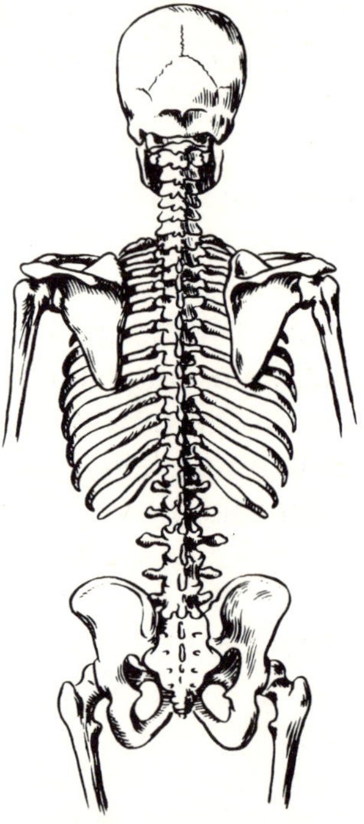

Abb. X–C
Wirbelsäule, Brustkorb,
Becken; Rückansicht

Die Aufstapelung von runden »Pumpernickelscheiben« (Wirbelkörpern) und »Camembertkäsen« (Bandscheiben) ist der gewichttragende Teil, dessen spezielle Struktur der Wirbelsäule ihre außergewöhnliche Beweglichkeit verleiht. Die Bandscheiben funktionieren wie hydraulische Stoßdämpfer, in deren Mitte ein zähflüssiges Gel die Stöße der Wirbelsäule abfängt, die beim Gehen, Drehen, Springen und Vornüberbeugen ausgelöst werden. Ein Problem ist, daß sich die Bandscheiben abnützen. Dabei kann die zähflüssige Gelmasse plötzlich herausquellen, wenn die Wirbelsäule fehlbelastet wurde. Da nur wenige sensorische Nervenenden in den Bandscheiben sind, spürt man nicht zunehmend stärker werdende Schmerzen, sondern der Schaden ist auf einmal irreversibel da. Im Gegensatz zu anderem körpereigenen Material regenerieren sich die Bandscheiben nicht. Statt dessen bildet sich stark faseriges Gewebe, eine Art Hornhaut, die das Gel ersetzt, mit dem Resultat, daß die Bandscheiben härter werden und die Wirbelkörper nicht mehr so weich wie vorher abfangen können.

Bandscheibenschäden kommen am häufigsten in der Lenden- und Halswirbelsäule vor. Das Verletzungsrisiko ist hier wegen der Wirbelkörperform und des daraus resultierenden Bewegungsspielraums am größten. Obwohl die Wirbelsäule großen Bewegungsspielraum nach vorwärts und rückwärts hat, ist es noch lange nicht gut, dies auszunützen. Rückbeugen, wie sie beim Geräteturnen vorkommen, oder Kopfrollen nach hinten, die leider immer noch praktiziert werden, können die Bandscheiben nachhaltig schädigen.

Der untere Rücken

Der untere Rücken hat relativ viel Bewegungsspielraum: nach vorwärts in die Beuge, nach rückwärts in die extreme Strekkung oder noch weiter nach rückwärts in die Überstreckung; zur Seite in die Seitbeuge und im Kreis als Drehung. Die Wirbelkörper selbst können sich nicht sehr weit drehen. Hals- und Brustwirbelsäule sind jedoch drehfähig und ermöglichen es, daß man über die Schulter schauen kann.

Wenn man sich um die eigene Achse dreht, werden die Bandscheiben so verformt, daß die einzelnen Wirbelkörper etwas zur Seite rutschen. Dadurch dreht sich auch die Lendenwirbelsäule ein wenig mit. Jede Drehung übt Druck auf die Bandscheiben, Bänder und Muskeln in der Lendenwirbelsäule aus und nützt sie ab. Dieser Druck ist am wenigsten schädlich, wenn die Wirbelsäule aufrecht ist. Je weiter man sich aber zur Seite abbeugt und dreht, desto größer ist der Druck. Deshalb werden Sie in diesem Buch keine Übung finden, bei der die Wirbelsäule zur Seite gebeugt wird. Übungen, bei denen man sich drehen muß, erfolgen immer in der aufrechten Position, wobei die Wirbelsäule keinen Fehlbelastungen ausgesetzt wird.

Man hat viele kleine, kurze Muskeln im Rücken. Die Muskeln neben der Wirbelsäule sind ein Teil der Muskelgruppe, die die Wirbelsäule in drei Abschnitte teilt: bis zum obersten Lendenwirbel, bis zur Mitte des Brustkorbs und bis zur Mitte der Halswirbelsäule. Kleine, kurze Muskeln verbinden die hervorstehenden Zacken der Wirbelkörper miteinander bzw. mit den Rippen in der Brustwirbelsäule. Diese Muskeln ermöglichen, daß die Wirbelsäule gebeugt, gestreckt, um die eigene Achse gedreht und zur Seite bewegt werden kann. Darüber hinaus stützen auch die Bauchmuskeln die Wirbelsäule.

Der Hüftgürtel

Im Hüftgürtel liegt der Körperschwerpunkt. Außerdem spielt der Hüftgürtel eine große Rolle beim Stützen und Bewegen des Körpers. Die Wirbelsäule ist durch das Steiß- und Kreuzbein mit dem Hüftgürtel verbunden; das Steißbein ist sozusagen ein Teil des Hüftgürtels. Die Beine setzen seitlich am Hüftgürtel an. Der Hüftgürtel ist wie ein Ring geformt. Dieser Knochenring trägt den Oberkörper bei jeder Art von Bewegung und balanciert ihn auf den Beinen. Jeder der Hüftknochen besteht aus drei Teilen, die während der Pubertät verknöchern und zusammenwachsen. Am Schambein wird der Knochenring durch einen dicken Knorpel zusammengehalten. Auf jeder Seite sind tief eingedellte Gelenkpfannen für die beiden Oberschenkelknochen, die hier fast wie eine Kugel geformt sind. Diese Knochen sind fest durch Bänder gesichert. Die Bänder in der Hüfte geben den Beinen großen Bewegungsspielraum.

Die Bewegung des Hüftgürtels hängt davon ab, was die Wirbelsäule bzw. die Beine machen. Er kann zur Seite, nach vorne, nach hinten und im Kreis bewegt werden. Machen Sie all diese Bewegungen einmal im Sitzen, und spüren Sie, wie sich die Lendenwirbelsäule immer mitbewegt. Danach machen Sie diese Bewegungen einmal im Stehen. Wenn die Knie dabei nicht gebeugt sind, kann man den Hüftgürtel kaum bewegen. Es gibt keine hüftgürtelspezifischen Muskeln, weil sich der Hüftgürtel in Abhängigkeit von der Wirbelsäule und den Oberschenkeln bewegt. Die Bewegungen werden entweder von den Muskeln der Wirbelsäule oder denen der Beine kontrolliert. Darüber hinaus nehmen die Bauchmuskeln, die vorne mit dem Hüftgürtel verbunden sind, passiv oder aktiv an der Bewegung teil.

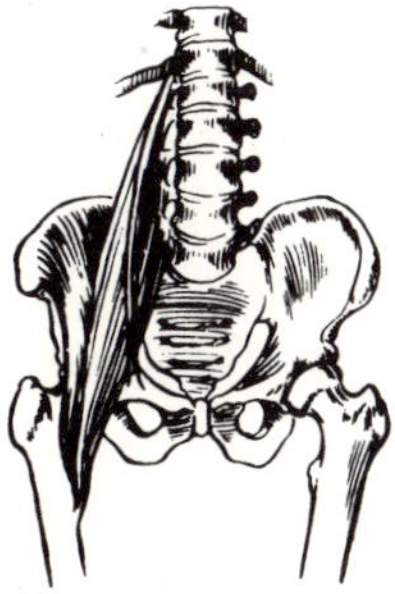

Abb. X–D
Großer Lendenmuskel

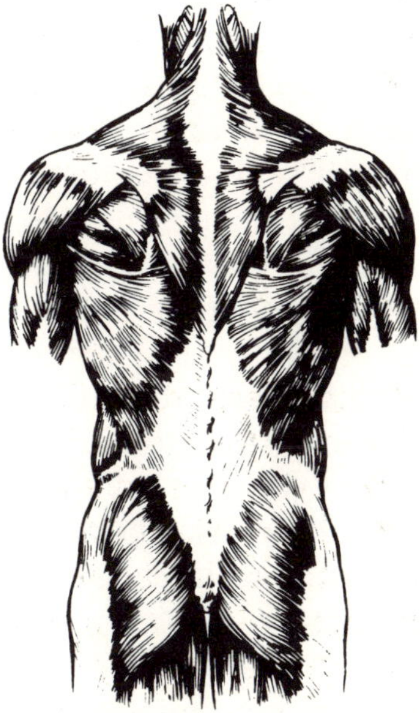

Abb. X–E
Rücken- und Gesäßmuskulatur

Einer der Haupthüftbeuger, der große Lendenmuskel, verläuft von den Seiten der Lendenwirbelsäule innen durch den Hüftgürtel und setzt dann am Oberschenkelknochen direkt unterhalb des Gelenks an (X–D). Dieser Muskel kann für Rükkenschmerzen im Bereich der Lendenwirbelsäule verantwortlich sein, wenn man keine gute Körperhaltung hat (Kapitel 16). Er ist oft sehr verspannt und muß gedehnt werden. Die Dehnübungen dieses Kapitels für den unteren Rücken sind dazu geeignet. Beim Einziehen der Bauchmuskeln wird der Hüftgürtel stabilisiert, der große Lendenmuskel zieht sich zusammen und kann dadurch den Oberschenkel nach vorne bewegen. Dabei hilft ihm ein weiterer Hüftbeuger.

Die Form des Gesäßes wird durch die Muskeln bestimmt, die hinten Oberschenkel und Hüftgürtel verbinden (X–E). Man kann die Oberschenkel nicht bewegen, ohne daß dabei der Hüftgürtel mitbewegt wird, z. B. beim Laufen. Die Gesäßmuskeln spreizen das Bein zur Seite und nach hinten ab. Darüber hinaus helfen sie, den Oberkörper aus der Vorbeuge wieder aufzurichten. Die vordere, hintere und innere Oberschenkelmuskulatur führt die abgespreizten Beine wieder zur Mitte zurück. Oberschenkel- und Gesäßmuskeln arbeiten gemeinsam beim Drehen der Oberschenkel. Diese Zusammenarbeit spürt man z. B. beim Gehen, wenn beim Schrittwechsel ein Bein kurz das Gewicht des Oberkörpers ausbalancieren muß. Die Hüftgürtelmuskulatur fängt das Gewicht des Körpers bei jedem Schrittwechsel über dem jeweiligen Bein ab.

Die Gesäßmuskeln können sehr leicht gekräftigt werden, wohingegen es schwierig ist, die Muskeln im Lendenwirbelbereich zu kräftigen. Kräftigungsübungen für die Bauchmuskeln und die Muskeln, die die Schulterblätter senken, kräftigen auch die Rückenmuskulatur. Es gibt sehr wenige verletzungssichere Möglichkeiten, die gesamte Rückenmuskulatur zu kräftigen, denn es gibt keine Muskelgruppe, die für die gesamte Länge der Wirbelsäule verantwortlich ist. Aber es können die einzelnen Muskelgruppen für den jeweiligen Wirbelsäulenabschnitt gekräftigt werden. Übung 15 (»Das Huhn«) mit ausgestrecktem Bein ist eine effektive und verletzungssichere Übung für den gesamten Rücken. Sie ist die Version einer krankengymnastischen Übung, die bei Haltungsschäden eingesetzt wird. Die Muskeln im Lendenwirbelsäulenbereich sind meistens verspannt und verkürzt, wodurch eine schlechte Haltung hervorgerufen wird, die noch dadurch verstärkt wird, daß die Bauchmuskulatur erschlafft ist. Die Dehnpositionen in diesem Kapitel helfen, die verkürzten Muskeln der Lendenwirbelsäule zu dehnen. Sie können jeden Tag gemacht werden oder wenn Sie Schmerzen im Rücken haben.

Wenn die Waden- und hintere Oberschenkelmuskulatur gedehnt gehalten werden, beugt man möglichen Schäden im Rücken vor (vgl. Kapitel 11 und 12). In der »Haltungsschulung« (Übung 98) wird erklärt, warum Dehnübungen für die Lendenwirbelsäule so wichtig sind. In Kapitel 16 erfahren Sie, was man bei den meisten Rückenproblemen machen kann.

Übungen

50 Türrahmenziehen

Diese Übung ist zur Nachbehandlung von Hexenschuß oder bei akuten Rückenschmerzen geeignet.

Ausgangsposition: Stellen Sie sich einen Schritt vor den Türrahmen, und halten Sie sich mit den Armen auf Schulterhöhe fest. Dann strecken Sie die Arme so weit aus, daß Sie leicht zurückgelehnt sind. Beugen Sie die Knie so, als ob Sie sich hinsetzen wollten. Achten Sie darauf, daß der Brustkorb genau über dem Hüftgürtel bleibt.

50a

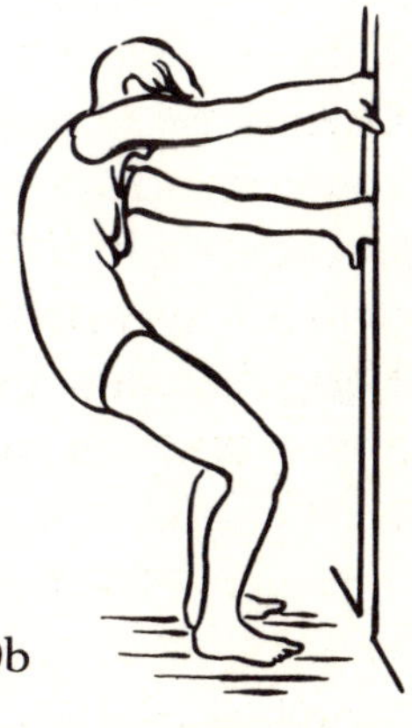
50b

Die Dehnung: Stellen Sie sich vor, daß Sie den Körper vom Hüftgelenk aus einem Wasserball zwischen sich und dem Türrahmen angleichen wollen (50a). Dieses »Wegziehen« vom

Türrahmen ist an sich schon die Dehnung. Kippen Sie jetzt das Becken nach vorne. Sie spüren diese Dehnung in den Muskeln in der Nähe der Lendenwirbelsäule, wo man oft Schmerzen empfindet. Halten Sie diese Position so lange, bis Sie spüren, daß die Verspannungen im Rücken nachlassen.

Sie können erst eine, dann die andere Seite auf zweierlei Weise dehnen. Legen Sie die rechte Hand etwas über Schulterhöhe auf den Türrahmen, neigen Sie den Kopf nach links und die Hüfte nach rechts (50b). Sie spüren die Dehnung mehr auf der rechten unteren Rückenseite. Wiederholen Sie die Übung nach links.

Die zweite Möglichkeit, die Dehnung auf einer Seite zu machen, erfolgt aus der ursprünglichen Ausgangsposition, wobei Sie den Oberkörper etwas nach rechts bzw. nach links wenden. Neigen Sie sich so weit auf die Seite, daß Sie die Form einer Banane nachahmen. Gleichzeitig ziehen Sie sich noch nach hinten vom Türrahmen weg, indem Sie das Becken nach vorne kippen. (*Achtung:* Der Brustkorb muß direkt über dem Hüftgürtel bleiben, denn wenn man sich nur mit dem Gesäß nach hinten fallen läßt, spürt man keine Dehnung.)

Diese Dehnung kann man auch als Partnerübung machen, und sie läßt sich auch dann ausführen, wenn der Partner nicht die gleiche Größe oder das gleiche Gewicht hat. Stellen Sie sich mit ausgestreckten Armen gegenüber, und geben Sie sich die Hände. Dann lehnen Sie sich beide zurück und balancieren das Gewicht aus. Stellen Sie sich vor, daß Sie jemand in den Magen boxt. Kippen Sie das Becken nach vorne, und ziehen Sie den Rücken rund nach hinten. Wenn beide Partner eine Armseite höher anheben, können Sie die seitliche Dehnung wie oben beschrieben machen. Wiederholen Sie die Übung auch zur anderen Seite, und halten Sie die Dehnung jeweils so lange, bis Sie spüren, daß sich die Verspannungen lösen.

51 Rückenentlastung

Dies ist eine Übung in Ruhestellung, die an dieser Stelle eingefügt wird, weil sie eine der besten und entspannendsten Übungen bei Rückenschmerzen in der Lendenwirbelsäule ist.

Die haltende Position: Sie brauchen einen Stuhl oder Hocker, der so hoch ist, wie die Oberschenkel lang sind. Legen Sie sich auf den Boden, und legen Sie die Unterschenkel auf diesen Stuhl, so daß die Beine vollkommen entlastet sind. Der Stuhl sollte so beschaffen sein, daß Sie das Gesäß weiter unter die Sitzfläche schieben können, wodurch die Knie näher an den Körper herangebracht werden. Breiten Sie die Arme auf Schulterhöhe aus, entspannen Sie den Unterkiefer, und machen Sie einen langen Hals, damit der Hals nicht überdehnt wird. Es kann sein, daß Sie ein leichtes Ziehen im Rücken spüren. Das bedeutet, daß die Dehnung wirkt. Nach einiger Zeit muß dieses Ziehen jedoch wieder verschwinden. Um in dieser Position etwas bequemer zu liegen, können Sie auch ein zusammengerolltes Handtuch unter das Steißbein schieben, wodurch die Lendenwirbelsäule noch mehr entspannt wird. 2 Minuten in dieser Position können die Rückenschmerzen schon lindern, aber wenn Sie die Zeit haben, bleiben Sie 5–10 Minuten in dieser Stellung.

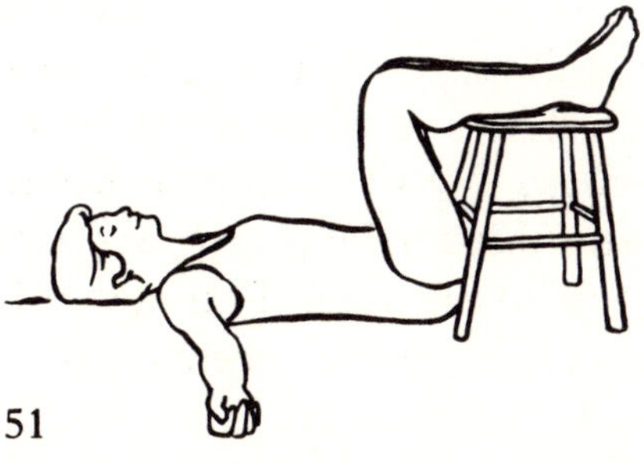

51

Sie können auch in dieser Position schlafen, vorausgesetzt, Sie haben eine gutisolierende Unterlage. Legen Sie Kissen rechts und links neben den Kopf, um ihn in dieser Position zu halten.

Manchmal reichen 10 Minuten in dieser Position aus, um den Tag schmerzfrei zu verbringen. Ruhen Sie sich in dieser Stellung aus, sooft es geht. Sie erzielen ungefähr dieselbe Dehnung wie bei der vorigen Übung. (*Achtung:* Wenn Sie Druck auf den Wirbelkörpern spüren, legen Sie sich auf eine Isoliermatte oder eine Decke. Der Druck auf den Knochen sollte dabei verschwinden.)

52 Paul-Williams-Dehnung

Ausgangsposition: Legen Sie sich auf den Rücken, beugen Sie die Beine, und ziehen Sie die Knie auf die Brust. Sie liegen nun in der Embryonalstellung auf dem Rücken.

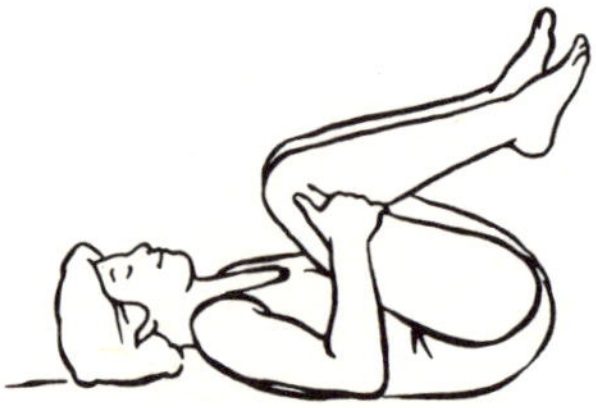

52

Die Dehnung: Diese Dehnung entspannt ebenfalls den Bereich der Lendenwirbelsäule. Je weiter die Oberschenkel auf den Brustkorb herabgezogen werden, um so mehr spüren Sie die Dehnung. Das Gesäß hebt dabei etwas vom Boden ab (52). Halten Sie diese Dehnung 30–60 Sekunden oder bis Sie spüren, daß sich die Muskeln entspannen. Spannen Sie dabei die Bauchmuskeln an. (*Achtung:* Das Steißbein muß vom Boden abheben, damit der untere Rücken gedehnt wird, denn sonst werden die Hamstrings gedehnt. Dehnübungen für die Hamstrings finden Sie in Kapitel 11).

Wenn diese Dehnung unbequem wird, versuchen Sie, die Knie in Richtung Achselhöhle zu ziehen.

53 Chiropraktische Dehnung

Dies ist eine weitere Möglichkeit, bei Rückenschmerzen und Verspannungen Abhilfe zu schaffen.

Ausgangsposition: Legen Sie sich auf den Rücken, entspannen Sie den Unterkiefer, und machen Sie einen langen Hals. Legen Sie die Arme auf Schulterhöhe zur Seite. Strecken Sie das rechte Bein am Boden aus, und beugen Sie das linke Bein so, daß der Fuß fast das Gesäß berührt.

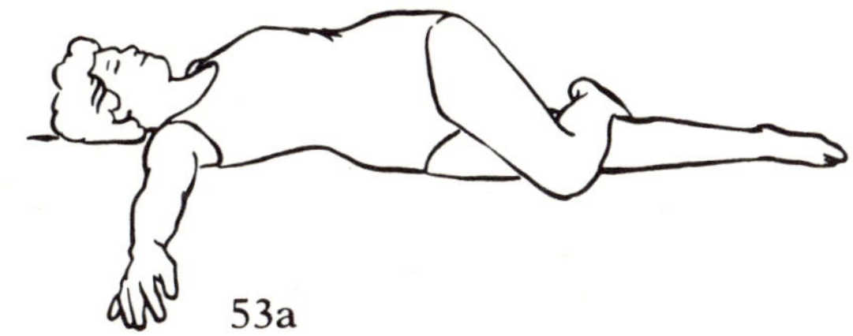

53a

53b

Die Dehnung: Kreuzen Sie das gebeugte linke Bein über das rechte (53a). Mit der rechten Hand fassen Sie das linke Bein und drücken es diagonal nach unten zum Boden (53b). Das rechte Bein darf dabei etwas nach innen rollen. Beide Schultern müssen am Boden bleiben. Diese Dehnung spüren Sie auf der linken Rückenseite und in der Gesäßmuskulatur. Halten Sie diese Position 30–60 Sekunden. Wiederholen Sie die Übung auf die andere Seite. Es kann sein, daß Sie diese Dehnung mehr auf einer Seite spüren. Das liegt daran, daß die Verspannungen im Rücken oft einseitig sind. Halten Sie die Dehnung auf der verspannten Seite länger. Sie können auch das Bein zuerst kreuzen und dann die linke Schulter nachträglich zum Boden drücken. Manchmal verspürt man die Dehnung dabei stärker, weil sie im Gegensatz zu der anderen Version oben im Rücken beginnt.

Sollte die Ausgangsposition auf dem Rücken liegend zu schwierig sein, so können Sie die gleiche Übung in der Seitenlage ausführen. Legen Sie sich auf die rechte Seite, und beugen Sie das linke Bein so, daß der linke Fuß auf dem rechten Knie bzw. Unterschenkel aufliegt und das linke Knie fast den Boden berührt. Mit der rechten Hand auf dem linken Knie drücken Sie das Knie auf den Boden und halten es dort. Legen Sie den linken Arm hinter dem Rücken ab, und lassen Sie Schultergürtel, Hals und Kopf sanft nach hinten rollen, so daß der Oberkörper flach am Boden aufliegt, während der Unterkörper nach rechts gedreht ist. Sie spüren diese Dehnung unten im Rücken links und in der Gesäßmuskulatur. Wiederholen Sie die Übung auf der anderen Seite.

54 Offener Schneidersitz

Diese Übung dehnt den unteren Rücken und die Gesäßmuskulatur. Sollten Sie einen lockeren Bandapparat haben und bei dieser Dehnübung ein Ziehen vorne im Oberschenkel spüren, dann machen Sie zunächst Übungen 61 und 66 zur Dehnung der vorderen Oberschenkelmuskulatur.

54a

54b

Ausgangsposition: Setzen Sie sich in den Schneidersitz, d. h. mit gekreuzten Beinen auf den Boden, so daß das rechte Bein am Boden vor, nicht auf dem linken liegt (54a).

Die Dehnung: Beugen Sie den Oberkörper diagonal vorwärts über das linke Bein (54b). Halten Sie den Oberkörper auf der Innenseite des Beines, und lassen Sie den Kopf entspannt hängen. Die Arme liegen entspannt auf dem Boden. Sie spüren diese Dehnung im rechten Gesäßmuskel, in der Nähe des Steißbeins. Wenn Sie die Übung auf die andere Seite machen, müssen Sie zunächst den linken Fuß vor den rechten legen und den Oberkörper diagonal nach rechts beugen. (*Achtung:* Wenn Sie ein Ziehen in der Nähe des Hüftgelenkes spüren, experimentieren Sie ein wenig mit der Beinposition. Bringen Sie die Beine etwas näher zusammen, oder schieben Sie sie etwas weiter auseinander oder nach vorne. Sie sollten bequem sitzen. Eventuell müssen Sie zuerst die vordere Oberschenkelmuskulatur dehnen.) Diese Dehnung hilft bei Verspannungen in der Gesäßmuskulatur, also bei Ischialgie (vgl. Kapitel 16).

55 Halbe Brezel

Die »halbe Brezel« und die »Brezel« (Übung 56) dehnen die Muskeln auf der Seite des Gesäßes und des Oberschenkels, die oft sehr verspannt sind. Daher kann es sein, daß Sie diese Dehnung sehr stark empfinden. Halten Sie die Stellung, solange es geht, denn Sie erreichen mit dieser Dehnung einen erstrebenswerten größeren Bewegungsspielraum im Hüftgelenk. Weiterhin wird die Kreuzgegend gedehnt. Bei Schmerzen im Kreuz sind die Muskeln dort sehr stark verspannt. Dehn- und Entspannungsübungen sind eine natürliche Möglichkeit, die Verspannungen zu lösen.

Wenn Ihnen die »Brezel« in den Knien weh tut oder wenn der Rücken so verspannt ist, daß für Sie die »Brezel« noch zu schwierig ist, dann machen Sie die »halbe Brezel«. Dehnen Sie vor diesen Übungen zunächst die Quadrizepsmuskeln (Übung 61).

Ausgangsposition: Setzen Sie sich in den Schneidersitz, stellen Sie aber das rechte Bein vor dem linken auf, damit Sie das linke Knie in die Körpermitte rücken können (55a). Der linke Fuß liegt dabei direkt vor der rechten Gesäßhälfte. Der rechte Fuß steht flach am Boden auf, die Zehenspitzen zeigen nach vorne.

Die Dehnung: Beugen Sie den Oberkörper diagonal nach links, und lassen Sie das Gewicht des Oberkörpers auf dem linken Unterarm ruhen. Der Kopf hängt entspannt, der rechte Arm liegt auf dem Boden. Drücken Sie die rechte Gesäßhälfte auf den Boden (55b).

55a

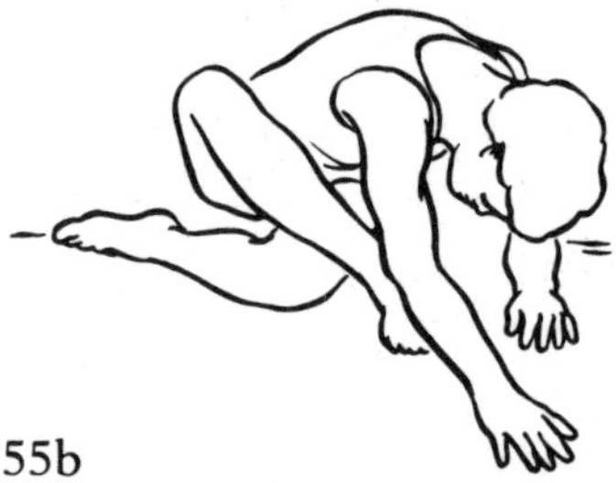

55b

Sie spüren diese Dehnung im rechten Oberschenkel und im Gesäß. Schieben Sie den linken Arm und damit den Oberkörper noch etwas nach vorne. Dabei wird der rechte Fuß automatisch etwas vom Boden abheben. Halten Sie diese Position 30–60 Sekunden. Wiederholen Sie die »halbe Brezel« zur anderen Seite. Nun ist das linke Bein über dem rechten gekreuzt und der Fuß aufgestellt. Lehnen Sie den Oberkörper nach rechts, auf den rechten Unterarm. Halten Sie die Dehnung länger auf der verspannteren Seite (die Seite, auf der Sie die Dehnung stärker spüren).

56 Brezel

Ausgangsposition: Das untere Bein ist in derselben Position wie für die »halbe Brezel« (Übung 55). Es ist wichtig, daß das Bein richtig am Boden aufliegt, da man ansonsten Schmerzen im Knie- oder Hüftgelenk spürt. Vergewissern Sie sich also, daß das linke Knie auf der Mittellinie des Körpers vor dem Nabel liegt. Kreuzen Sie das rechte Bein über dem linken, und legen Sie es auf (56a). Ziehen Sie die Zehen des rechten Fußes auf sich zu, so daß der Fuß im Fußgelenk rechtwinkelig gebeugt wird. Ihr Ziel bei dieser Übung ist es, ein Bein so auf das andere zu legen, daß die Unterschenkel ein V bilden. (*Achtung:* Wenn die Knie übereinanderliegen, dürfen Sie keine Schmerzen im Kniegelenk empfinden.)

56a

56b

56c

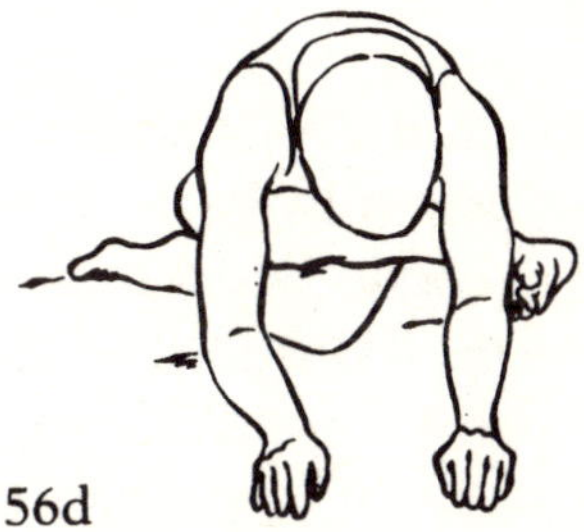
56d

Die Dehnung: (1) Beugen Sie den Oberkörper nach rechts, und verlagern Sie das Gewicht auf die rechte Hand (oder den rechten Unterarm, falls Sie dazu genügend gedehnt sind) (56b). Halten Sie diese Position 30 Sekunden. **(2)** Wiederholen Sie die Übung nach links. **(3)** Beugen Sie den Oberkörper nach vorne, und wandern Sie mit den Händen vor den Beinen am Boden entlang weiter nach vorne. Der Kopf hängt entspannt über den Knien. Sie spüren diese Dehnung auf beiden Seiten der Oberschenkel und seitlich im Gesäß. Halten Sie diese Position 30–60 Sekunden oder bis sich die Verspannungen gelöst haben. **(4)** Wandern Sie mit den Händen etwas nach rechts und dann nach links, so daß der Oberkörper in einer leichten Diagonale liegt (56d). Es kann sein, daß Sie die Dehnung in der diagonalen Position mehr als in der mittigen Position spüren. Halten Sie diese Position 30–60 Sekunden.

Wiederholen Sie die Dehnung, diesmal mit dem anderen Bein gekreuzt. Sobald Sie etwas beweglicher geworden sind, versuchen Sie, die Dehnung länger zu halten. Um die Dehnung zu verstärken, müssen Sie sich direkt aus der Hüfte heraus nach vorne beugen, nicht aus der Taille heraus. Auf diese Weise vermeidet man auch das Ziehen, das man manchmal bei der »Brezel« im Bereich der Lendenwirbelsäule spürt. (*Achtung:* Halten Sie die Bauchmuskeln immer angespannt. Wenn Sie anfänglich ein unangenehmes Ziehen im Rücken spüren, lassen Sie zunächst Kopf und Hals noch in Verlängerung der Wirbelsäule gerade ausgerichtet und erst später nach vorne hängen.)

57 Kegel-Übung

Die Kegel-Übung ist insbesondere für Frauen zur Geburtsvorbereitung geeignet und nach Dr. Arnold Kegel benannt. Man spannt dabei den Beckenboden an und hält diese Anspannung einige Sekunden. Machen Sie diese Übung, sooft Sie daran denken. Bei den nächsten beiden Übungen, »Beckenkippen« und »Hüpfen auf dem Stuhl« (Übungen 58, 59), kann man diese Kegel-Übung mit einbeziehen. Natürlich können auch Männer diese Übung machen und Nutzen daraus ziehen.

58 Beckenkippen

Sie kennen diese Übung vielleicht schon im Stehen. Wenn nicht, hilft Ihnen diese Version im Liegen, das »Beckenkippen« zu lernen und die verantwortlichen Muskeln zu aktivieren. Diese Übung hilft darüber hinaus bei Schmerzen im Bereich der Lendenwirbelsäule. Spannen Sie dabei den Beckenboden an (s. Übung 57).

Ausgangsposition: Legen Sie sich auf den Rücken, beugen Sie die Beine, und stellen Sie die Füße nahe dem Gesäß flach am Boden auf (58a). Entspannen Sie den Unterkiefer, und machen Sie einen langen Hals. Die Arme sind seitlich auf Schulterhöhe ausgebreitet. Während Sie diese Übung machen, müssen Sie die Zehenspitzen belasten. Sie verhindern dadurch, daß sich die hintere Oberschenkelmuskulatur verkrampft.

58a

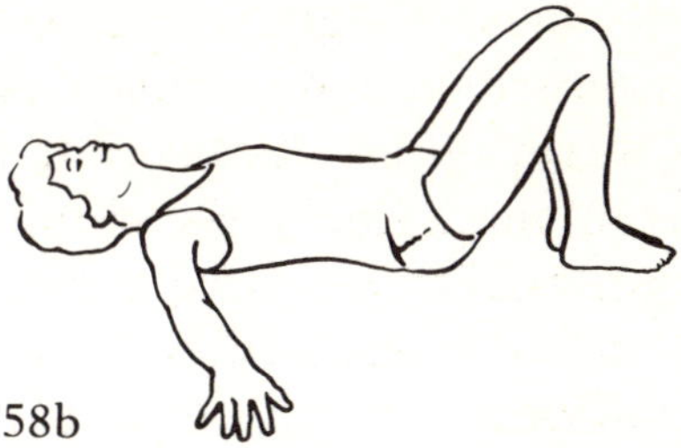

58b

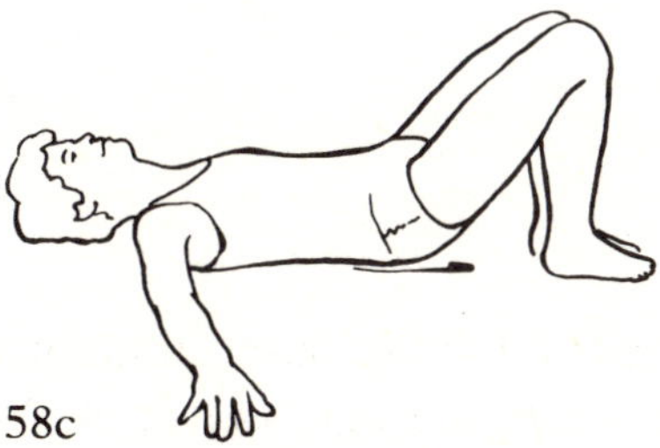

58c

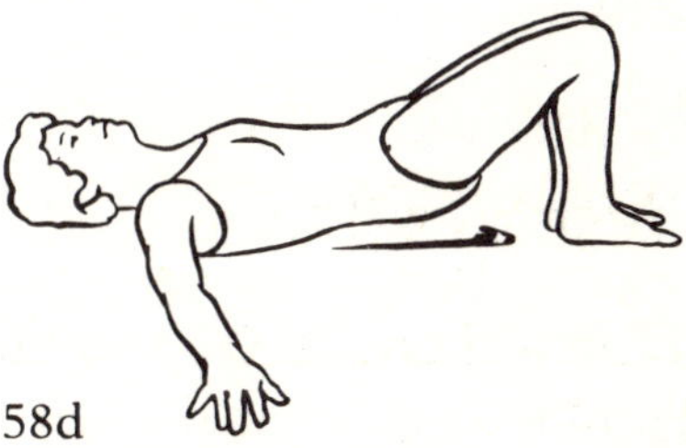

58d

Die Kräftigung: Dies ist eine Anhäufung von sehr kleinen Bewegungen über jeweils 4 Zähleinheiten. **(1)** Spannen Sie die Gesäßmuskeln an, so, als ob Sie das Becken anheben wollten, was Sie aber an dieser Stelle nicht machen. Sie spannen lediglich die Muskeln über ihre ganze Länge an. Dabei werden auch die Bauchmuskeln mit angespannt und in Richtung Bein gezogen (58b). **(2)** Nun entspannen Sie die Muskeln wieder und achten dabei darauf, daß sich die Lendenwirbelsäule nicht vom Boden abhebt (58a). **(3)** Wiederholen Sie Schritt (1), Gesäß- und Bauchmuskeln anspannen (58b), so daß Sie zwar die Hüftknochen nach oben und zu sich hin ziehen (58c), aber nicht die Taille. Sie spüren nun, wie Sie den Rücken mit Hilfe der Bauchmuskeln auf den Boden drücken. An dieser Stelle müssen Sie auf die Zehen achten und sie fest auf den Boden drücken. **(4)** Entspannen Sie die Hüfte und die Gesäßmuskeln.

(5) Wiederholen Sie die Schritte (1) und (3), heben Sie aber nach der Hüfte nun auch noch die Taille vom Boden ab. **(6)** Rollen Sie die Wirbelsäule Wirbel für Wirbel von oben nach unten ab, entspannen Sie Hüfte und Gesäßmuskeln. **(7)** Wiederholen Sie die Schritte (1), (3) und (5), heben Sie aber darüber hinaus die unteren beiden Rippen ab (58d). Drücken Sie weiterhin die Zehen fest in den Boden, und halten Sie die Bauchmuskeln fest angespannt. **(8)** Rollen Sie die Wirbelsäule wieder Wirbel für Wirbel von oben nach unten ab. (In Wirklichkeit ist die Wirbelsäule nicht beweglich genug, um Wirbel für Wirbel abrollen zu können, aber der Versuch, nacheinander Rippen, Taille und Hüfte abzulegen, ist eine gute Kräftigung.) Entspannen Sie Hüfte und Gesäßmuskulatur. Wiederholen Sie die gesamte Übungsfolge oder nur die Schritte (7) und (8) noch dreimal.

In Kapitel 12 wird diese Übung in variierter Form zur Kräftigung der inneren und äußeren Oberschenkelmuskulatur noch einmal beschrieben.

59 Hüpfen auf dem Stuhl

Die Gesäßmuskulatur wird beim Gehen, Laufen und Springen beansprucht. Sie kann jederzeit gekräftigt werden, wenn man auf dem Stuhl oder auf dem Boden sitzt. Dazu braucht man nur das Gesäß anzuspannen, bis die Muskeln fest werden. Experimentieren Sie mit den nun folgenden Übungsschritten. Machen Sie jeden Schritt über 4 Zähleinheiten. **(1)** Spannen Sie gleichzeitig Gesäß-, Bauchmuskeln und den Beckenboden (s. Übung 57) an. Wie gewöhnlich ist es auch hierbei um so effektiver, je langsamer Sie das tun. **(2)** Entspannen Sie die Muskulatur langsam wieder. Wiederholen Sie diese Übungsfolge noch dreimal. Dann machen Sie die Übung doppelt so schnell noch viermal.

60 Brustkorbheben

Robin McKenzie, ein Krankengymnast aus Neuseeland, benützt diese Übung, um bei Rückenschmerzen Abhilfe zu schaffen, die bei fehlender Wirbelsäulenkrümmung im Lendenbereich entstehen. Dabei kommt es vor, daß man sich nach vorne beugt und nicht mehr aufrichten kann. Man kann dann entweder Übung 40 (»oberer Brustkorbbogen«) oder diese Übung machen, um die Schmerzen etwas zu lindern. Ständiges Sitzen mit rundem Rücken kann die gleichen Schmerzen auslösen. Beim »Brustkorbheben« werden die Muskeln der obersten Lendenwirbelsäule und die der untersten Brustwirbelsäule gedehnt.

60

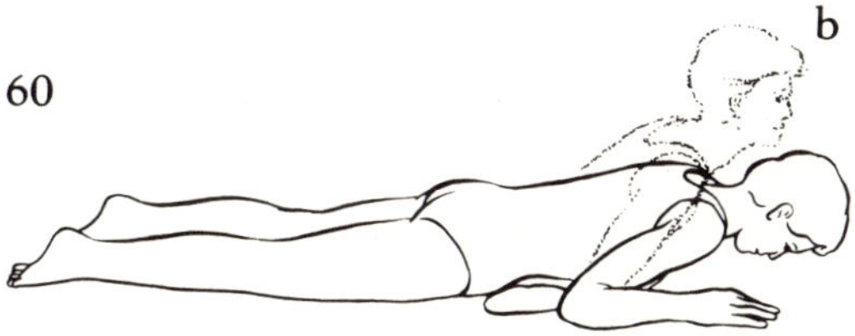

Ausgangsposition: Legen Sie sich auf den Bauch, und schieben Sie ein flaches Kissen zwischen Rippen und Hüftknochen. Durch das Kissen wird die Lendenwirbelsäule entlastet. Wenn Sie sich hingegen flach auf den Boden legen, sackt die Lendenwirbelsäule ab und fällt ins Hohlkreuz, weil der Brustkorb einen anderen Durchmesser als der Hüftgürtel hat und dadurch weiter absteht. Stellen Sie die Hände senkrecht unter den Schultern auf. Richten Sie den Kopf gerade nach vorne aus, und halten Sie das Kinn eingezogen. Lassen Sie die Fußrücken flach am Boden liegen, die Zehen sind entspannt (60a).

Die Übung: Machen Sie jeden Schritt über 4 Zähleinheiten. Drücken Sie sich mit den Armen vom Boden ab, indem Sie ganz langsam den Brustkorb 20–25 Zentimeter vom Boden abheben (60b). Halten Sie diese Position. Dann legen Sie den Brustkorb langsam wieder zum Boden ab. Die Wirbelsäule wird direkt am Übergang zwischen Brust- und Lendenwirbelsäule gebeugt. Wiederholen Sie diese Übung mehrmals. (*Achtung:* Sollte diese Übung im Rücken Schmerzen verursachen, sofort aufhören! Diese Übung ist fehl am Platz für Leute mit Bandscheibenschaden.) Sie ist gut für Leute mit sogenanntem Flachrücken, wenn keine natürliche Wirbelsäulenkrümmung vorliegt.

Kapitel 11

Ihre Oberschenkel vorne und hinten

Anatomie

In Kapitel 10 »Ihr unterer Rücken und Ihre Hüften« haben Sie erfahren, daß die Oberschenkelmuskeln mit der Hüfte verbunden sind und daher mit für die Bewegung der Hüfte verantwortlich sind. An dieser Stelle werden die Oberschenkel und das Kniegelenk besprochen (XI–A).

Der Oberschenkelknochen (Femur) ist ein langer, fast gerader Knochen, der im Hüftgelenk beginnt und im Kniegelenk endet. Für das Hüftgelenk bildet er den runden, fast kugeligen Gelenkkopf, der ziemlich tief in der Gelenkpfanne verankert ist. Für das Kniegelenk bildet er zwei nebeneinanderstehende Höcker mit einer Aushöhlung dazwischen, in die das dreiekkige Ende des Schienbeinknochens (Tibia) hineinpaßt. Der Wadenbeinknochen (Fibula), der schwächere, zweite Unterschenkelknochen, ist seitlich am Schienbeinknochen befestigt. Oben auf dem Schienbeinknochen ist ein halbmondgeformter Knochen, der die Gelenkverbindung zum Oberschenkelknochen vertieft, damit die Führung beim Beugen und Strecken gesichert wird. Die Kniegelenke werden durch vertikale Bänder an den Seiten zusammengehalten: von zwei Kreuzbändern vom unteren Teil des Oberschenkelknochens bis zum oberen Teil des Schienbeinknochens; von einem weiteren Band, das auch die Kniescheibe (Patella) an Ort und Stelle festhält; und von den Sehnen einiger Oberschenkel- und Unterschenkelmuskeln. Das Knie ist auf Beweglichkeit hin konstruiert, und die Muskeln, die es halten, gehören mit zu den kräftigsten des Körpers. Es verleiht dem Körper Stabilität, ist aber leicht verletzbar. Es steht an erster Stelle bei den Sportverletzungen, deshalb sollte man Vorkehrungen zum richtigen Einsatz der Kniegelenke treffen.

Abb. XI–A
Ober- und Unterschenkelknochen

Abb. XI–B
Oberschenkelmuskulatur, Vorderansicht

Abb. XI–C
Oberschenkelmuskulatur, Rückansicht

Der Oberschenkel kann bei gebeugtem oder gestrecktem Unterschenkel nach vorne und zurück, nach außen und nach innen bewegt und, in Kombination dieser Bewegungen, gekreist werden. Der Unterschenkel kann im Kniegelenk gebeugt oder gestreckt werden. Er dient lediglich zum Stehen. Wenn der Unterschenkel nicht belastet und das Knie gebeugt ist, kann man den Fuß nach innen und nach außen drehen. An dieser Bewegung sind sowohl Fuß-, als auch Kniegelenk beteiligt. Solche Drehungen sollten lediglich stattfinden, wenn das Knie nicht belastet ist. Verletzungen im Kniegelenk werden meist durch Drehung im Knie bei belastetem Bein hervorgerufen.

Die meisten Oberschenkelmuskeln haben zwei Aufgaben. Sie bewegen den Oberschenkel in die oben beschriebenen Richtungen und beugen und strecken den Unterschenkel im Knie. (Im Kapitel 13 »Ihre Unterschenkel« werden Sie mehr über die Muskeln erfahren, die sich vom Oberschenkel bis zum Unterschenkel erstrecken.) Vorne oben auf den Oberschenkeln liegen die Quadrizepsmuskeln, die die Unterschenkel aus der Beugung strecken und die Oberschenkel nach vorne bewegen (XI–B). Die Hamstrings[7], die die Unterschenkel beugen, also zum Gesäß anheben, die Oberschenkel nach hinten heben und den Hüftgürtel nach hinten kippen, liegen hinten im Oberschenkel (XI–C). Daneben gibt es noch kürzere und längere Muskeln auf den Innen- und Außenseiten der Oberschenkel, die für das seitliche Abspreizen und Heranziehen des Beines verantwortlich sind. Alle Oberschenkelmuskeln zusammen sind am Beinkreisen beteiligt.

Die meisten Oberschenkelmuskeln ziehen über zwei Gelenke hinweg und bewegen sowohl Hüfte als auch Oberschenkel und Unterschenkel. Manchmal sind sie mit den beiden Aufgaben auch überfordert. Beispielsweise hat der Quadrizeps Schwierigkeiten, den Oberschenkel zu heben, dabei gleichzeitig den Unterschenkel auszustrecken und die Hüfte nach vorne zu bewegen. Wenn hingegen die Hüfte schon korrekt ausgerichtet ist, hat der Quadrizeps wesentlich mehr Kraft, den Oberschenkel anzuheben und den Unterschenkel auszustrekken. Führen Sie dies einmal praktisch durch, um den Unterschied kennenzulernen. Bei vielen Übungen dieses Kapitels soll man den Oberschenkel bei gebeugten Beinen zuerst in Bewegung setzen, bevor man den Unterschenkel ausstreckt. Dadurch werden die Beinmuskeln am leichtesten gedehnt und gekräftigt, weil dies der Körperstruktur entspricht.

Ein mechanisches Ungleichgewicht der Oberschenkel entsteht oft dadurch, daß die Knie im Gelenk blockiert sind (vgl. »Haltungsschulung«, Übung 98). Dadurch verspannt sich die hintere Oberschenkelmuskulatur, während die Quadrizeps-

[7] Hamstrings: Sammelbegriff für die Muskelgruppe bestehend aus dem zweiköpfigen Schenkelmuskel, Halbsehnenmuskel und Plattensehnenmuskel

muskeln relativ schlaff bleiben. Blockierte Knie können außerdem Verletzungen im Bereich der Lendenwirbelsäule auslösen und tragen zu folgenschweren Gewohnheitsfehlern beim Gehen und Laufen bei. Die meisten Probleme mit den Oberschenkeln entstehen durch inkorrektes oder unangemessenes Dehnen.

Um diese Probleme zu beseitigen, können die Oberschenkelmuskeln zunächst mit den Übungen dieses Kapitels gedehnt und gekräftigt werden. Darüber hinaus muß man die richtige Mechanik beim Gehen und Stehen lernen (vgl. Kapitel 3).

Um festere Oberschenkel zu bekommen, machen Sie die Übungen 74, 75, 77 und 78 (Oberschenkel anheben). Darüber hinaus festigt jede Betätigung, bei der die Beine zur Seite weggestreckt werden, die relativ wenig eingesetzten Muskeln. Natürlich muß man die Kalorieneinnahme kontrollieren. Kräftigungsübungen helfen zwar, die Muskeln zu festigen, aber nur Kalorienverbrennung trägt zum Verlust von Fettgewebe bei.

Richtlinien, wie man mit schmerzenden Beinen und schmerzender Leiste fertig wird, finden Sie in Kapitel 16.

Übungen

Die Oberschenkelmuskulatur kann man in vier große Gruppen einteilen und dementsprechend kräftigen: vordere, hintere, innere, äußere. Dieses Kapitel behandelt Dehn- und Kräftigungsübungen für die vordere und hintere Oberschenkelmuskulatur; innere und äußere werden in Kapitel 12 behandelt. Die Reihenfolge der Übungsbeschreibungen in diesem Buch entspricht nicht immer der Reihenfolge, in der die Übungen gemacht werden sollen. Die vordere Oberschenkelmuskulatur sollte beispielsweise gedehnt werden, bevor Sie die »Brezel« oder den »offenen Schneidersitz« (Übungen 54 und 56) machen. Andererseits helfen Dehnübungen für die hintere Oberschenkelmuskulatur, die Brezel effektiver zu machen. In Kapitel 3 ist beschrieben, wie diese Übungen zusammenwirken.

61 Quadrizepsdehnung im Sitzen

Diese Dehnung ist auch als modifizierter Hürdensitz bekannt und sollte vor den Übungen 56 und 54 gemacht werden.

Ausgangsposition: Setzen Sie sich auf den Boden, und winkeln Sie das rechte Bein nach vorne ab, so daß die Außenseite am Boden aufliegt. Beugen Sie das linke Bein, und legen Sie es mit der Innenseite am Boden ab, so daß das linke Knie in die Diagonale nach links zeigt. Beide Beine sind etwas mehr als im rechten Winkel gebeugt (61a). Sie dürfen nicht auf dem linken Bein sitzen und sollten die Dehnung vorne im Oberschenkel spüren, nicht im Knie. (*Achtung:* Beide Knie müssen unbelastet sein, der linke Fuß muß auf der Innenseite aufliegen, um potentielle Knieverletzungen zu vermeiden. Der Fuß darf weder ausgestreckt noch angewinkelt sein, da durch diese beiden Fußpositionen die Knochen im Kniegelenk falsch aufeinandergestellt werden.) Die Position der Arme und des Oberkörpers ist ebenfalls wichtig, damit Verletzungen der Lendenwirbelsäule vermieden werden. Das Gewicht lastet auf dem rechten Unterarm, der diagonal nach hinten zeigt, die linke Hand ruht auf dem rechten Knie. Durch diese Armposition wird der Brustkorb nach vorne geschoben, und folglich können Sie nicht ins Hohlkreuz fallen. Richten Sie den Kopf gerade aus, und ziehen Sie das Kinn ein. Sollten Sie ein Ziehen im Rücken spüren, dann lehnen Sie sich etwas weiter nach rechts und schieben das linke Bein weiter nach hinten (vgl. Übung 64).

Die Dehnung: (1) Sie spüren diese Dehnung in der vorderen Oberschenkelmuskulatur, sobald Sie die vorgeschriebene Stellung einnehmen. Um die Dehnung zu verstärken, drücken Sie die linke Gesäßhälfte nach unten, auch wenn Sie hierbei den Boden nicht berühren. Halten Sie diese Position 30–60 Sekunden. **(2)** Spannen Sie die Muskeln in der linken Gesäßhälfte an, und schieben Sie die Hüfte nach vorne (61b). Diese sehr kleine Bewegung verstärkt die Dehnung nochmals. Halten Sie die Dehnung 30–60 Sekunden. Entspannen Sie die Gesäßmuskeln, und **(3)** beugen Sie den Kopf nach vorne zum linken Knie (61c). Das Gewicht des Oberkörpers zieht Sie dabei nach unten und verstärkt die Dehnung. Halten Sie diese Position 30–60 Sekunden. (*Achtung:* Wenn Sie diese Dehnung im Knie spüren,

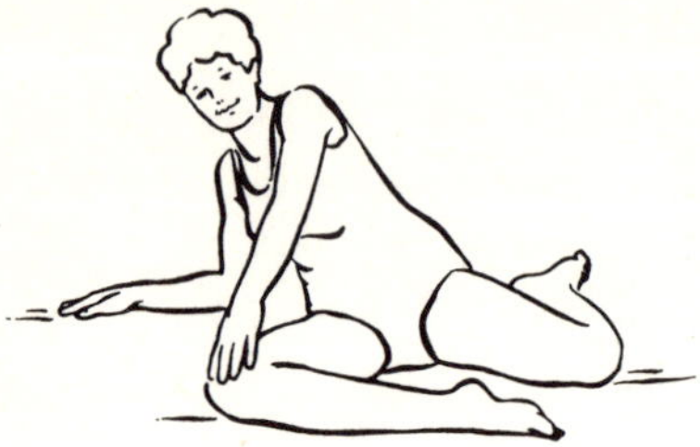

61a

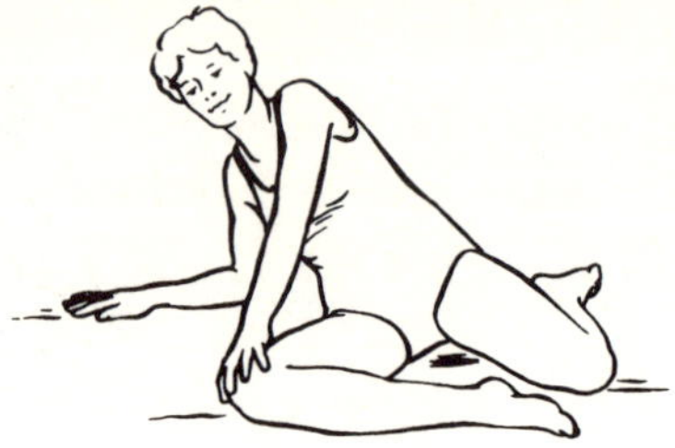

61b

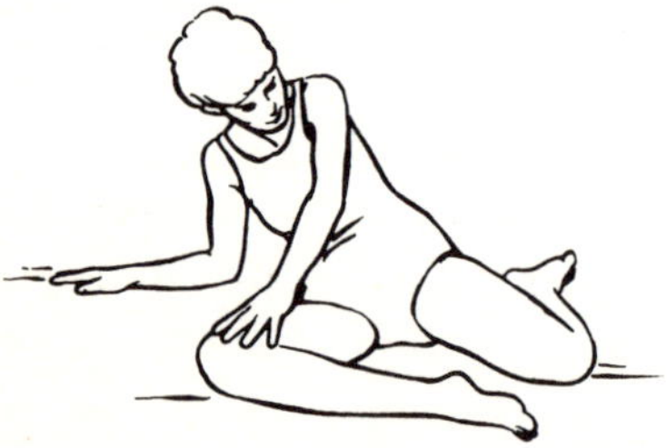

61c

61d

heben Sie die linke Ferse vom Boden ab, oder Sie bewegen das linke Bein etwas mehr nach außen.) Bevor Sie diese Übung mit dem anderen Bein wiederholen, sollten Sie Übung 62 (»Salzstreuer«) machen. **(4)** Nehmen Sie den linken Arm nach hinten, die Handflächen zeigen dabei nach oben, und heben Sie ihn in eine große Diagonale. Sie spüren eine leichte Dehnung in der Schulter (61d).

62 Salzstreuer

Nachdem Sie den Quadrizeps bei Übung 61 im Sitzen gedehnt haben, machen Sie diese Übung, damit sich der Rücken nicht verspannt. Sie sind noch in derselben Position wie für Übung 61 und heben nun das linke Bein an, indem Sie die Bewegung mit dem Knie beginnen. Stellen Sie sich vor, daß das Knie der

Deckel eines Salzstreuers ist und Sie Salz auf das rechte Bein streuen. Sie versuchen also, den Unterschenkel nach oben zu strecken, wobei der Fuß zur Decke zeigt (62). Halten Sie diese Position 30–60 Sekunden, und wiederholen Sie Übung 61 mit dem anderen Bein.

62

63 Quadrizepsdehnung im Stehen

Diese Übung ist nicht geeignet für Leute mit Schmerzen im Bereich der Lendenwirbelsäule oder mit degenerativer Lendenwirbelsäule.

Ausgangsposition: Stellen Sie sich an eine Wand, und beugen Sie das rechte Bein (Standbein). Der rechte Fuß muß nach vorne zeigen. Spannen Sie die Bauchmuskeln an, und richten Sie den Kopf gerade aus, das Kinn ist eingezogen. Beugen Sie das linke Bein, und heben Sie das Knie nach vorne an. Halten Sie das Fußgelenk mit der linken Hand (63a).

63a

63b

Die Dehnung: **(1)** Ziehen Sie das gebeugte linke Bein langsam und mit Gefühl nach hinten. Vergewissern Sie sich, daß das linke Knie zum Boden zeigt. Nun drücken Sie den linken Unterschenkel nach unten in die Hand, als ob Sie einen rechten Winkel zwischen Ober- und Unterschenkel machen wollten (63b). Hierbei spüren Sie die Dehnung in der vorderen Oberschenkelmuskulatur. Halten Sie diese Position 30–60 Sekunden. (*Achtung:* Der Oberkörper ist in der Taille nach vorne gebeugt, damit der Rücken entlastet wird. Sie dürfen keine Schmerzen im Rücken spüren, ansonsten lassen Sie diese Übung lieber aus. Achten Sie auch darauf, daß Sie den Fuß nicht zum Gesäß hinziehen, wodurch nicht die Muskeln gedehnt, sondern die Bänder im Knie überdehnt werden.) **(2)** Ähnlich wie bei der »Quadrizepsdehnung im Sitzen« (Übung 61) spannen Sie den linken Gesäßmuskel an und verstärken dadurch die Dehnung. Dabei sollte ein Ziehen im Kreuz verschwinden. Halten Sie diese Position 30–60 Sekunden. **(3)** Entspannen Sie die Muskeln, und bewegen Sie die Stirn in Richtung Knie. Halten Sie diese Position 30–60 Sekunden. Wiederholen Sie die Übung mit dem anderen Bein.

64 Quadrizepsdehnung in Seitenlage

Wenn Sie bei den vorigen Übungen Schmerzen im Kreuz oder im Knie gespürt haben, dann machen Sie diese Übung, die die Quadrizepsmuskeln in Seitenlage dehnt.

Ausgangsposition: Legen Sie sich auf die rechte Seite, den Kopf auf den abgewinkelten Arm. Das rechte Bein kann gebeugt oder gestreckt sein. Spannen Sie die Bauchmuskeln an. Beugen Sie das linke Bein, und heben Sie das Knie nach vorne vor den Brustkorb an, so daß Sie mit der linken Hand das Fußgelenk fassen können.

Die Dehnung: Ziehen Sie mit der linken Hand das linke Bein nach hinten, so daß Sie die Dehnung in der vorderen Oberschenkelmuskulatur spüren. Der linke Oberschenkel ist parallel zum rechten, jedoch etwas weiter nach hinten versetzt. Drücken Sie den Fuß fest in die Hand hinein, ohne die Ferse zum Gesäß zu ziehen. Halten Sie diese Position 30–60 Sekunden. Spannen Sie die Gesäßmuskeln an, so, als ob Sie das Becken nach vorne kippen wollten, und halten Sie auch diese Position 30–60 Sekunden. Wiederholen Sie die Dehnung zur anderen Seite.

65 Quadrizepsdehnung bei lockerem Bandapparat

Bei allen Quadrizepsdehnübungen, wie auch bei dieser, müssen Sie auf den Rücken und auf die Knie achtgeben. Sollten Sie einen lockeren Bandapparat haben und die anderen Dehnungen nicht spüren, dann ist diese Übung besonders für Sie geeignet. Die Dehnung dabei ist sehr stark, und Sie müssen die Anweisungen genau beachten, um Knieverletzungen zu vermeiden.

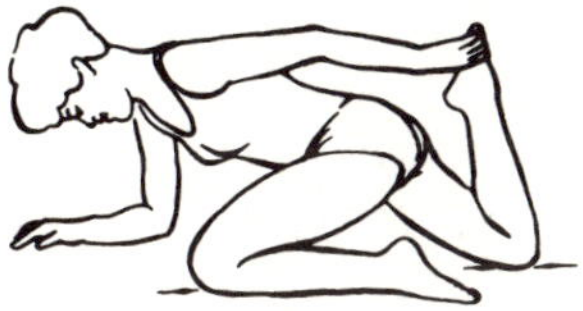

65a

65b

Ausgangsposition: Knien Sie sich auf den Boden, und stützen Sie sich auf den gebeugten Unterarmen ab. Rücken Sie das rechte Knie etwas nach hinten, so, als ob Sie den Oberschenkel parallel zum Boden bringen wollten. Der Unterschenkel zeigt dabei senkrecht zur Decke, die Fußspitzen sind gestreckt. Mit der linken Hand halten Sie das rechte Fußgelenk (65a). (*Achtung:* Sollte sich die hintere Oberschenkelmuskulatur verkrampfen, was sehr leicht passieren kann, müssen Sie den Krampf zuerst lösen, bevor Sie mit der Übung fortfahren. Um Verletzungen im Knie auszuschalten, müssen Sie das Gewicht des Oberkörpers auf dem rechten Unterarm ruhen lassen. Das Gewicht darf auf keinen Fall auf dem linken Knie lasten. Der linke Fuß muß entspannt sein. Der Kopf sitzt gerade in Verlängerung der Wirbelsäule, das Kinn ist eingezogen.)

Die Dehnung: (1) Senken Sie die Hüfte nach vorne in Richtung Boden, und rücken Sie das rechte Knie noch etwas weiter nach hinten, während Sie den Fuß festhalten, aber nicht zum Gesäß hinziehen. In dieser Position lastet das Gewicht auf der Oberschenkelmuskulatur über dem Kniegelenk. Halten Sie diese Position 30–60 Sekunden. **(2)** Spannen Sie die Bauchmuskeln an, und machen Sie einen runden Rücken (65b). Diese neue Position verstärkt die Dehnung. Halten Sie die Position 30–60 Sekunden. Wiederholen Sie die Übung mit dem linken Bein.

66 Tiefer Ausfallschritt

Dies ist eine sehr effektive Dehnübung für die vordere Oberschenkelmuskulatur. Machen Sie diese Übung, bevor Sie die Hamstrings dehnen (Übung 71). Achten Sie auf den Rücken.

66a

66b

Ausgangsposition: Beugen Sie die Beine, und legen Sie die Hände vor den Füßen auf den Boden. Strecken Sie das rechte Bein, so weit es geht, nach hinten aus. Das linke Bein vorne ist so gebeugt, daß der Unterschenkel mit dem Boden einen rechten Winkel bildet. Das ist wichtig, denn wenn der Fuß unter der Körpermitte aufsteht, werden die Bänder im Kniegelenk überdehnt. Überprüfen Sie also die Beinstellung, und rücken Sie gegebenenfalls das rechte Bein noch etwas weiter nach hinten. Spannen Sie die Bauchmuskeln an, richten Sie den Kopf gerade aus, und ziehen Sie das Kinn ein.

Die Dehnung: **(1)** Drücken Sie den Hüftgürtel zum Boden herunter (66a). In dieser Position werden Sie eine starke Dehnung der vorderen Oberschenkelmuskulatur am Hüftgelenk spüren. Halten Sie diese Position 30–60 Sekunden. **(2)** Lehnen Sie sich mit der rechten Seite etwas in Richtung Boden. Drehen Sie dabei den Fuß etwas nach innen und den rechten Hüftknochen zum Boden (66b). Sie spüren diese Dehnung jetzt mehr auf der Außenseite der Oberschenkelmuskulatur. Halten Sie diese Position 30–60 Sekunden.

Wiederholen Sie diese Übung mit dem linken Bein. Um den Beinwechsel zu machen, knien Sie sich zunächst hin, stellen das rechte Bein im rechten Winkel zum Boden auf und strecken das linke Bein nach hinten aus.

Obige Dehnung ist der zweite Teil der Vorbereitung für die »Spagatdehnung« (Übung 67). Man kann sie auch als Kräftigungsübung ausführen, indem man sich aus dem »tiefen Ausfallschritt« hochstemmt (Übung 70).

67 Spagatdehnung

Auf diese Dehnungsübung muß man sich in zweifacher Weise vorbereiten. Dabei werden die Hamstrings des Beines vorne und die vordere Oberschenkelmuskulatur des Beines hinten bereits gedehnt.

67a

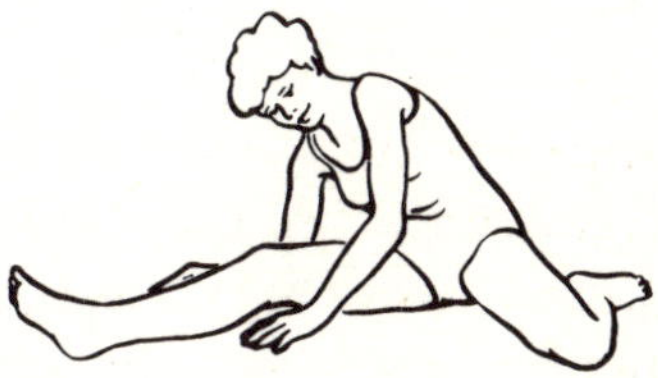

67b

Vorbereitende Ausgangsposition: Setzen Sie sich auf den Boden mit dem rechten Bein vor sich ausgestreckt und dem linken Bein so gebeugt, daß die Innenseite des Oberschenkels am Boden aufliegt (67a). Drücken Sie das Bein, so weit es geht, nach hinten. Dies kann im rechten Winkel zum gestreckten Bein sein oder mehr diagonal nach hinten. Das linke Bein wird zuerst gedehnt, indem Sie den Oberkörper nach vorne über das rechte Bein beugen (67b). Vergewissern Sie sich, daß Sie den Oberkörper im Hüftgelenk abbeugen und nicht in der Taille. Wenn nötig, dürfen Sie das rechte Knie etwas vom Boden abheben, aber es sollte dabei nach außen zeigen.

Vorbereitende Dehnung: (1) Sie versuchen nun, das linke Bein weiter nach hinten zu schieben, indem Sie auf der Innenseite des Fußes nach hinten »wandern«. **(2)** Richten Sie den Oberkörper auf (67c). Halten Sie diese Position 30–60 Sekunden. Sie werden eine starke Dehnung in der vorderen Oberschenkelmuskulatur verspüren. (*Achtung:* Vergewissern Sie sich, daß Sie im Rücken absolut nichts spüren. Bei Schmerzen im Kreuz dürfen Sie den Oberkörper nicht so weit abbeugen.)

67c

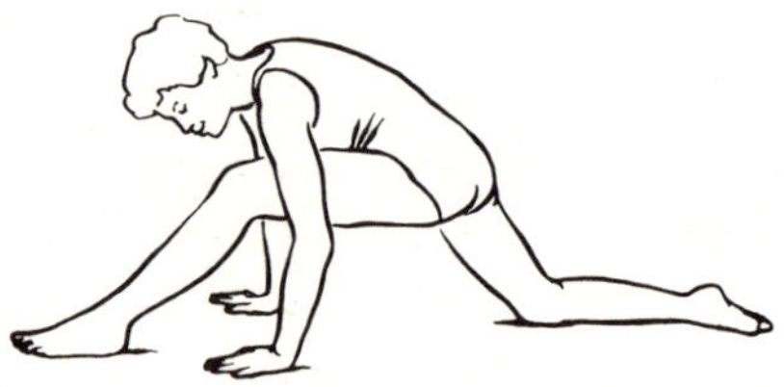

67d

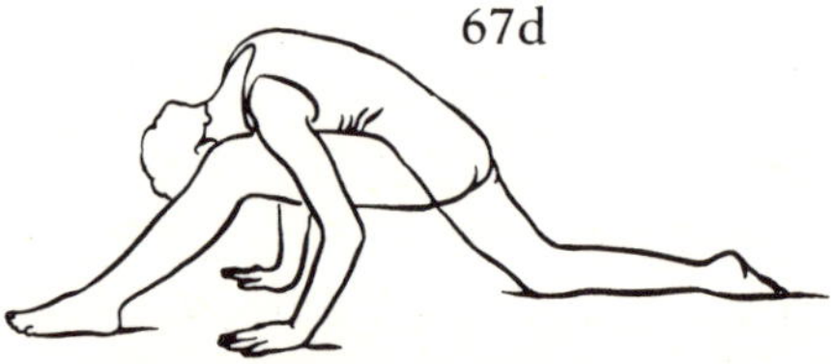

67e

(3) Beugen Sie den Oberkörper nun wieder nach vorne, und wandern Sie noch etwas weiter mit dem Fuß nach hinten. **(4)** Wiederholen Sie Schritt (2), d. h., richten Sie den Oberkörper wieder auf, und halten Sie die Position 30–60 Sekunden. Wiederholen Sie diese Übung zur anderen Seite.

Als nächstes machen Sie die Dehnung im »tiefen Ausfallschritt« (Übung 66). Jetzt sind Sie genügend vorgedehnt, um die eigentliche »Spagatdehnung« zu beginnen.

Ausgangsposition: Gehen Sie in den »tiefen Ausfallschritt« (Übung 66), mit dem linken Bein vorne gebeugt und dem rechten hinten ausgestreckt, und legen Sie die Hände neben dem linken Bein flach auf den Boden. Das Gewicht lastet auf den Händen und auf dem Fußrücken des rechten Fußes, der gerade nach hinten zeigen muß (67d).

Die Dehnung: Versuchen Sie, das linke Bein nach vorne auszustrecken und die Hüfte zum Boden abzusenken. Halten Sie den Oberkörper dabei vorne (67e). Am stärksten werden Sie die Dehnung in den Hamstrings des linken Beines spüren. Bleiben Sie in dieser Position so lange, wie Sie es aushalten. Dann beugen Sie das linke Bein und setzen sich vorsichtig auf die linke Gesäßhälfte. Wiederholen Sie die Übung mit dem anderen Bein. (*Achtung:* Die »Spagatdehnung« kann für das Bein, das hinten ist, problematisch werden, wenn es so ausgedreht wird, daß die Innenseite des Unterschenkels und des Knies zum Boden zeigen oder aufliegen. Das Knie kann dadurch verletzt werden. Darüber hinaus ist der Hüftgürtel dabei in einer solchen Position, daß die Lendenwirbelsäule ins Hohlkreuz ausweicht. Wenn Sie darauf achten, daß Sie mit der Vorderseite des Unterschenkels und des Knies am Boden gerade aufliegen, erzielen Sie eine gute Dehnung.)

68 Beinspreize

Diese Übung kräftigt die Quadrizepsmuskeln.

Ausgangsposition: Stellen Sie sich an die Wand, und halten Sie sich, wenn nötig, mit der Hand fest. Diese Übung ist ähnlich den Übungen, die Tänzer an der Stange durchführen. Der Fuß des Standbeins zeigt nach vorne, das Knie darf nicht blockiert sein. Drücken Sie die Zehen fest nach unten, damit das Fußgelenk stabilisiert wird. Ziehen Sie die Bauchmuskeln ein, richten Sie den Kopf aus, und ziehen Sie das Kinn ein.

Die Kräftigung: Machen Sie die Schritte (1)–(8) über 4 Zähleinheiten. **(1)** Beugen Sie das rechte Bein, und heben Sie es ca. 25 Zentimeter an (68a). **(2)** Strecken Sie nun den Unterschenkel nach vorne aus (68b, c). **(3)** Beugen Sie das Bein, halten Sie aber den Oberschenkel oben. **(4)** Heben Sie das Bein noch 10 Zentimeter höher. **(5)** Strecken Sie den Unterschenkel nach vorne aus. **(6)** Beugen Sie das Bein. **(7)** Heben Sie es nochmals 10 Zentimeter an. **(8)** Strecken Sie den Unterschenkel wieder nach vorne aus. **(9)** Senken Sie das ausgestreckte Bein über 8 Zähleinheiten zum Boden.

68

c b a

Wiederholen Sie die Übungsfolge mit dem linken Bein. Sie können diese Übung auch machen, indem Sie das Bein diagonal nach vorne, zur Seite, diagonal nach hinten oder gerade nach hinten ausstrecken. (*Achtung:* Das Standbein darf nicht im Kniegelenk blockiert werden. Das Körpergewicht muß auf der ganzen Fußsohle verteilt werden, es darf nicht nur auf der Ferse lasten. Am schwierigsten ist bei dieser Übung, die Hüften unter Kontrolle zu halten, da die Hüfte des Spielbeins die Tendenz hat, beim Heben und Strecken des Beines nach oben auszuweichen. Halten Sie also ganz bewußt diese Hüftseite auf gleicher Höhe mit der Hüfte des Standbeins, indem Sie sie nach unten drücken. Das ist schwierig und wird durch das Beinstrecken nach hinten oder zur Seite noch schwieriger. Beugen Sie den Oberkörper aus der Hüfte etwas nach vorne, wenn Sie das Bein diagonal oder gerade nach hinten ausstrecken, um

Fehlbelastungen in der Wirbelsäule zu vermeiden. Sie dürfen das Bein nicht so weit nach hinten abheben, daß Sie ins Hohlkreuz fallen. Beim Beinstrecken nach hinten werden die Hamstrings gekräftigt.)

69 Fast knieend

Auch diese Übung kräftigt die Quadrizepsmuskeln. Sie ist anstrengender als die vorige Übung, weil Sie mehr Gewicht heben und senken.

Ausgangsposition: Stellen Sie sich in Schrittstellung vor die Wand, und halten Sie sich fest. Verlagern Sie das Gewicht auf den Fuß vorne, wobei die Ferse des Fußes hinten vom Boden abheben darf. Richten Sie den Oberkörper so aus, daß die Ohren direkt über den Schultern sind, das Kinn eingezogen ist und die Schulterblätter nach unten und zurückgezogen und die Bauchmuskeln angespannt sind (69a).

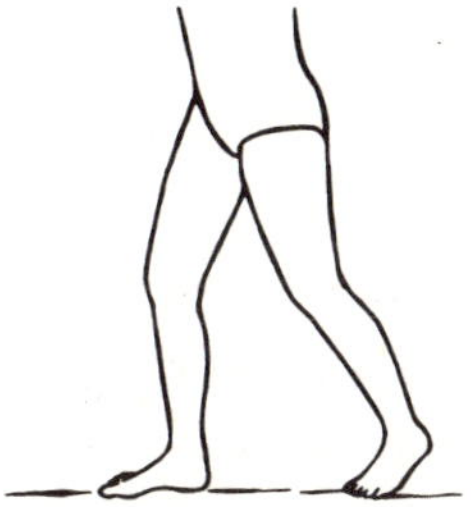

69a

69b

69c

Die Kräftigung: Machen Sie jeden Schritt dieser Übung über 8 Zähleinheiten. **(1)** Beugen Sie langsam beide Beine, so, als ob Sie mit dem Knie hinter sich den Boden berühren wollten, was Sie aber nicht tun (69b, c). Lassen Sie das Gewicht des Körpers auf dem Fuß vorne, und spüren Sie, wie die Oberschenkel dabei arbeiten. Die Ferse des Fußes vorne muß fest am Boden bleiben. Halten Sie den Oberkörper so gerade, wie es möglich ist, er wird automatisch etwas nach vorne fallen. **(2)** Strecken Sie die Beine aus, und wiederholen Sie die Übung noch dreimal, bevor Sie einen Beinwechsel machen.

70 Aufstehen aus dem Ausfallschritt

Diese Übung ist sehr anstrengend. Sie stärkt die vordere Oberschenkelmuskulatur so nachhaltig, daß sogar Gewichtheber oder Fußballspieler damit zufrieden sind. Machen Sie diese Übung also nur, wenn Sie wirklich großen Kraftzuwachs in den Oberschenkeln aufbauen wollen.

Ausgangsposition: Begeben Sie sich in den »tiefen Ausfallschritt« (Übung 66). Nehmen Sie die Arme zur Seite. Richten Sie den Kopf gerade aus, ziehen Sie das Kinn ein, und spannen Sie die Bauchmuskeln an (70a).

70

Die Kräftigung: Verlagern Sie das Gewicht auf das gebeugte Bein vorne, und strecken Sie es langsam über 8 Zähleinheiten. Der Oberkörper wird leicht aus der Hüfte nach vorne gebeugt. Während Sie das vordere Bein strecken, ziehen Sie das hintere Bein nach vorne. Wiederholen Sie diese Übung mit dem anderen Bein vorne. (*Achtung:* Um die Lendenwirbelsäule vor Fehlbelastungen zu schützen, müssen Sie den Oberkörper in der Hüfte leicht nach vorne abbeugen. Um die Bänder im Kniegelenk des Beines vorne nicht zu überdehnen, müssen Sie darauf achten, daß die Ferse fest auf den Boden gedrückt wird.)

71 Hamstringdehnung im Stehen

Die Hamstrings[8] sind oft sehr verspannt, weil sie sich, um den Körper aufrecht zu halten, ständig zusammenziehen müssen. Diese Muskeln kann man im Stehen, im Liegen und im Sitzen dehnen. Bei sehr verspannten Hamstrings oder bei Problemen mit der Lendenwirbelsäule wählen Sie die Dehnung im Liegen. Wenn Sie alle Teile dieser Übung durchgeführt haben, werden Sie merken, daß die Beine beim Gehen oder Laufen wesentlich mehr Bewegungsspielraum haben. Bevor Sie die Hamstrings dehnen, müssen Sie immer erst die Wadenmuskulatur dehnen, denn wenn die Wadenmuskeln sehr verspannt sind, spüren Sie die Dehnung dort und nicht in den Hamstrings.

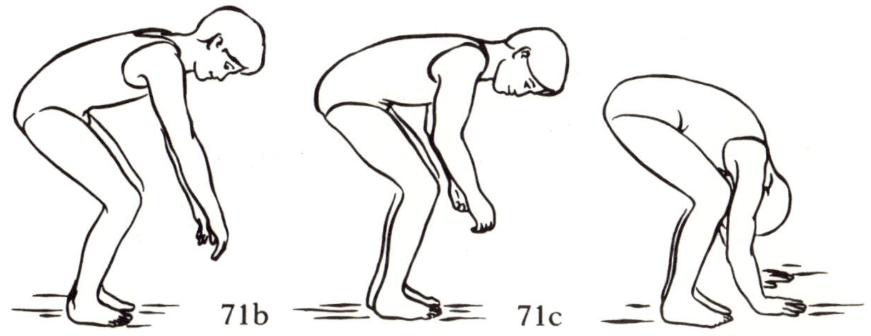

71a 71b 71c

Ausgangsposition: (1) Stellen Sie die Füße hüftknochenbreit auseinander flach am Boden auf, die Fußspitzen zeigen nach vorne. **(2)** Spannen Sie die Bauchmuskeln an, und machen Sie sich aus der Taille heraus lang. **(3)** Beugen Sie die Beine ziemlich stark (71a, b). **(4)** Richten Sie den Kopf aus, und entspannen Sie den Unterkiefer. **(5)** Beugen Sie den Oberkörper aus der Hüfte heraus nach vorne, und legen Sie die Hände vor die Füße auf den Boden. Entspannen Sie den Kopf (71c). Nur wenn Sie sich so nach vorne beugen, wird der Rücken nicht unnötig belastet. Sollten die Hamstrings so verspannt sein, daß Sie sehr tief in die Knie gehen müssen, legen Sie ein paar Bücher unter die Hände.

[8] s. Fußnote 7 S. 173

Die Dehnung: Halten Sie jeden Schritt dieser Übung über 6–10 Zähleinheiten. **(1)** Strecken Sie langsam ein Bein, und halten Sie es. Der Brustkorb liegt auf dem gestreckten Bein (71d). **(2)** Entspannen Sie das Bein, und strecken Sie das andere Bein. Der Brustkorb bleibt auf dem Oberschenkel. Halten Sie diese Position. (*Achtung:* Ihr Ziel ist es, die Beine so zu strecken, daß das Gesäß senkrecht nach oben zeigt und nicht nach hinten gestreckt wird. Die Ellbogen müssen gebeugt bleiben, weil ansonsten der Brustkorb von den Oberschenkeln abhebt. Dadurch wird verhindert, daß das Gewicht des Oberkörpers schon durch das Hängen Zug auf die Hamstrings ausübt und sie dehnt. Es ist nicht nötig, dabei die Beine voll zu strecken. Bei Schmerzen in der Kniekehle und Ziehen in der Wadenmuskulatur legen Sie ein Buch unter die Fersen. Dadurch wird der verspannte Wadenmuskel erst einmal nicht mitgedehnt, und die Dehnung für die Hamstrings wird effektiver. Machen Sie dann die Übung 88 (»erleichterte Wadendehnung«).

71d

71e

(3) Legen Sie nun die Hände vor das Bein, das Sie zuerst gedehnt haben, und wiederholen Sie die Dehnübung. (*Achtung:* Lassen Sie die Ellbogen entspannt. Das Gewicht ist auf den Händen. Versuchen Sie nicht, sich mit den Händen vom Boden wegzudrücken. Der Kopf muß entspannt hängen und darf nicht auf die Knie gezogen werden.) Halten Sie diese Position. Entspannen Sie das Bein. **(4)** »Wandern« Sie mit den Händen vor das andere Bein, und wiederholen Sie dort die Dehnung. Halten Sie die Position, und entspannen Sie danach das Bein. **(5)** »Wandern« Sie mit den Händen auf die Außenseite des anderen Beines, wobei der kleine Finger neben dem kleinen Zeh zu liegen kommt. Versuchen Sie, das Bein zu strecken (71e). Der Kopf hängt immer noch entspannt. Halten Sie diese Position. **(6)** Entspannen Sie das Bein, und »wandern« Sie mit den Händen auf die Außenseite des anderen Beins, das Sie versuchen zu strecken. Halten Sie diese Position. Während der gesamten Übungsfolge sollte der Oberkörper den Oberschenkel des zu streckenden Beines berühren.

Wenn es unangenehm für Sie wird, den Kopf so lange nach unten hängen zu lassen, richten Sie sich wie folgt auf: Knie gebeugt lassen, Bauchmuskeln nochmals anspannen und den Oberkörper Wirbel für Wirbel aufrollen, dann erst die Beine strecken. Nur dadurch wird die Lendenwirbelsäule beim Aufrichten vor Fehlbelastung geschützt, und Sie verhindern einen plötzlichen Hexenschuß, der sich sehr leicht einstellen kann, wenn man sich mit geradem Rücken vornüber beugt, die Beine im Kniegelenk blockiert und die Bauchmuskeln nicht genügend anspannt. Ruhen Sie sich aus, und beugen Sie sich wieder nach vorne, wie oben beschrieben.

71f

71g

Dehnen Sie die Beine abwechselnd zu jeder Seite dreimal. Machen Sie danach die Dehnung mit beiden Beinen gleichzeitig. **(7)** Die Beine sind immer noch gebeugt. Kontrollieren Sie, daß das Gewicht des Oberkörpers immer noch auf den Händen liegt (71f). Strecken Sie nun beide Beine gleichzeitig, und lassen Sie den Brustkorb dabei weiterhin auf den Oberschenkeln liegen. Vergewissern Sie sich, daß die Ellbogen gebeugt sind, weil ansonsten das Gewicht des Oberkörpers nicht wirksam zur Hamstringdehnung eingesetzt werden kann. Sie spüren diese Dehnung sehr stark in den Hamstrings. Halten Sie diese Position. **(8)** Verlagern Sie das Gewicht auf die Füße, und umarmen Sie mit dem linken Arm beide Beine, lassen Sie die rechte Hand vor den Füßen liegen. Die Knie zeigen nach vorne. Durch das Umarmen sollen Sie den Oberkörper näher an die Oberschenkel heranziehen und somit noch mehr dehnen. **(9)** Verlagern Sie das Gewicht auf die rechte Hand nach vorne, und versuchen Sie, beide Beine zu strecken, wobei der Oberkörper unbedingt auf den Oberschenkeln liegen bleibt (71g). Halten Sie diese Position. (*Achtung:* Die Knie dürfen nicht zusammenkommen, sondern müssen direkt über die Fußspitze zeigen.) **(10)** Verlagern Sie das Gewicht wieder auf die Füße und umarmen Sie die Unterschenkel mit dem anderen Arm. **(11)** Verlagern Sie das Gewicht auf die linke Hand, und versuchen Sie, beide Beine gleichzeitig zu strecken. Halten Sie diese Position. **(12)** Verlagern Sie das Gewicht auf die Füße, beugen Sie die Knie sehr stark, und setzen Sie sich auf den Boden.

72 Dreifache Hamstringdehnung

Die hintere Oberschenkelmuskulatur ist sehr kräftig, aber auch sehr verspannt und fest. Diese Übung macht die Hamstrings geschmeidiger, auch wenn sie schon in Übung 71 gedehnt wurden.

Im Liegen

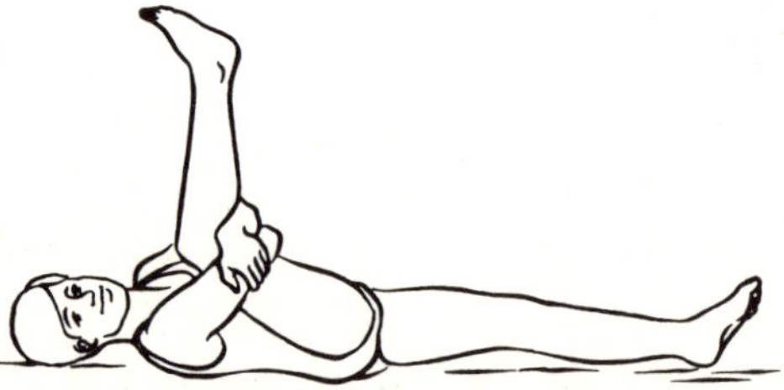

72a

72b

Ausgangsposition: Legen Sie sich auf den Rücken, beugen Sie das rechte Bein, und versuchen Sie, das Knie langsam neben die rechte Schulter zu ziehen. Das linke Bein ist am Boden ausgestreckt.

Die Dehnung: (1) Umarmen Sie die Oberschenkel, und strekken Sie den Unterschenkel so weit aus, wie Sie können (72a). Gleichzeitig ziehen Sie den Oberschenkel auf den Oberkörper. Halten Sie diese Position 30–60 Sekunden. **(2)** Halten Sie sich nun an der Wade fest, und ziehen Sie weiterhin das fast ausgestreckte Bein in Richtung Achselhöhle (72b). Halten Sie diese Position 30–60 Sekunden. (*Achtung:* Es ist wichtig, daß der Oberschenkel zur Körperseite hingezogen wird und nicht in die Körpermitte. Hierbei spüren Sie die Dehnung in den Hamstrings.)

Für den nächsten Teil der Übung müssen Sie sich hinsetzen. Sie gelangen in den Sitz, indem Sie das Bein loslassen, beugen und neben dem linken aufstellen. Rollen Sie sich auf die Seite, und drücken Sie sich mit den Armen in die Sitzposition. Wenn Sie sich so aufsetzen, wird die Lendenwirbelsäule nicht belastet.

Im Sitzen

72c

72d

Ausgangsposition: Sie dehnen immer noch das rechte Bein. Das linke Bein ist vor Ihnen abgewinkelt, so daß die Außenseite des Oberschenkels vor Ihnen auf dem Boden liegt. Nun haben Sie eine gute Balance. Beugen Sie das rechte Bein, und heben Sie es ab. Halten Sie sich an der Wade fest, und ziehen Sie den Oberschenkel auf sich zu, wobei die rechte Gesäßhälfte vom Boden abhebt.

Die Dehnung: (1) Heben Sie nun langsam das Bein in Richtung Schulter an. Halten Sie diese Position 30–60 Sekunden (72c).

(2) Verstärken Sie die Dehnung, indem Sie die rechte Gesäßhälfte auf den Boden drücken, während Sie das Bein oben halten. Spannen Sie die Bauchmuskeln an (72d). Halten Sie diese Position 30–60 Sekunden. (*Achtung:* Lassen Sie das Knie immer leicht gebeugt, damit Sie die Dehnung in den Hamstrings, nicht im Rücken oder in den Kniekehlen spüren. Vergewissern Sie sich, daß Sie das Bein im Kniegelenk nicht drehen. Das Knie zeigt auf Sie zu, auch wenn eine Gesäßhälfte vom Boden abgehoben ist.) **(3)** Lassen Sie das Bein los, und halten Sie es oben. Senken Sie das Bein zum Boden (72e). Lassen Sie es ausgestreckt, aber blockieren Sie nicht im Kniegelenk.

72e

Im Sitzen nach vorne gebeugt

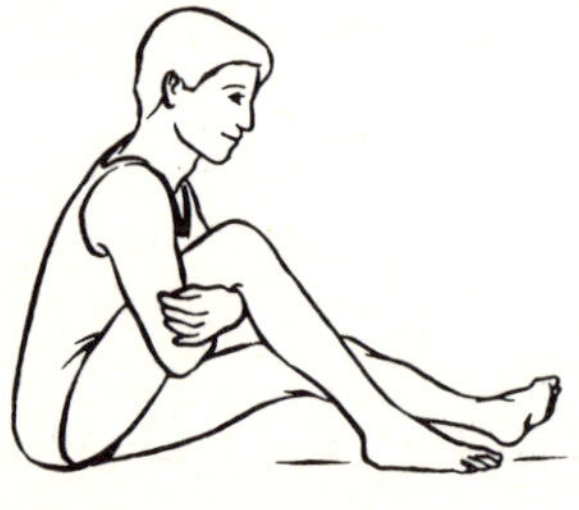

72f

72g

Dies ist der letzte Teil dieser Dehnung, immer noch für das rechte Bein.

Ausgangsposition: Beugen Sie beide Beine, und beugen Sie den Oberkörper aus der Hüfte heraus so weit nach vorne, daß Sie das Gewicht des Oberkörpers auf den Sitzknochen spüren. Ziehen Sie die Oberschenkel wieder an sich heran. Umarmen Sie dabei das rechte Bein (72f), und strecken Sie es langsam aus, während der Oberkörper immer noch den Oberschenkel berührt (72g). Es ist nicht wichtig, ob das Bein ganz ausgestreckt ist, sondern daß Sie die starke Dehnung in den Hamstrings spüren. Beugen Sie den Kopf nach vorne, so, als ob Sie mit der Stirn die Zehenspitzen berühren wollten. Halten Sie diese Position, bis Sie spüren, daß sich die hintere Oberschenkelmuskulatur entspannt, 30–60 Sekunden. Während Sie mit dem rechten Arm immer noch das rechte Bein festhalten, drücken Sie mit der linken Hand den rechten Fußrücken nach unten, so daß Sie auch dort eine Dehnung spüren. Das linke Bein ist gebeugt, das Knie zeigt zur Decke.

Beachten Sie: Wenn die Übung im Sitzen am Boden gemacht wird, wobei die Beine nach vorne oder zur Seite ausgestreckt werden, sollten die Fersen fest am Boden bleiben. Fersenheben überdehnt automatisch die Bänder im Knie, und das kann zu Verletzungen führen.

Wiederholen Sie die Übungsfolge mit dem linken Bein. Sie machen die Dehnung zuerst im Liegen (72a, b), dann im Sitzen (72c, d, e) und zum Schluß im Sitzen mit vorgebeugtem Oberkörper (72f, g). Danach stellen Sie sich hin und machen den letzten Schritt der »Hamstringdehnung im Stehen« (Übung 71). Die Muskeln sind jetzt wesentlich mehr gedehnt als beim ersten Versuch.

(*Achtung:* Wenn Sie die Dehnung im Stehen wiederholen, muß das Gewicht bei leicht gebeugten Ellbogen auf den Händen bleiben. Nicht mit beiden Armen die Beine umarmen, da sonst der Oberkörper nicht mehr auf den Oberschenkeln aufliegt, und das könnte der Lendenwirbelsäule schaden. Außerdem kann das Gewicht des Oberkörpers Sie sonst nicht herunterziehen, d. h., die Dehnung ist weniger effektiv.)

73 Rückwärtiges Beinkreisen

Die Hamstrings werden beim Wegstrecken eines Beines gerade nach hinten und diagonal nach hinten gekräftigt. Diese Übung ist eine weitere einfache Möglichkeit, die Hamstrings zu kräftigen.

Ausgangsposition: Stellen Sie sich so hin, daß Sie sich vorne oder seitlich abstützen können. Halten Sie den Kopf gerade, das Kinn eingezogen und die Bauchmuskeln angespannt. Es arbeitet jeweils nur das Spielbein. Halten Sie das Standbein leicht gebeugt.

Die Kräftigung: Machen Sie die Schritte (1)–(3) über 4 Zähleinheiten. **(1)** Beugen Sie das rechte Bein, und heben Sie es nach hinten vom Boden ab (73a, b). **(2)** Heben Sie das Bein noch 10 Zentimeter höher. **(3)** Senken Sie es wieder 10 Zentimeter (73a). Wiederholen Sie Schritt (2) und (3) noch dreimal. **(4)** Machen Sie über 8–10 Zähleinheiten einen kleinen Kreis. **(5)** Machen Sie den Kreis in die andere Richtung. **(6)** Senken Sie das Bein. Wiederholen Sie die Übungsfolge mit dem linken Bein.

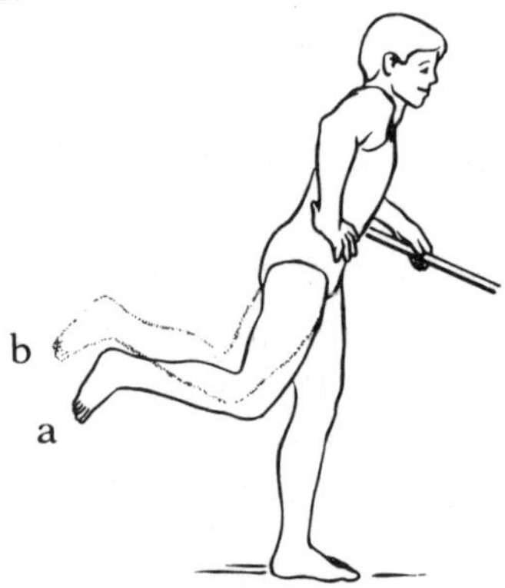

73

73c

Im Anschluß an diese Übung machen Sie die »Hamstringdehnung im Stehen« (Übung 71). Danach können Sie diese Übung wiederholen, diesmal mit ausgestrecktem Spielbein. (*Achtung:* Um die Lendenwirbelsäule vor Fehlbelastung zu schützen, muß der Oberkörper aus der Hüfte heraus etwas nach vorne gebeugt werden. Das Bein darf nicht so weit abgehoben werden, daß Sie im Kreuz Schmerzen empfinden. Sie können die Höhe des Beinhebens langsam steigern, indem Sie die Quadrizepsmuskeln dehnen, vgl. Übungen 61–66.)

Kapitel 12

Ihre Oberschenkel innen und außen

Sie werden festgestellt haben, daß bisher zuerst die Dehnübungen und dann die Kräftigungsübungen für eine jeweilige Muskelgruppe beschrieben wurden. In diesem Kapitel ist die Reihenfolge umgekehrt, weil einige der Kräftigungsübungen dabei helfen, die Muskeln im Anschluß leichter zu dehnen. Abbildung XII–A zeigt Ihnen die äußere, Abbildung XII–B die innere Oberschenkelmuskulatur.

Abb. XII–A
Äußere Oberschenkelmuskulatur, Seitenansicht

Abb. XII–B
Innere Oberschenkelmuskulatur, Seitenansicht

Einige der Dehnübungen dieses Kapitels haben mehrere Teile. Sie können entweder nur den ersten Teil oder die gesamte Übung machen. Wenn Sie eine gute Dehnung anstreben, dann sollten Sie immer die ganze Serie machen.

74 Inneres Oberschenkelheben

Ausgangsposition: Legen Sie sich auf die rechte Seite, den Kopf auf den abgewinkelten rechten Arm, das linke Bein ist gebeugt, und der linke Fuß steht vor dem rechten Oberschenkel auf. Das linke Knie zeigt nach oben. Zum Ausbalancieren der Seitenlage können Sie entweder die linke Hand am Boden aufstellen oder das linke Fußgelenk umfassen (74a).

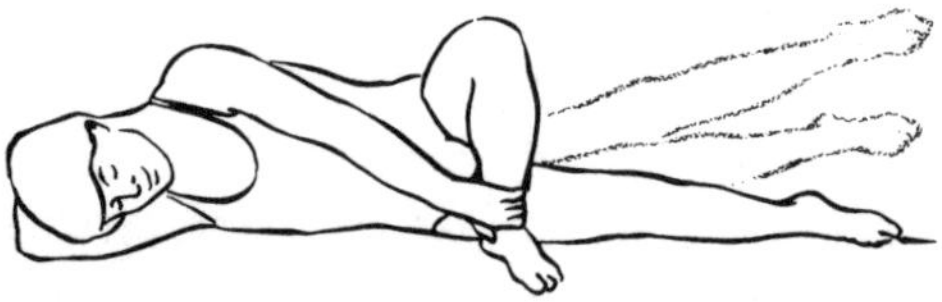

74

Die Kräftigung: Machen Sie jeden Schritt über 4 langsame Zähleinheiten. **(1)** Heben Sie das rechte Bein vom Boden ab. Das Knie muß dabei nach vorne zeigen, damit die innere Oberschenkelmuskulatur aktiviert wird. **(2)** Senken Sie das Bein zum Boden (74b, c). Das Bein ist ausgestreckt, aber nicht im Kniegelenk blockiert. Wiederholen Sie dieses Heben und Senken noch dreimal. Am Anfang können Sie das Bein vielleicht noch nicht sehr hoch heben. Mit der Zeit werden Sie in der Lage sein, es so hoch anzuheben, wie die Beinposition es zuläßt. Wiederholen Sie diese Übung mit dem linken Bein.

75 Inneres und äußeres Oberschenkelheben

Diese Übung ist anstrengender als die vorhergehende Übung und daher etwas effektiver zur Vorbereitung für die Dehnung. Machen Sie diese Übung, sobald die vorige Sie nicht mehr anstrengt.

Ausgangsposition: Legen Sie sich auf die Seite, wie für die vorige Übung, lassen Sie jedoch beide Beine ausgestreckt und die linke Hand vor sich am Boden liegen, damit der Oberkörper in der Seitenlage stabilisiert wird (75a).

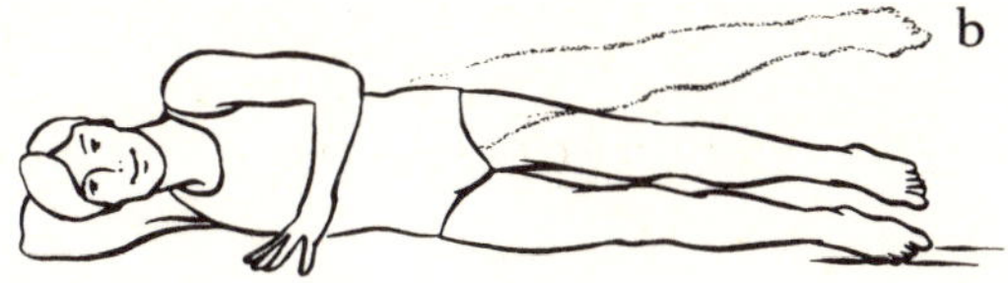

b

a

75

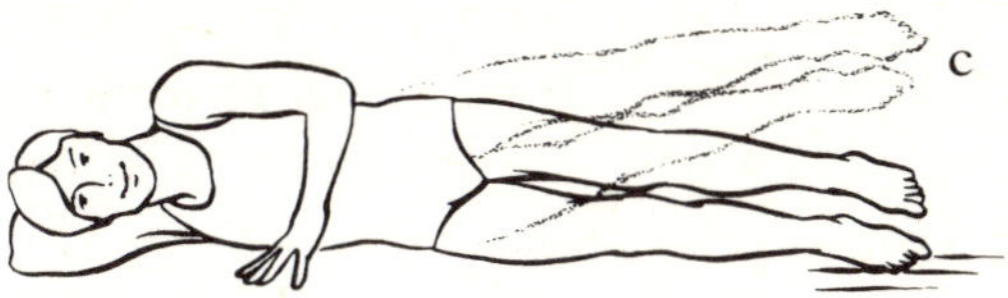

c

75

Die Kräftigung: Machen Sie jeden Schritt über 4 Zähleinheiten. **(1)** Heben Sie das linke Bein so hoch, wie es bei dieser Beinposition möglich ist. Das Knie darf nicht nach oben, sondern es muß nach vorne zeigen (75b). **(2)** Heben Sie das rechte Bein wie für Übung 74 (75c). Hierbei werden Sie wahrscheinlich das Bein höher anheben können als bei der vorigen Übung. **(3)** Senken Sie das rechte Bein. **(4)** Senken Sie das linke Bein. Wiederholen Sie die Übungsfolge noch dreimal, dann zur anderen Seite. (*Achtung:* Spannen Sie die Bauchmuskeln an, und vergewissern Sie sich, daß Ihr Körpergewicht tatsächlich auf der Hand vor Ihnen abgestützt wird. Das ist etwas anstrengender, als wenn Sie nach hinten rollen.)

76 Dreiteilige innere Oberschenkeldehnung

Zur Mitte

Bevor Sie die Dehnübungen für die innere und äußere Oberschenkelmuskulatur machen, sollten Sie die Waden-, hintere und vordere Oberschenkelmuskulatur gedehnt haben und darüber hinaus die »Brezel« (Übung 56) zur Dehnung der Gesäßmuskeln gemacht haben. Folgende Dehnung erfolgt in drei Stufen: zur Mitte, zur Seite ausgestreckt, in Endposition.

Ausgangsposition: Setzen Sie sich auf den Boden, und beugen Sie die Knie so, daß Sie die Fußsohlen zusammenführen können. Lassen Sie die Knie locker zur Seite fallen, ohne die Füße an den Körper heranzuziehen. Stellen Sie die Hände hinter den Hüften auf (76a).

76a

76b

76c

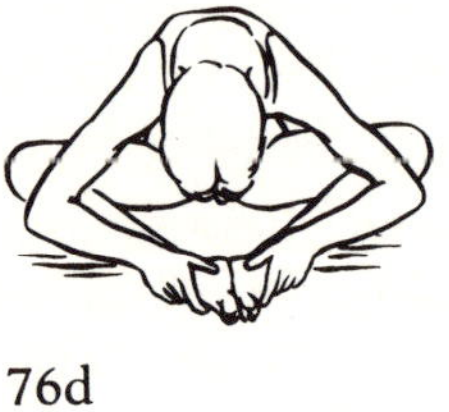
76d

76e

Die Dehnung: (1) Heben Sie die Hüften vom Boden ab, indem Sie das Körpergewicht auf die Hände verlagern. Kippen Sie das Becken nach vorne, und halten Sie die Bauchmuskeln fest angespannt. Der Oberkörper liegt in einer leichten Diagonale rückwärts. Die Füße dürfen auseinander fallen (76b). Sie spüren eine starke Dehnung in der inneren Oberschenkelmuskulatur. Halten Sie die Position 30–60 Sekunden. **(2)** Senken Sie die Hüften zum Boden. Heben Sie die Knie ungefähr 10 Zentimeter an, und schieben Sie die Füße noch etwas weiter nach vorne. Dann beugen Sie den Oberkörper aus dem Hüftgelenk nach vorne ab (76c). Halten Sie sich an den Füßen oder am Fußgelenk fest, nicht an den Zehen, und lassen Sie die Ellbogen vor, nicht auf den Beinen. Ziehen Sie den Oberkörper nach vorne und nach unten, so, als ob Sie mit der Stirn die Füße berühren wollten. (*Achtung:* Um die Lendenwirbelsäule vor Fehlbelastung zu schützen, müssen Sie den Oberkörper aus der Hüfte abbeugen, nicht aus der Taille heraus. Dabei müssen Sie die Bauchmuskeln fest anspannen.) Die Ellbogen zeigen nach außen und müssen vor dem Körper bleiben, damit er nach unten gezogen werden kann (76d). Halten Sie diese Position 30–60 Sekunden. Wenn Sie den Kopf nicht sehr weit auf die Füße senken können, richten Sie sich wieder auf, schieben die Füße noch etwas weiter vor. Dadurch wird die Übung etwas erleichtert. **(3)** Wiederholen Sie Schritt (1), Hüfte abheben und das Becken nach vorne kippen; der Oberkörper liegt in einer leichten Diagonalen nach hinten (76b). Darüber hinaus drücken Sie das rechte Bein zum Boden hinunter und halten diese Stellung 30 Sekunden. Wiederholen Sie die Übung mit dem linken Bein (76e). Sie spüren dabei die Dehnung stärker in dem Bein, das Sie herunterdrücken. **(4)** Senken Sie die Hüften auf den Boden, wiederholen Sie Schritt (2), indem Sie den Oberkörper nach vorne ziehen, die Stirn in Richtung Füße (76c, d). Halten Sie diese Position 30–60 Sekunden.

Sollten Sie einen lockeren Bandapparat haben, kann es sein, daß Sie diese Dehnung noch nicht spüren. Experimentieren Sie mit der Beinposition. Versuchen Sie, die Füße 10–15 Zentimeter zu öffnen oder etwas weiter nach vorne zu schieben, bevor Sie die Hüften vom Boden abheben, oder legen Sie ein Buch unter die Unterschenkel, und stellen Sie die Füße über Kreuz auf. Wenn Sie den Oberkörper dann nach vorne ziehen, Schritte (3) und (4), können Sie ein gefaltetes Handtuch unter das Gesäß schieben. All diese Möglichkeiten helfen, die Dehnung in den Muskeln und nicht im Bandapparat vorne oder hinten an der Hüfte zu spüren. Vergewissern Sie sich aber, daß die Bauchmuskeln angespannt sind, um Rückenschmerzen zu verhindern.

Die nächsten beiden Teile dieser Dehnung sind für alle diejenigen, die eine große Flexibilität anstreben.

Ausgangsposition: Strecken Sie das linke Bein zur Seite aus, indem Sie es entweder über den Boden schieben oder es abheben, ausstrecken und senken. Drehen Sie den Oberkörper in einer Vierteldrehung nach rechts über das rechte Bein (76f).

76f

Senken Sie den Oberkörper zum rechten Bein, das Gewicht fangen Sie mit dem rechten Unterarm ab. Richten Sie die Beine wie folgt aus: rechtes Bein so zum Körper hinziehen, daß das Knie auf gleicher Höhe mit der Achselhöhle ist; linkes Bein weiter nach hinten schieben, die Innenseite des Beines liegt am Boden auf, das linke Knie zeigt entspannt zum Boden. Der Oberkörper darf nicht auf dem Oberschenkel ruhen. Richten Sie den Kopf gerade aus, und ziehen Sie das Kinn ein.

Die Übung: Machen Sie jeden Schritt über 4 Zähleinheiten. **(1)** Strecken Sie den linken Arm parallel zum Boden über das gebeugte rechte Bein aus. Halten Sie den Kopf gerade ausgerichtet mit eingezogenem Kinn (76g). Halten Sie diese Position 30–60 Sekunden. Entspannen Sie die Beine, und spüren Sie die Dehnung im Brustkorb. **(2)** Legen Sie den linken Unterarm neben dem gebeugten rechten Bein ab, Ellbogen ungefähr in der Mitte des Unterschenkels, und strecken Sie den rechten Arm auf Schulterhöhe parallel zum Boden aus. Halten Sie die Beine entspannt, und konzentrieren Sie sich auf die Dehnung im Brustkorb (76h). Halten Sie diese Position 30–60 Sekunden. **(3)** Spannen Sie die Bauchmuskeln an, halten Sie das Kinn eingezogen und den Unterkiefer entspannt. Heben Sie den linken Arm, und halten Sie ihn parallel zum rechten Arm (76i).

(4) Drehen Sie den Oberkörper wieder zurück, so daß die linke Achselhöhle nach oben zeigt, und halten Sie diese Position (76j). **(5)** Drehen Sie den Oberkörper wieder zurück (76i), so daß Sie in derselben Position sind wie in Schritt (3). **(6)** Drehen Sie den Oberkörper wie in Schritt (4), linke Achselhöhle nach oben, und heben Sie jetzt das ausgestreckte linke Bein einige Zentimeter vom Boden ab (76k). Das ist sehr schwierig. Halten

76g

76h

76i

76j

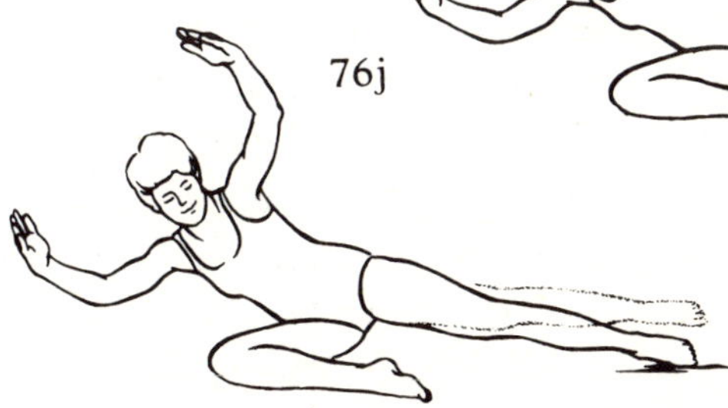

76k

Sie dabei die Bauchmuskeln fest angespannt, und achten Sie darauf, daß Sie die Zähne nicht zusammenbeißen. Halten Sie diese Position. (Je kräftiger Sie werden, desto leichter wird es.) **(7)** Ziehen Sie das linke Bein etwas nach vorne, und führen Sie die Fußsohlen aneinander wie bei der mittigen Dehnung. **(8)** Ziehen Sie den Oberkörper wieder herunter, und versuchen Sie, mit der Stirn die Zehenspitzen zu berühren. Wahrscheinlich können Sie den Oberkörper jetzt weiter absenken als beim ersten Versuch (76d). Sie sollten auch spüren, daß Sie das linke Bein tiefer absenken können als vorher.

Wiederholen Sie die Schrittfolge gegengleich.

Endposition

Ausgangsposition: Wie oben sind die Beine gebeugt und die Fußsohlen aneinander.

76l

76m

76n

Die Dehnung: (1) Ziehen Sie den Oberkörper über die gebeugten Beine mit der Stirn Richtung Füße. Gegebenenfalls drehen Sie den Kopf auf die Seite, um sich noch weiter herunterziehen zu können. **(2)** Versuchen Sie, mit dem Kopf zum rechten Knie herunterzukommen, indem Sie mit der Nasenspitze am Bein entlang »wandern«. Sie dürfen sich dabei mit der rechten Hand hinter der Hüfte abstützen (76l). Halten Sie diese Position 20–30 Sekunden. **(3)** Gehen Sie mit dem Kopf zurück in die Mitte, und senken Sie ihn weiterhin ab (76m). **(4)** Wiederholen Sie Schritt (2) nach links. **(5)** Bringen Sie den Körper wieder in die Ausgangsposition, und ziehen Sie den Kopf nochmals zu den Füßen (76m). **(6)** Legen Sie die Unterarme auf die Unterschenkel, und drücken Sie sanft die Beine mit den Armen nach unten (76n). Halten Sie diese Position 30–60 Sekunden. **(7)** Entspannen Sie die Unterarme, und halten Sie die Beine mit der Muskelkraft der Oberschenkel unten. Richten Sie den Oberkörper auf. Entspannen Sie die äußere Oberschenkelmuskulatur. Drücken Sie die Beine, diesmal ohne Hilfe der Arme, nach unten, indem Sie die äußere Oberschenkelmuskulatur anspannen. Halten Sie diese Position über 4 Zähleinheiten.

Diese Dehnung hilft Ihnen dabei, sich bequem in den Schneidersitz (mit gekreuzten Beinen) setzen zu können. Außerdem ist diese Dehnung gut zur Vorbereitung auf die »Grätschdehnung« (Übung 79).

77 Äußeres Oberschenkelheben im Liegen

Ausgangsposition: Legen Sie sich auf die rechte Seite mit dem Kopf auf dem abgewinkelten rechten Arm. Beugen Sie das rechte Bein, und stützen Sie sich auf der linken Hand ab, um den Körper in der Seitenlage zu stabilisieren. Während dieser Übung spannen Sie die Bauchmuskeln an, richten den Kopf gerade aus und ziehen das Kinn ein (77a).

77

Die Kräftigung: Machen Sie jeden Schritt über 4 Zähleinheiten. **(1)** Heben Sie das linke leicht gebeugte Bein; das Knie muß dabei nach vorne (nicht nach oben) zeigen, so daß sich die Muskeln auf der Außenseite des Oberschenkels kontraktieren und das Bein heben (77b, c). (*Achtung:* Wenn das Knie nach oben zeigt, hebt der Quadrizeps [Oberschenkel vorne] das Bein. Vergewissern Sie sich, daß der Fuß leicht ausgestreckt, aber nicht auf den Boden gerichtet ist, denn dadurch können Schmerzen in der Hüfte entstehen.) **(2)** Senken Sie das Bein. Wiederholen Sie das Heben und Senken noch siebenmal. Die Übung kann wie folgt variiert werden: Nachdem Sie das Bein gehoben haben, **(3)** beugen Sie das Bein und **(4)** strecken es langsam wieder, dann senken Sie es. Machen Sie so viele Wiederholungen, wie Sie können, maximal acht. Außerdem können Sie die Übung noch dahingehend variieren, daß Sie das Bein vor dem Körper ausstrecken, so daß Oberkörper und Bein einen rechten Winkel bilden. Wiederholen Sie die Übungsfolge wie oben beschrieben. Danach machen Sie die Übung mit dem rechten Bein. Anschließend machen Sie die »Brezel« (Übung 56), bis Sie kein Ziehen mehr außen im Oberschenkel spüren.

78 Äußeres Oberschenkelheben im Sitzen

Ausgangsposition: Setzen Sie sich auf den Boden, und winkeln Sie die Beine so ab, daß die Knie direkt vor Ihnen und die Unterschenkel links neben Ihnen liegen. Lehnen Sie den Oberkörper nach vorne, und stellen Sie die Hände auf. Dadurch wird das Gewicht des Oberkörpers auf die rechte vordere Oberschenkelmuskulatur verlagert. Das ist wichtig, weil das Gewicht nicht auf dem Gesäß lasten darf. Spannen Sie die Bauchmuskeln an, und richten Sie den Kopf gerade aus, das Kinn ist eingezogen (78a).

78a

78

Die Kräftigung: (1) Heben Sie das gebeugte linke Bein hoch, und halten Sie es über 4 Zähleinheiten (78b). **(2)** Heben Sie das Bein noch 5 Zentimeter höher, und **(3)** senken Sie das Bein wieder 5 Zentimeter (78b). Wiederholen Sie dieses Heben und Senken über jeweils 2 Zähleinheiten noch dreimal. **(4)** Strekken Sie das Bein diagonal nach vorne (nicht direkt auf die Seite), das Knie muß dabei ebenfalls nach vorne zeigen (78d). Wiederholen Sie das Heben und Senken von 5 Zentimetern viermal (78e, d). **(5)** Strecken Sie das linke Bein vor dem Körper aus, ohne daß Sie den Boden berühren, und beugen Sie den Oberkörper etwas nach vorne (78f). Dadurch wird der obere Rücken gedehnt. Senken Sie das Bein, wechseln Sie die Seite, und machen Sie die Übung mit dem anderen Bein.

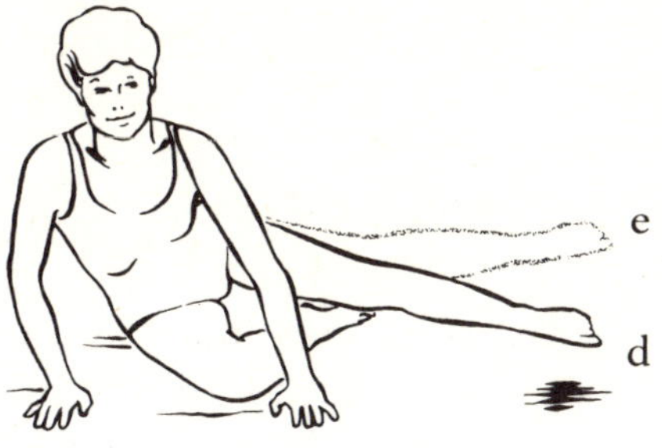

78

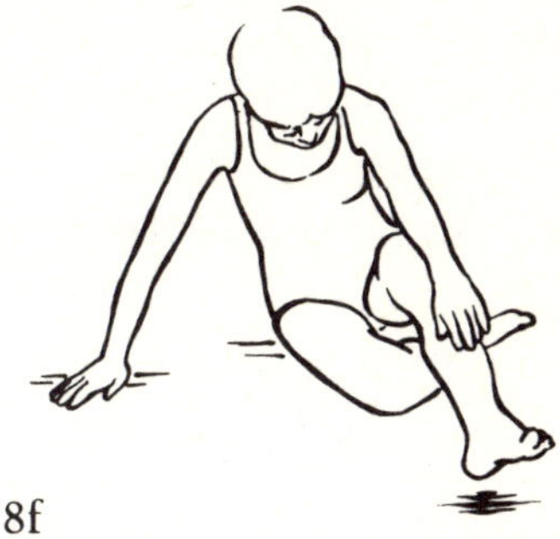

78f

(*Achtung:* Wenn Sie das gebeugte Bein heben, müssen Sie darauf achten, daß es vor Ihnen ist und daß das ganze Bein, nicht nur das Knie gehoben wird. Konzentrieren Sie sich beim Heben auf die Ferse, die die Bewegung beginnen soll. Wenn Sie dabei Schmerzen im Hüftgelenk haben, ist das Knie entweder nach unten oder nach oben gedreht. Korrigieren Sie die Beinhaltung. Es kann sein, daß Sie das Bein beim Heben und Senken noch etwas weiter nach vorne ausrichten müssen, bevor die Schmerzen im Hüftgürtel verschwinden.) Diese Kräftigungsübung ist eine sehr gute Vorbereitung auf die »Grätschdehnung« (Übung 79), weil die gekräftigten Muskeln sich jetzt leichter dehnen lassen.

79 Dreiteilige Grätschdehnung

Die Struktur dieser dreiteiligen Übung ähnelt der »dreiteiligen inneren Oberschenkeldehnung« (Übung 76) und dehnt ebenfalls die innere Oberschenkelmuskulatur. Maximale Dehnung erreichen Sie, wenn Sie die beiden Übungen nacheinander machen. Die drei Teile dieser Übung erfolgen im Sitzen, auf dem Rücken, in Endposition.

Ausgangsposition: Setzen Sie sich auf den Boden mit den Beinen in der Grätsche, d. h. diagonal zur Seite ausgestreckt. Schieben Sie die Beine nur so weit auseinander, daß es Ihnen keine Mühe macht. Beugen Sie das rechte Bein, indem Sie den Fuß auf der Diagonalen zu sich hinziehen, bis die Ferse da aufliegt, wo bei gestrecktem Bein vorher die Kniekehle war. Das Knie zeigt nach oben. Stellen Sie die linke Hand hinter der Mitte des Oberschenkels auf (79a).

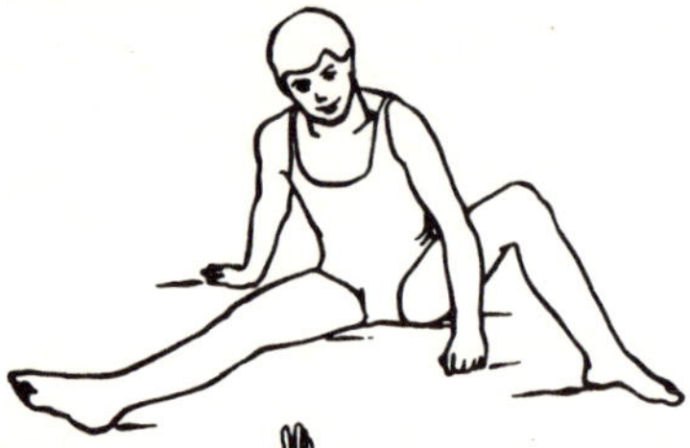

79a

79b

79c

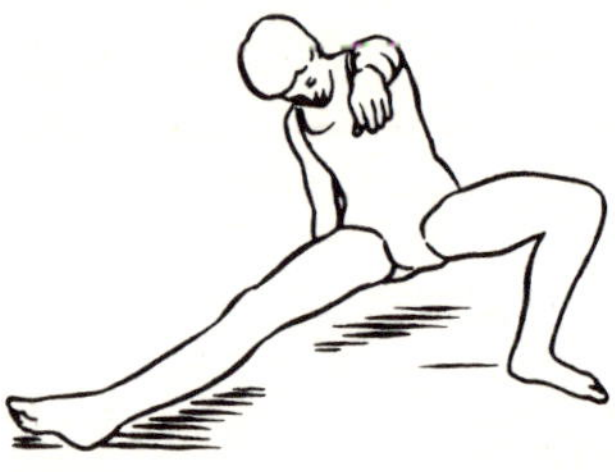

79d

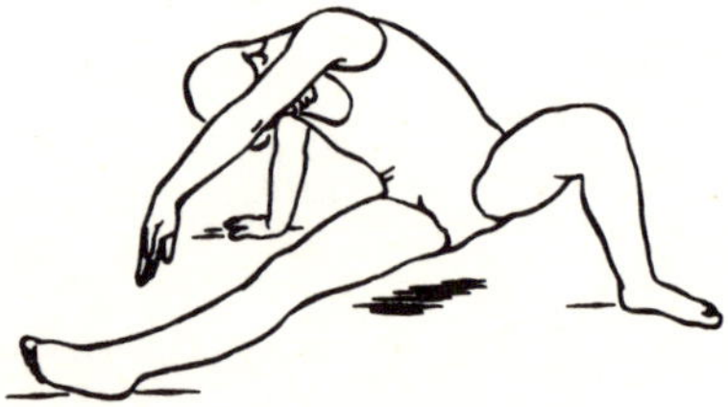

79e

Die Dehnung: Halten Sie jede dieser Positionen 20–30 Sekunden, und konzentrieren Sie sich auf die Dehnung. **(1)** Heben Sie die Hüfte 10–15 Zentimeter vom Boden ab, und verlagern Sie das Gewicht auf die Außenseite der linken Wade. Das bedeutet, daß Sie das Becken etwas nach vorne kippen müssen, damit das gesamte linke Bein nach außen gedreht werden kann. Der linke Fuß wird dabei automatisch nach hinten gedreht. Es darf kein Gewicht auf der Ferse lasten. Sie spüren eine sanfte Dehnung im inneren Oberschenkel des linken Beines (79b). Um diese Dehnung zu verstärken, **(2)** strecken Sie sich vertikal nach rechts oben, indem Sie die Bewegung mit dem rechten Arm beginnen. Gleichzeitig sollte Ihr Körpergewicht Sie nach unten ziehen (79c). **(3)** Beugen Sie den Oberkörper im Brustkorbbereich nach vorne, und strecken Sie den Arm vor sich aus. **(4)** Strecken Sie den rechten Arm in Richtung linker Fuß, und lassen Sie das linke Bein noch ein paar Zentimeter weiter nach außen gleiten (79e). Setzen Sie sich wieder hin, und wiederholen Sie die Übung mit dem anderen Bein.

Auf dem Rücken

Ausgangsposition: Legen Sie sich auf den Rücken, und beugen Sie die Beine im Kniegelenk so, daß die Knie nach außen zeigen. Sie sollen zuerst das rechte Bein dehnen. Drücken Sie mit der linken Hand das linke Knie und damit die Hüfte auf den Boden. Strecken Sie das rechte Bein nach oben und nach außen in Richtung Schulter (79f). Bevor Sie die Schritte (1) und (2) dieser Übung machen, machen Sie langsame Kreise im und gegen den Uhrzeigersinn. Lassen Sie das Bein dabei ausgestreckt in Richtung Schulter. Dies ist eine leichte Kräftigungsübung, die hilft, die innere Oberschenkelmuskulatur für die Dehnung zu ermüden.

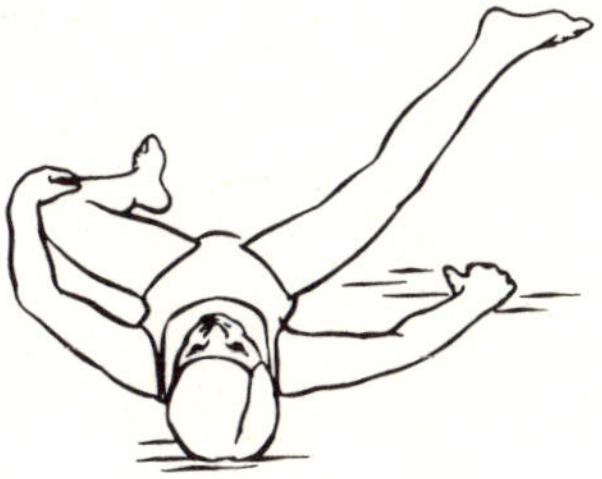

79f

Die Dehnung: (1) Mit der rechten Hand ziehen Sie die rechte Wade diagonal in Richtung Boden (79h). Dies ist der gleiche

Winkel wie vorher im Sitzen. Dabei hebt das Gesäß etwas vom Boden ab. Halten Sie diese Position 30–60 Sekunden. Sie spüren die Dehnung nur, wenn das Bein wirklich diagonal ist.

79g

79h Vorderansicht

79h Seitenansicht

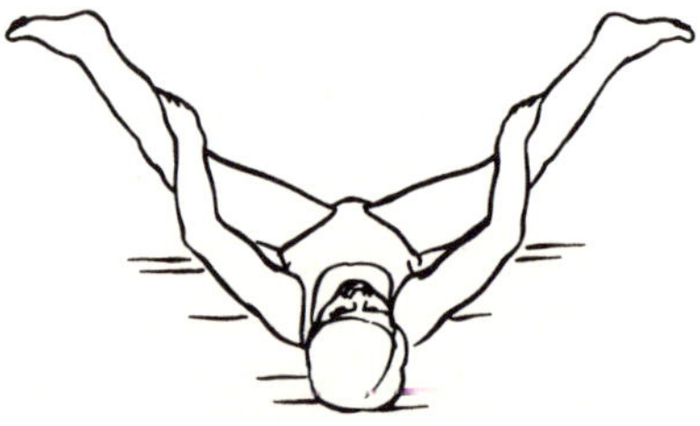

79i

(*Achtung:* Wenn das Bein im rechten Winkel zum Oberkörper liegt, spüren Sie ein Ziehen in der Leiste, das vermieden werden soll.) **(2)** Wiederholen Sie diese Dehnung mit dem linken Bein. Halten Sie das rechte gebeugte Bein am Knie, und drücken Sie es in Richtung Boden, während Sie das linke Bein ausstrecken, die Beinkreise machen und im Anschluß daran die Dehnung. Halten Sie diese Position 30–60 Sekunden. **(3)** Strecken Sie nun das rechte Bein noch einmal aus, und ziehen Sie mit viel Gefühl beide Beine auf den Boden (79i). Halten Sie diese Position 30–60 Sekunden. **(4)** Drücken Sie die Beine mit den Händen weiter auseinander, und versuchen Sie, die Beine über 6–8 Zähleinheiten gegen den Widerstand der Hände zu schließen. Die Beine zeigen dabei immer noch diagonal, nicht vertikal nach oben. Beugen Sie beide Beine, rollen Sie auf die Seite, und setzen Sie sich hin. Auf diese Weise schützen Sie den Rücken.

Endposition

Ausgangsposition: Setzen Sie sich in die Grätsche, drehen Sie sich zum rechten Bein, beugen Sie das Bein, und umarmen Sie den Oberschenkel. Ziehen Sie dabei Oberkörper, Hüfte und Brustkorb (nicht die Taille abbeugen) auf den rechten Oberschenkel. Die Wirbelsäule ist lang, und Sie spüren diese Dehnung seitlich im Brustkorb.

Die Dehnung: (1) Während Sie den Brustkorb auf den Oberschenkel ziehen, strecken Sie langsam das rechte Bein aus (79j). Lassen Sie den Oberkörper fest auf dem Oberschenkel liegen. Bei dieser Dehnung brauchen Sie das Bein nicht voll auszustrecken. Sie spüren diese Dehnung in den Hamstrings.

79j

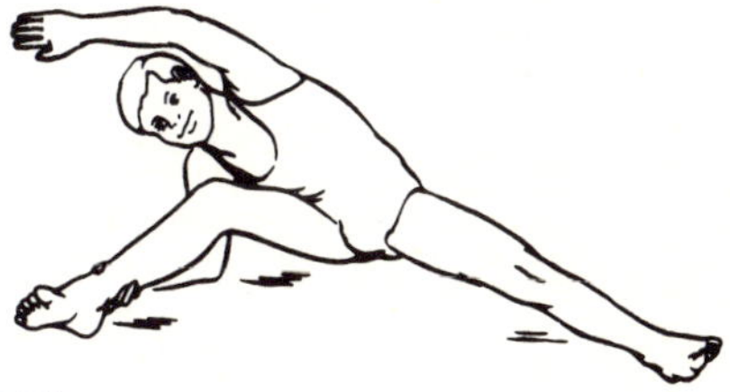

79k

79l

79m

Halten Sie diese Position 30–60 Sekunden. Bei dieser Dehnung wird das Gewicht auf den rechten Sitzknochen verlagert, so daß die linke Gesäßhälfte vom Boden abhebt, ein natürlicher Schutzmechanismus für die Lendenwirbelsäule. **(2)** Drehen Sie den Oberkörper um die eigene Achse eine Vierteldrehung nach links, und halten Sie die rechte Wade mit der rechten Hand, so daß der Brustkorb mit der Seite auf dem Oberschenkel aufliegt (79k). Das Bein brauchen Sie nicht auszustrecken, um diese Dehnung zu spüren. Nehmen Sie den linken Arm seitlich über den Kopf. Halten Sie diese Position

30–60 Sekunden. **(3)** Drehen Sie nun den Oberkörper zurück und weiter nach hinten, so daß Sie hinter sich schauen können. Lassen Sie den Oberkörper fest auf dem Oberschenkel. Versuchen Sie, mit dem Kopf hinter dem rechten Bein nach unten in Richtung Boden zu kommen (79l). Das ist natürlich unmöglich, doch der Versuch dehnt einige der kleinen Muskeln, die bisher noch nicht ausreichend gedehnt wurden. Halten Sie diese Position 30–60 Sekunden. **(4)** »Wandern« Sie mit der linken Hand in die Mitte zwischen die Beine und weiter nach vorne. Ziehen Sie gleichzeitig mit der rechten Hand den Oberkörper nach unten. Der Oberkörper liegt jetzt neben dem rechten Oberschenkel, und Sie versuchen, die Stirn neben dem rechten Bein in Richtung Boden zu ziehen (79m). Der Oberkörper ist noch diagonal neben dem rechten Bein. Halten Sie diese Position 30–60 Sekunden. Wiederholen Sie die Schritte (1)–(4) nach links. Wenn Sie diese Folge nach beiden Seiten beendet haben, machen Sie weiter mit der mittigen Dehnung.

Ausgangsposition: Sie sitzen in der Grätsche, beide Beine sind leicht gebeugt. Beugen Sie den Oberkörper aus der Hüfte nach vorne, und halten Sie sich mit den Händen in der Kniekehle oder am Fußgelenk fest (79n).

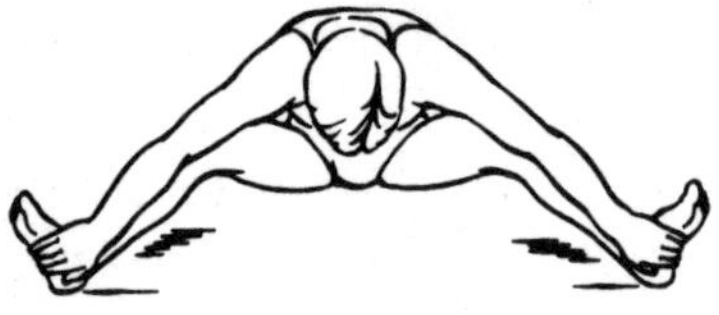

79n

79o

79p

Die Dehnung: Ziehen Sie den Oberkörper, so weit Sie können, aus der Hüfte heraus zum Boden, indem Sie die Ellbogen beugen. Halten Sie den Oberkörper in dieser tiefen Position, und strecken Sie langsam erst das eine Bein, dann das andere aus (79o). Wiederholen Sie das Strecken mit nur einem Bein, bis Sie den Oberkörper nicht mehr tiefer absenken können. Dann beugen Sie die Ellbogen und ziehen den Kopf nach unten, als ob Sie den Boden berühren wollten, wenn der Kopf nicht schon den Boden berührt (79p). Halten Sie diese Position 30–60 Sekunden. (*Achtung:* Damit diese Dehnung wirkt, müssen Sie die Übungsfolge genau einhalten. Wenn die Beine gestreckt sind, und Sie ziehen den Oberkörper nach unten, ist der Hüftgürtel in der falschen Position, so daß Sie das Maximum an Dehnung überhaupt nicht erreichen können. Außerdem riskieren Sie eine Fehlbelastung der Lendenwirbelsäule.)

Wenn Sie diese Dehnung beendet haben, ist es ratsam, die »Brezel« (Übung 56) zu machen. Um sich noch weiter in der Grätsche dehnen zu können, muß man in der Lage sein, die Beine weiter zu öffnen. Dazu verhilft das »Beinheben zur Seite« (Übung 80).

80 Beinheben zur Seite

Ausgangsposition: Knien Sie sich hin, und stützen Sie die Hände direkt senkrecht unter den Schultern auf. Ziehen Sie die Bauchmuskeln ein, richten Sie den Kopf gerade aus, ziehen Sie das Kinn ein, und achten Sie darauf, daß die Fußrücken flach auf dem Boden liegen. Heben Sie das gebeugte rechte Bein zur Seite, und bringen Sie das Knie, so weit es geht, in Richtung Achselhöhle. Vergewissern Sie sich, daß das gebeugte Bein parallel zum Boden ist. Das Knie darf weder nach unten noch nach oben zeigen, das Körpergewicht ist etwas nach links verlagert (80a).

Die Kräftigung: Machen Sie jeden Schritt über 2 Zähleinheiten. **(1)** Strecken Sie den Unterschenkel aus. Das Knie zeigt immer noch nach vorne (80b). **(2)** Heben Sie das gestreckte Bein 5 Zentimeter höher, und halten Sie es hoch. **(3)** Bewegen Sie das gestreckte rechte Bein 5 Zentimeter nach vorne (80c). **(4)–(5), (6)–(7)** Wiederholen Sie Schritte (2) und (3) noch zweimal. **(8)** Halten Sie die Position, und bringen Sie dann langsam das Bein zurück in die Ausgangsstellung. Dann wiederholen Sie die Übung mit dem linken Bein. Wenn Sie die Übung beendet haben, wiederholen Sie noch einmal den letzten Schritt der »dreiteiligen Grätschdehnung« (Übung 79) in der Endposition. Wenn der Oberkörper weit nach vorne gezogen ist, versuchen Sie, beide Beine noch etwas weiter nach außen zu schieben und die Grätsche zu vergrößern. Sie werden sehen, daß die Grätsche 5–10 Zentimeter größer geworden ist.

80 b

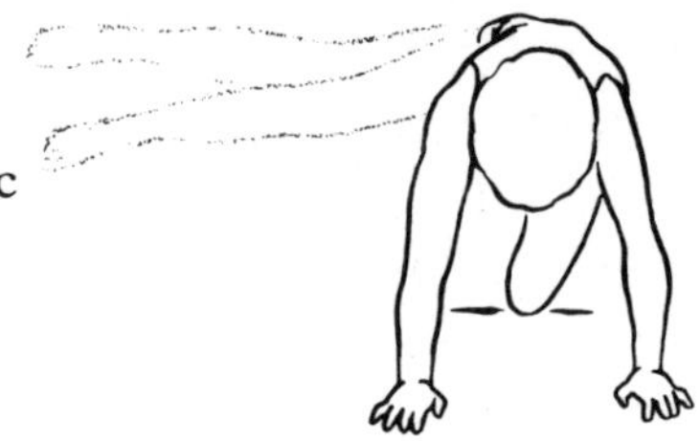

80

Ziehen Sie den Oberkörper noch etwas weiter nach unten, und halten Sie diese Position 30–60 Sekunden.

81 Kräftigung in der Grätsche

Man kann die innere Oberschenkelmuskulatur in der Dehnposition kräftigen und dabei die Beinmuskeln so trainieren, daß man sie durch Kraft und nicht durch Schwung öffnen kann.

Ausgangsposition: Bleiben Sie in der tiefsten erreichten Endposition der Grätsche (Übung 79). Spannen Sie die Bauchmuskeln an, beugen Sie die Knie, und stellen Sie die Fersen am Boden auf.

Die Kräftigung: Machen Sie jeden Schritt über 4 Zähleinheiten. **(1)** Heben Sie den Kopf so, daß er in Verlängerung der Wirbelsäule ist, ohne dabei die Zähne zusammenzubeißen. **(2)** Lassen Sie die Beine los, und heben Sie die Arme etwas über den Beinen an. **(3)** Heben Sie langsam den Oberkörper, bis Sie in der Vertikalen sind. (*Achtung:* Das ist schwierig. Ziehen Sie die Bauchmuskeln dabei unbedingt ein. Um das Gewicht des Oberkörpers halten zu können, müssen Sie die Fersen fest auf den Boden drücken und dürfen nicht die Knie blockieren.) **(4)** Senken Sie den flachen Oberkörper wieder. **(5)** Richten Sie sich in die Ausgangsposition auf. Wenn Sie diese Folge beendet haben, machen Sie die »Brezel« (Übung 56).

82 Knieschieben

Bei dieser Übung werden die äußeren Oberschenkelmuskeln trainiert, die für die optimale Beinhaltung sorgen, wobei das Kniegelenk beim Stehen oder Gehen direkt senkrecht über dem Fußgelenk ist. In erster Linie sollen Sie dabei ein Gefühl für die Muskeln, die das Auswärtsdrehen bewirken, bekommen.

Ausgangsposition: Stellen Sie sich hin, die Füße sind hüftknochenbreit auseinander. Richten Sie den Oberkörper aus, spannen Sie die Bauchmuskeln an, ziehen Sie das Kinn ein. Beugen Sie die Knie so, als ob Sie sich hinsetzen wollten. Vergewissern Sie sich, daß die Knie direkt über die Fußspitzen zeigen.

82

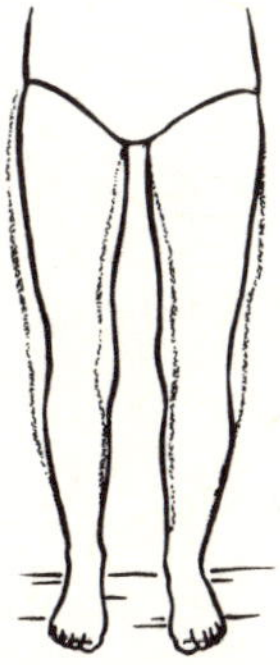

Lassen Sie die ganze Fußsohle flach am Boden aufstehen, d. h., gehen Sie nicht so weit in die Hocke, daß Sie die Fersen abheben müssen. Belasten Sie die Zehen, indem Sie sie fest auf den Boden drücken.

Die Kräftigung: Machen Sie jeden Schritt über 4 Zähleinheiten. **(1)** Öffnen Sie die Knie nach vorne und nach außen (82). Spüren Sie dabei die Muskeln auf der Außenseite der Oberschenkel. Die gesamte Fußsohle muß fest am Boden bleiben. Dies ist eine kleine Bewegung, wobei die Knie ein paar Zentimeter nach außen bewegt werden. **(2)** Halten Sie die Knie nach außen. **(3)** Nehmen Sie die Knie zurück in die Ausgangsposition. (*Achtung:* Sollten Sie dabei Schmerzen in den Knien spüren, haben Sie die Knie wahrscheinlich zu weit nach außen geöffnet, oder das Körpergewicht ist zu weit vorne auf dem Fuß. Es kann auch sein, daß die Beine nicht genügend gebeugt sind. Korrigieren Sie die Körperhaltung, bis Sie absolut nichts mehr in den Kniegelenken spüren.)

83 Beinstrecken

»Beckenkippen« (Übung 58) wurde in Kapitel 9 als vierteilige Übung bereits beschrieben. Folgende Beinbewegung können Sie jetzt noch daran anschließen, wenn Sie in der höchsten Position mit zwei Rippen vom Boden abgehoben sind. Die Beine sollen gestreckt werden, wodurch innere und äußere Oberschenkel gekräftigt werden. Sie spüren aber auch die Muskulatur vorne und hinten im Oberschenkel.

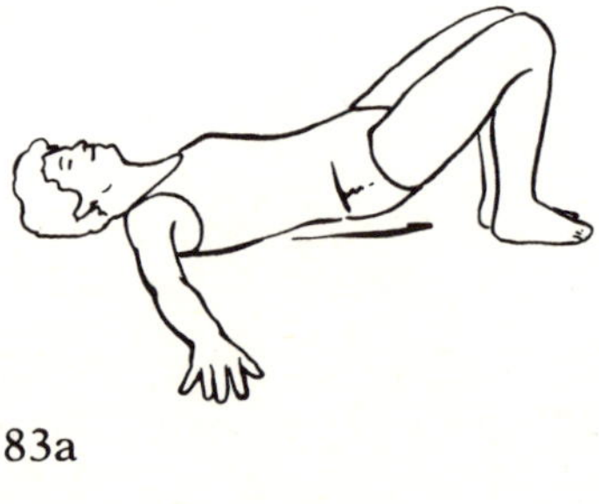

83a

Ausgangsposition: Legen Sie sich auf den Boden, beugen Sie die Knie, und stellen Sie die Füße flach am Boden nahe dem Gesäß auf (83a). Machen Sie einen langen Hals, entspannen Sie den Unterkiefer, und legen Sie die Arme auf Schulterhöhe zur Seite ab; die Handflächen zeigen nach oben. Während Sie diese Übung machen, drücken Sie die Zehen fest auf den Boden, damit sich die Hamstrings nicht verkrampfen. Spannen Sie die Gesäßmuskeln an, kippen Sie das Becken nach vorne, und heben Sie Hüftgürtel, Taille und die untersten beiden Rippen vom Boden ab. Setzen Sie den linken Fuß nun einige Zentimeter weiter rechts auf, damit Sie Ihr Körpergewicht besser tragen können, während das rechte Bein abgehoben und parallel zum linken Oberschenkel ausgestreckt wird.

83b

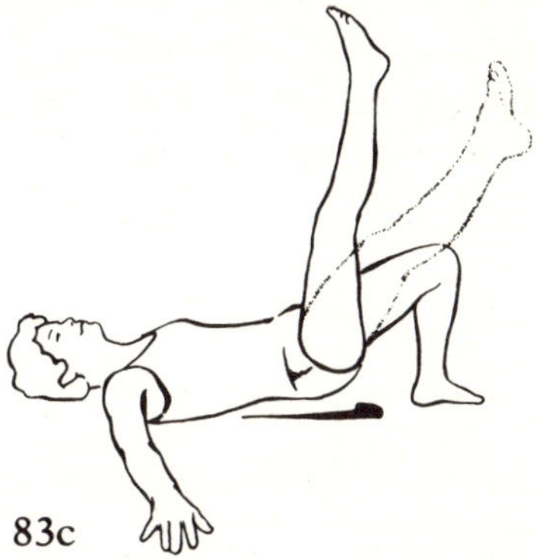

83c

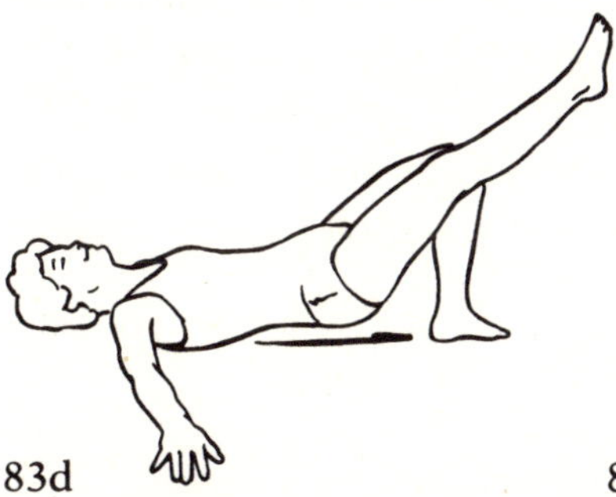

83d

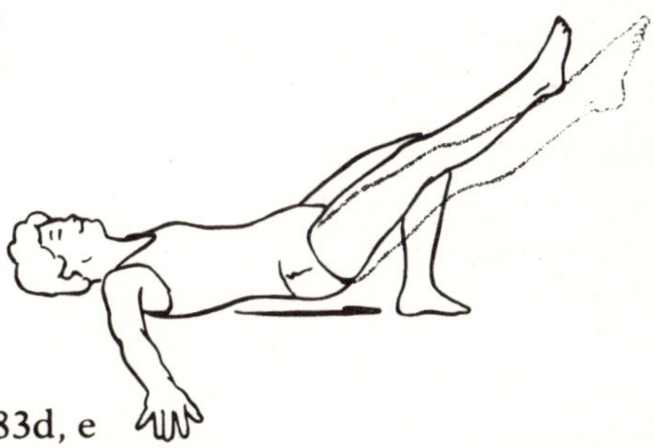

83d, e

Die Kräftigung: Machen Sie jeden Schritt über 4 Zähleinheiten. **(1)** Heben Sie das rechte Bein in die Vertikale (83b). **(2)** Strecken Sie es etwas nach rechts außen (83c). **(3)** Bringen Sie es zurück in die Vertikale. **(4)** Kreuzen Sie das Bein nach links über das andere, und spüren Sie diese Dehnung im Oberschenkel außen und im Gesäßmuskel. **(5)** Heben Sie das Bein zurück in die Vertikale (83b). **(6)** Senken Sie das Bein, bis es wieder parallel zum linken Oberschenkel ist (83d). **(7)** Strecken Sie das Bein etwas nach rechts zur Seite (83e). **(8)** Bringen Sie das Bein wieder zurück neben das andere (83d). **(9)** Beugen Sie das

Knie, und stellen Sie den rechten Fuß auf dem Boden auf, so daß Sie das linke Bein abheben können, und wiederholen Sie die Übung mit dem linken Bein. Sie können auch die Übungsfolge ändern und beispielsweise mit den Schritten (7) und (8) beginnen, dann Schritte (3), (4) und (5) anschließen. Außerdem können Sie mit dem ausgestreckten Bein noch langsame große Beinkreise machen. Dabei spüren Sie dann die arbeitende Muskelgruppe sehr gut. (*Achtung:* Um zu verhindern, daß sich die Hamstrings verkrampfen, müssen Sie die Füße sehr nah an das Gesäß heranziehen und die Zehen fest auf den Boden drücken. Wenn das gestreckte Bein gehoben und gesenkt wird, müssen Sie darauf achten, daß Sie Oberkörper und Hüftgürtel ruhig halten. Die Hüfte darf sich nicht mit dem Bein mitbewegen.)

Kapitel 13

Ihre Unterschenkel

Anatomie

Die Unterschenkel bestehen aus zwei Knochen, die das Knie mit dem Fuß verbinden (XIII–A). Das Schienbein (tibia) ist der dickere Knochen, der direkt mit dem Oberschenkelknochen (femur) im Kniegelenk verbunden ist und mit dem Sprungbein-

Abb. XIII–A
Ober- und Unterschenkelknochen

Abb. XIII–B
Vordere Unterschenkelmuskulatur

Abb. XIII–C
Hintere Unterschenkelmuskulatur

knochen (talus) im Fußgelenk. Das Wadenbein (fibula) ist der schmälere Knochen, der außen neben dem Schienbeinknochen liegt. Diese beiden Unterschenkelknochen ermöglichen die Fußdrehung, ähnlich wie Elle und Speiche die Handdrehung ermöglichen. Die beiden Knochen werden durch Bänder in ihren Gelenken festgehalten, und dadurch wird ihr Abstand voneinander gesichert.

Das Bein bewegt sich in den drei Gelenken der Hüfte, des Knies und des Fußes. Für die meisten Bewegungen werden wenigstens zwei Gelenke beansprucht. Die Bewegungen erfolgen automatisch. Außer wenn man in den beteiligten Gelenken oder Muskeln einmal Schmerzen hat oder sich auf die Bewegung konzentriert, wird einem der Bewegungsablauf nicht bewußt.

Der Unterschenkel bewegt sich, wenn das Knie gebeugt wird und wenn das Fußgelenk unter Belastung bewegt wird. Schienbein und Wadenbein kann man nach hinten abwinkeln und wieder in die Gerade strecken. Wenn der Fuß nicht aufsteht, kann man ihn zur Seite bewegen, wobei Schienbein und Wadenbein mitgedreht werden, aber der Abstand zwischen ihnen beibehalten wird, im Gegensatz zu den Unterarmknochen, die sich umeinander drehen.

Die Muskeln des Unterschenkels helfen, das Bein im Knie- und Fußgelenk zu bewegen (XIII–B, XIII–C). (In diesem Kapitel lernen Sie, wie die Unterschenkelmuskeln Knie- und Fußgelenk bewegen. Das nächste Kapitel »Ihre Füße« behandelt Fußgelenk und Zehen.) Aus eigener unangenehmer Erfahrung werden Sie wissen, daß der Schienbeinknochen nicht von Muskeln geschützt wird. Vier Muskeln sind seitlich von den beiden Unterschenkelknochen befestigt. Sie bewegen den Fuß so, daß man die Zehen auf sich zuziehen kann, zwei davon helfen beim Wegstrecken der Zehen. Hinten im Unterschenkel sitzen fünf Muskeln. Die beiden größten sind der Zwillingswadenmuskel und der Schollenmuskel. Beide enden in der Achillessehne, die hinter der Ferse verläuft. Diese fünf Muskeln strecken den Fuß im Fußgelenk, und zwei davon helfen, die Zehen zu strecken. Beim Gehen oder Laufen arbeiten diese Muskeln auf Hochtouren. Zwei Muskeln liegen auf der Außenseite des Unterschenkels, die dem Zwillingswadenmuskel helfen, den Fuß zu strecken. Außerdem bewirken sie, daß man den Fuß nach außen zur Seite bewegen und um die eigene Achse nach oben drehen kann, so daß der kleine Zeh nach oben zur Decke zeigt (vgl. Übung 92).

Wegen der vielseitigen Belastung des Zwillingswadenmuskels beim Stehen, Gehen, Laufen und Springen sollte man ihn geschmeidig halten. Kräftigung ist in der Regel nur nach Verletzungen notwendig. Wenn ein Bein kräftiger ist als das andere, ist es ebenfalls ratsam, die Wadenmuskulatur des schwächeren Beines zu kräftigen. Die vordere und seitliche Muskulatur des Unterschenkels wird mit den Fußgelenk- und Fußübungen aus Kapitel 14 gedehnt und gekräftigt.

In Kapitel 16 erfahren Sie, wie man Schmerzen im Kniegelenk, in der Kniekehle und in der Achillessehne lindern kann.

Übungen

84 Wadendehnung im Sitzen

Ausgangsposition: Setzen Sie sich auf den Boden, beide Beine gerade vor sich und im Kniegelenk etwas gebeugt. Sie werden jeweils nur einen Wadenmuskel dehnen. Entspannen Sie also das Bein, das nicht gedehnt wird. Setzen Sie sich aufrecht hin, beugen Sie den Oberkörper im Hüftgelenk etwas nach vorne, indem Sie die Bauchmuskeln anspannen. Machen Sie einen langen Hals, und ziehen Sie das Kinn ein. Schieben Sie den rechten Unterarm unter die rechte Kniekehle, damit Sie das Bein nicht ausstrecken können, wenn die Hamstrings noch nicht vorgedehnt wurden.

Die Dehnung: Mit der linken Hand fassen Sie den rechten Fuß auf der Innenseite des Fußgewölbes. Ziehen Sie den Fuß leicht auf sich zu (84a). Halten Sie diese Position 30–60 Sekunden. Vergewissern Sie sich, daß die Ferse am Boden bleibt und die

Zehen entspannt sind. Sie dürfen nicht an den Zehen ziehen; ziehen Sie den gesamten Fuß auf sich zu. Wiederholen Sie die Dehnung mit dem linken Bein, indem Sie die linke Kniekehle mit dem linken Arm abstützen und mit der rechten Hand den linken Fuß auf sich zuziehen. Halten Sie diese Position 30–60 Sekunden.

84a

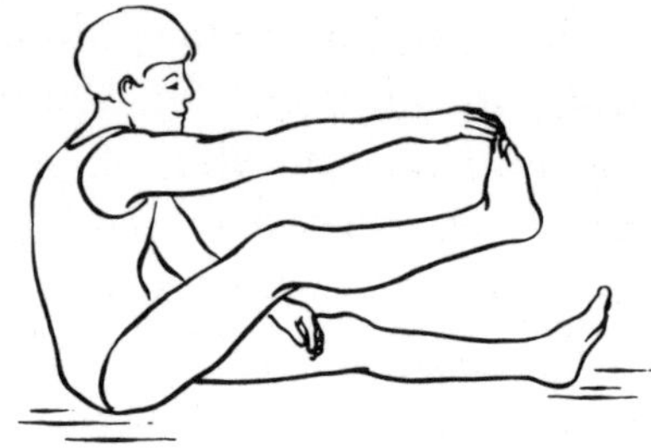

84b

Wenn Sie einen lockeren Bandapparat haben, kann es sein, daß Sie diese Dehnung nicht spüren, außer wenn Sie das Bein etwa 20 Zentimeter vom Boden abheben (84b). In diesem Fall ziehen Sie den Fuß etwas auf sich zu und versuchen gleichzeitig, das Bein etwas zu strecken, aber nicht so weit, daß das Kniegelenk blockiert wird. Spannen Sie dabei die Bauchmuskeln an, und achten Sie darauf, daß Sie die Dehnung wirklich nur in der Wadenmuskulatur spüren.

85 Wadendehnung im Stehen

Ausgangsposition: Stellen Sie sich in Schrittstellung, mit dem linken gebeugten Bein vorne. Beugen Sie den Oberkörper aus der Hüfte heraus etwas nach vorne, so daß er mit dem rechten hinteren Bein eine Linie bildet. Das Gewicht lastet auf dem linken Bein, der linke Fuß steht flach am Boden auf. Drehen Sie den rechten Fuß so, daß die Zehenspitzen direkt nach vorne – nicht nach außen oder nach innen – zeigen. Drücken Sie die Ferse fest auf den Boden.

Die Dehnung: Schon das Stehen in dieser Position und der Versuch, die Ferse auf den Boden zu drücken (85), sind eine gute Dehnung, die Sie in der rechten Wadenmuskulatur spüren. Halten Sie diese Position 30–60 Sekunden.

Entspannen Sie das rechte Knie, wobei die Ferse etwas vom Boden abhebt. Sie spüren die Dehnung etwas höher oder tiefer in der Wadenmuskulatur. Halten Sie diese Position 30–60 Sekunden. Um die Dehnung zu verstärken, vergrößern Sie die Schrittstellung. (*Achtung:* In der Kniekehle dürfen Sie dabei nichts fühlen. Sollten Sie doch ein starkes Ziehen spüren, müssen Sie zuerst die »erleichterte Wadendehnung« [Übung 88] machen. Wenn Sie keine Dehnung verspüren, schieben Sie das Becken etwas nach vorne.) Wiederholen Sie die Dehnung mit dem anderen Bein, indem Sie das linke Bein nach hinten wegstrecken und das rechte Bein vorne gebeugt aufstellen. Halten Sie diese Position 30–60 Sekunden. Dehnen Sie die Seite, die verspannter ist, etwas länger.

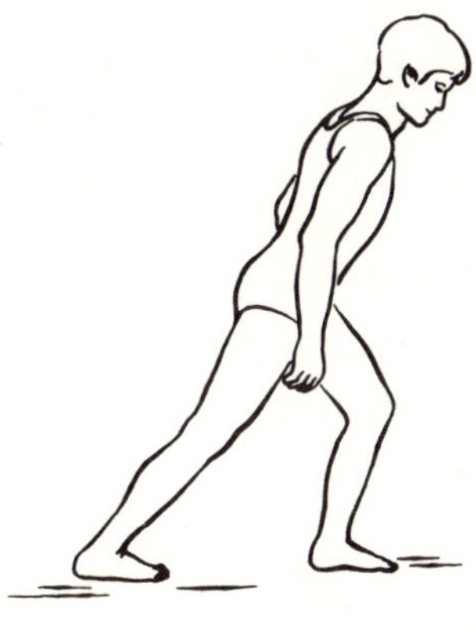

85

Sobald Sie das Gefühl für die Dehnung der Wadenmuskulatur bekommen, können Sie Übung 86 in Angriff nehmen.

86 Wadendehnung an der Wand

Ausgangsposition: Stellen Sie sich in Schrittstellung vor die Wand, das rechte Bein nach hinten ausgestreckt. Die rechte Fußspitze zeigt nach vorne auf die Wand, die Ferse bleibt am Boden. Lehnen Sie sich gegen die Wand, und spüren Sie die

Dehnung in der Wade des rechten Beines. Wenn Sie diese Dehnung noch nicht spüren, stellen Sie sich etwas weiter von der Wand entfernt hin.

Die Dehnung: Schon das Stehen in dieser Position und das Halten der Ferse am Boden sind eine gute Dehnung. Halten Sie diese Position 30–60 Sekunden. Oberkörper und nach hinten ausgestrecktes Bein bilden wie bei der vorigen Übung eine diagonale Linie. Ziehen Sie die Bauchmuskeln ein, und achten Sie darauf, daß Sie nicht ins Hohlkreuz fallen.

Nun entspannen Sie das Knie und spüren die Dehnung höher oder tiefer in der Wadenmuskulatur. Halten Sie diese Position 30–60 Sekunden.

Wiederholen Sie die Dehnung mit dem anderen Bein. Sie sollten nicht beide Beine gleichzeitig dehnen, weil meist ein Bein besser gedehnt ist als das andere. Indem Sie die Übung mit jedem Bein einzeln machen, können Sie sich besser auf die Verspannung in der Wadenmuskulatur konzentrieren.

87 A-geformte Wadendehnung

Für diese starke Dehnung empfiehlt es sich, zuerst die Wadendehnung im Sitzen und im Stehen als Vorbereitung zu machen.

Ausgangsposition: Gehen Sie in Schrittstellung, das rechte Bein hinten, und legen Sie die Hände bei gebeugten Knien vor sich auf den Boden auf. Die rechte Fußspitze muß nach vorne zeigen. Den Fußrücken des linken Fußes haken Sie nun am rechten Fußgelenk ein (87a). Sollte die Dehnung in dieser Position zu stark sein, dann stellen Sie den linken Fuß wieder vor dem rechten auf dem Fußballen auf, um damit Gewicht abzufangen (87b).

Die Dehnung: Schon das Stehen in dieser Position ist eine sehr starke Dehnung für das belastete rechte Bein. Das Gewicht des Oberkörpers, das nach unten zieht, verursacht das starke Ziehen in der Wadenmuskulatur. Entspannen Sie das Knie. Die

Ferse darf leicht vom Boden abheben, denn es ist sehr schwierig, die Ferse am Boden zu halten. Um die Dehnung zu verstärken, »wandern« Sie mit den Händen weiter nach vorne, um sie zu verringern, näher an den Fuß heran, bis Sie bequem in der Dehnposition bleiben können. Drücken Sie die Ferse herunter, und halten Sie die Position 30 Sekunden. Wiederholen Sie diese Dehnung mit dem anderen Bein, und halten Sie die Dehnung länger auf der verspannten Seite.

87a

87b

88 Erleichterte Wadendehnung

Bei extrem verspannten Wadenmuskeln oder einem lockeren Bandapparat kann es sein, daß Sie die vorigen Wadendehnungen nicht in der Wade gespürt haben. In diesem Fall sollten Sie die nun folgende Übung machen. Vorher sollten Sie aber für Beweglichkeit im Fußgelenk sorgen und »Fußgelenkkreuzen« (Übung 91) machen.

Ausgangsposition: Legen Sie ein dickes Buch mit dem Buchrücken vor die Wand. Stellen Sie den rechten Fußballen auf das Buch, die Ferse auf den Boden, und gleichen Sie die offenen Buchseiten keilförmig dem Fußwinkel an. Durch diesen Keil werden die Wadenmuskeln nicht nur durch Zug von oben, sondern auch durch Zug von unten gedehnt.

Die Dehnung: (1) Fangen Sie Ihr Körpergewicht mit den Armen an der Wand ab (88a). Sie spüren diese Dehnung sehr stark im rechten Wadenmuskel. Wenn das nicht der Fall sein sollte, kippen Sie das Becken nach vorne, so daß Sie nicht aus der Taille, sondern aus der Hüfte abgebeugt sind. Oberkörper und hinteres Bein bilden wie bei den vorigen Übungen eine diagonale Linie. Wenn Sie die Dehnung immer noch nicht spüren, rücken Sie das Buch ein wenig weiter von der Wand weg. Sollte die Dehnung zu stark sein, dann experimentieren Sie mit der Höhe des Buches, indem Sie das Buch öffnen. Bleiben Sie in dieser Dehnposition so lange, wie Sie es bequem aushalten. **(2)** Beugen Sie das rechte Knie ein wenig, wodurch Sie die Dehnung höher oder tiefer in der Wadenmuskulatur spüren, und bleiben Sie wieder in dieser Dehnposition (88b).

88a

88b

Wiederholen Sie die Dehnung mit dem linken Fuß auf dem Buch. Jeden Tag werden Sie etwas länger in dieser Dehnposition aushalten. Ihr Ziel sind ca. 5 Minuten am Tag. (*Achtung:* Benützen Sie nicht eine Stufe, um die Ferse zur Dehnung abzusenken; die Ferse hat dabei keinen Halt. Es ist wichtig, daß die den Wechsel von Fußwölbung den Keil zum Abstützen hat. Vor allem machen Sie nie den Fehler, der leider noch häufig vorkommt, daß Sie den Wechsel von Fersenheben und -senken auf einer Stufe machen. Dabei wird die Wadenmuskulatur extrem stark zusammengezogen, so daß die Dehnung Verletzungen im Muskel oder in der Sehne hervorrufen kann.)

Wenn Sie diese Übung beendet haben, nehmen Sie noch einmal Übungen 85 und 87 in Angriff. Diese Dehnungen werden Ihnen jetzt schon ein wenig leichter fallen.

89 Einbeiniges Fersenheben

Bei dieser Übung werden die Wadenmuskeln gekräftigt. Sie ist insbesondere bei Muskelschwund, der durch ein Gipsbein entstehen kann, hilfreich oder wenn ein Bein kräftiger ist als das andere.

Ausgangsposition: Stellen Sie sich an die Wand, um sich gegebenenfalls abstützen zu können. Die Füße zeigen nach vorne. Heben Sie das rechte Bein nach hinten hoch. Das linke Bein wird gekräftigt.

89

Die Kräftigung: Machen Sie jeden Schritt über 2 Zähleinheiten. **(1)** Beugen Sie das linke Bein. **(2)** Strecken Sie das Bein, ohne es im Kniegelenk zu blockieren, und gehen Sie in den Ballenstand (89). **(3)** Beugen Sie das Knie, und drücken Sie die Ferse wieder zum Boden. Machen Sie diese Übung noch mehrmals, bis Sie sie dreißigmal hintereinander schaffen. Achten Sie darauf, daß das Knie über die Fußspitze nach vorne zeigt und nicht nach innen oder außen kippt. Neben der Wade wird auch der Quadrizeps im vorderen Oberschenkel gekräftigt. Wiederholen Sie die Übung mit dem anderen Bein. Dehnen Sie Waden- und Oberschenkelmuskulatur vor und nach dieser Übung.

90 Zeitlupenspringen

Sprünge sind besonders gut, um die Wadenmuskulatur zu kräftigen.

Ausgangsposition: Stellen Sie sich frei in den Raum, die Füße hüftknochenbreit auseinander; die Zehenspitzen zeigen nach vorne. Richten Sie den Kopf aus, ziehen Sie die Bauchmuskeln ein, und atmen Sie ruhig durch.

90a 90b 90c

Die Kräftigung: (1) Beugen Sie die Beine (90a). **(2)** Versuchen Sie sehr langsam zu springen (90b). Sie springen gleichzeitig mit beiden Füßen, wobei Sie die Bewegung, die Sie in Übung 89 geübt haben, hier mit beiden Füßen gleichzeitig wiederholen. Drücken Sie sich über die Fußballen, so langsam es geht, ab, und bleiben Sie, solange es geht, in der Luft. Vergewissern Sie sich, daß Sie beim Landen jedesmal die Fersen wieder zum Boden absenken und die Knie beugen (90c). Bei schnellerem Tempo hat die Übung nicht den gleichen Kräftigungseffekt, weil die anderen Beinmuskeln Hilfestellung leisten. (*Achtung:* Vergewissern Sie sich, daß Sie die Knie jedesmal beugen und über die Fußspitzen nach vorne schieben. Achten Sie darauf, daß Sie die Zehen in den Boden drücken. Mehr darüber in Kapitel 14.)

Beachten Sie: Die Knie dürfen nie blockiert werden; vgl. »Haltungsschulung« (Übung 98), die Abschnitte über empfindliche Knie, empfindlichen Rücken und empfindliche Leisten in Kapitel 16. Lassen Sie die Beine einmal vermessen. Wenn ein Bein kürzer ist, sollten Sie einen Fersenkeil in den Schuh legen (vgl. Kapitel 16).

Kapitel 14

Ihre Füße

Anatomie

Die Füße sind relativ klein im Vergleich zum restlichen Körper, und dennoch halten sie das gesamte Körpergewicht. Sie sind die »Basis« und machen es möglich, daß man sich in jede beliebige Richtung bewegen kann. Mit den Füßen kann man sich vom Boden wegdrücken und beim Landen das gesamte Körpergewicht wieder abfangen. Die Füße sind so strukturiert, daß sie dem Körper eine stabile und gleichzeitig mobile »Basis« bieten.

Jeder Fuß hat 26 Knochen, einen weniger, als die Hand hat. Das Fußgelenk besteht aus sieben Knochen. Der Mittelfuß, der Teil über dem Fußgewölbe, hat fünf Knochen. Die Zehen bestehen aus jeweils drei Knochen (der große Zeh hat nur zwei). All diese Knochen sind fest durch viele kleine Bänder verbunden, die dem Fuß Stabilität verleihen. Der Schienbeinknochen sitzt direkt über dem Sprungbein, das wiederum auf dem Fersenbein sitzt. Das Fersenbein ist der unterste Knochen, an den die Achillessehne ansetzt. Die Höcker auf der Seite der Fußgelenke werden von den Seiten der Schienbeinknochen innen und der Wadenbeinknochen außen gebildet. Die anderen vier Fußgelenkknochen sind kleiner und liegen vor den beiden großen Fußgelenkknochen (XIV–A).

Die Füße haben in den Fußgelenken einen ähnlich großen Bewegungsspielraum wie die Hände in den Handgelenken. Man kann die Zehen zu sich hinziehen oder von sich wegstrekken, so daß der Fußrücken fast zur Verlängerung des Schienbeinknochens wird. Man kann die Füße zur Seite drehen oder im Kreis bewegen. Die Zehen kann man einkrallen oder nach oben strecken, abspreizen und schließen, und mit viel Konzentration kann man es fertigbringen, jeden einzelnen Zeh zu kreisen (XIV–B und XIV–C).

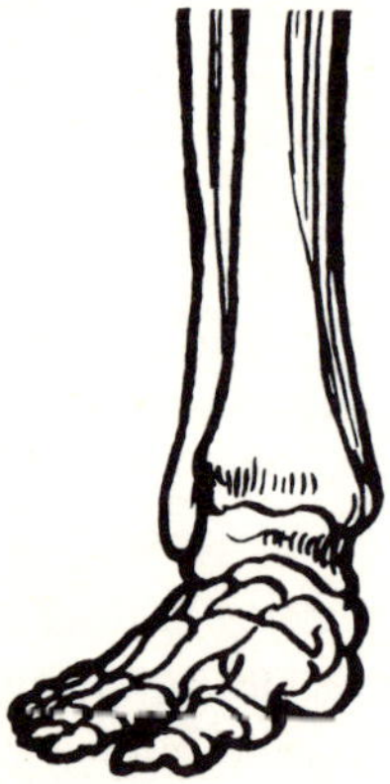

Abb. XIV–A
Fußgelenkknochen

Abb. XIV–B
Fußrückenmuskulatur

Abb. XIV–C
Fußsohlenmuskulatur

Jeder Fuß hat ein Quer- und ein Längsgewölbe. Das Längsgewölbe verläuft auf der Fußinnenseite vom Ballen bis zur Ferse, das Quergewölbe von Seite zu Seite unter dem Fußballen. Diese beiden Gewölbe federn die Füße ab, und obwohl sie in erster Linie durch Bänder gehalten werden, kann man durch Kräftigung der Fußmuskeln das Absacken der Gewölbe verhindern. Das Absacken des Längsgewölbes ist ein weitverbreiteter Fußschaden, Senkfuß genannt. Die »Fußraupe« (Übung 95) ist eine besonders gute Übung gegen den Senkfuß.

Wenn die vielen kleinen Knochen im Fuß fehlbelastet werden, verschieben sie sich unter Ihrem Körpergewicht. Dadurch werden die Bänder, die die Fußknochen zusammenhalten, längerfristig überdehnt. Die Füße verlieren die Fähigkeit abzufedern. Wenn die Füße richtig nach vorne abgerollt und die

Zehen dabei belastet werden, vermeidet man Fußprobleme. Mehr darüber in Kapitel 15. In diesem Kapitel lernen Sie den richtigen Fußeinsatz, damit die Füße weiterhin Ihr Körpergewicht abfangen können.

Ähnlich wie bei den Übungen für das Handgelenk werden auch bei diesen Übungen für das Fußgelenk die Muskeln der einen Seite gedehnt, während die der anderen Seite gekräftigt werden. Die Übungen für die Zehen verleihen auch dem Fußgelenk Stabilität.

Kapitel 16 beschreibt, was man gegen Senkfuß, empfindliche Zehen oder empfindliche Füße tun kann.

Übungen

91 Fußgelenkkreuzen

Diese Übung hat für das Fußgelenk einen viel stärkeren Dehnungseffekt als die Wadendehnung. Machen Sie die Übung vor den Beinübungen.

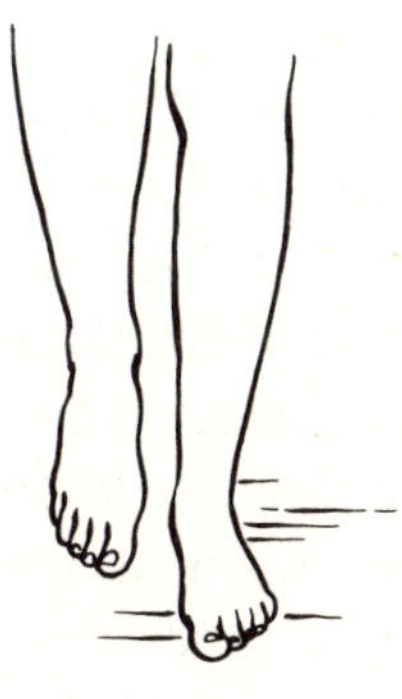

91a

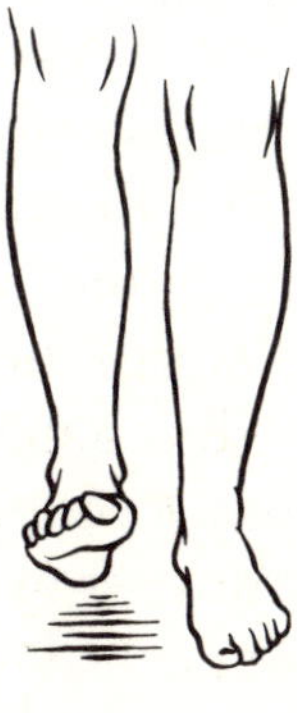

91b

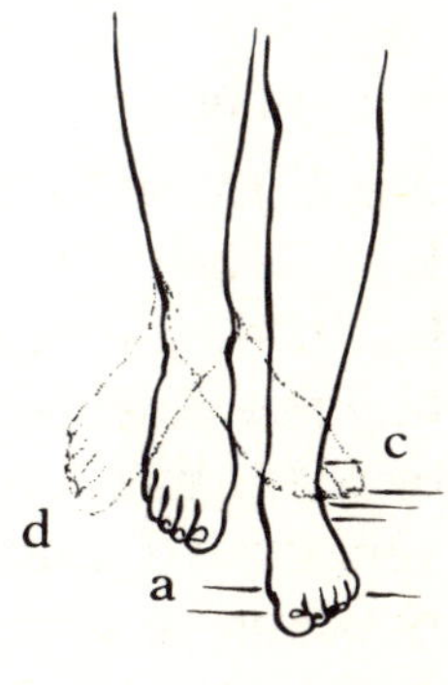

91a

Ausgangsposition: Sie können diese Übung im Stehen oder im Sitzen machen. Es ist wichtig, daß der Unterschenkel dabei eine Linie mit den gestreckten Zehen bildet (91a).

Im Stehen halten Sie sich, wenn nötig, fest, beugen das rechte Knie und heben den Fuß vom Boden ab. Im Sitzen heben Sie den Oberschenkel etwas vom Stuhl ab, damit Sie den Fuß ausstrecken können. Das Schwierige an dieser Übung ist, die Zehen entspannt zu lassen. Versuchen Sie nicht, sie nach oben oder unten zu strecken, sondern sie zusammenzudrücken.

Die Übung: Machen Sie jeden Schritt über 4 Zähleinheiten. **(1)** Ziehen Sie den Fußballen des rechten Fußes nach oben auf sich zu (91b, Flexion). Achten Sie darauf, daß Sie den Fußballen, nicht die Zehen hochziehen. **(2)** Strecken Sie den Fußballen wieder zum Boden (91a), und stellen Sie sich dabei vor, daß Sie etwas mit dem Fußballen nach unten drücken. **(3)** Schieben Sie den Fuß langsam nach innen, ähnlich dem Pendel einer Uhr (91c). Achten Sie aber darauf, daß der Fuß wirklich gestreckt ist. Die Seitwärtsbewegung ist minimal. **(4)** Gehen Sie zurück in die Ausgangsposition (91a). **(5)** Bewegen Sie den Fuß auf die gleiche Weise nach außen (91d). **(6)** Gehen Sie zurück in die Ausgangsposition (91a). Wiederholen Sie diese Übungsfolge nach oben, unten und seitwärts noch einmal. **(7)** Machen Sie mit dem Fuß einen Kreis auswärts. Lassen Sie die Zehen dabei entspannt. **(8)** Machen Sie mit dem Fuß einen Kreis einwärts. Wiederholen Sie die Übungsfolge mit dem linken Fuß.

92 Sandkratzen

Diese Übung kräftigt die Muskeln des Fußrückens und des Fußgelenks. Wenn Sie die Übung gemacht haben, werden Sie merken, daß Sie den Fuß im Fußgelenk stärker beugen können. Diese Übung ist ein weiteres Beispiel dafür, daß gekräftigte Muskeln leichter gedehnt werden können.

Ausgangsposition: Sie können diese Übung im Sitzen oder im Stehen machen. Stellen Sie sich auf das linke Bein, und lassen Sie es im Kniegelenk leicht gebeugt. Legen Sie die Außenseite des rechten Fußes von der Ferse bis zum kleinen Zeh am Boden auf, so daß der große Zeh nach oben zeigt (92a).

Strecken Sie den Fuß leicht diagonal nach außen zur Seite. Auf dem rechten Fuß darf kein Gewicht lasten.

Die Übung: Machen Sie jeden Schritt über 4 Zähleinheiten. **(1)** Stellen Sie sich vor, daß Sie an einem Sandstrand sind und mit der Kleinzehenseite des rechten Fußes Sand nach innen schieben. Der Fuß dreht sich dabei langsam um die Ferse, so daß der Fußballen dabei nach innen geschoben wird (92a, b).

92

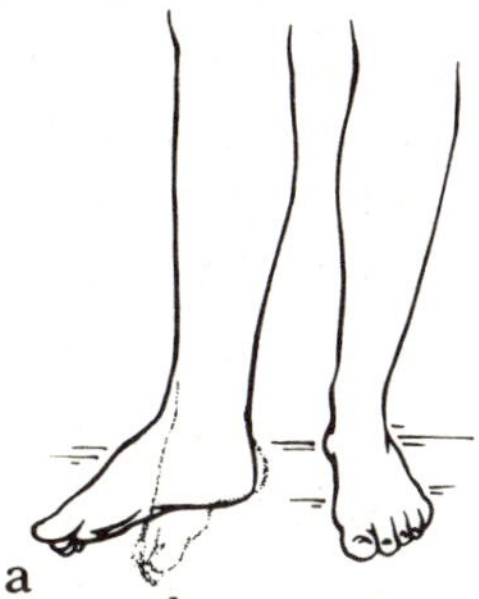

a b

92

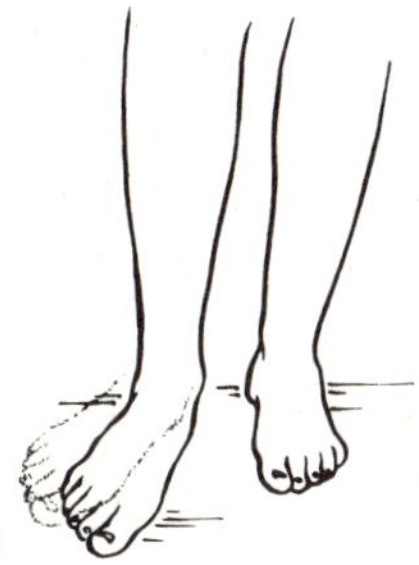

c d

Strecken Sie die Zehen dabei aus. **(2)** Drehen Sie den Fuß, so daß die Großzehenseite des Fußes am Boden aufliegt. Lassen Sie die Ferse dabei am Boden. Schieben Sie den Sand jetzt mit der Innenseite des Fußes nach außen (92c, d). **(3)** Drehen Sie den Fuß wieder auf die andere Seite, und verfahren Sie wie bei Schritt (1). **(4)** Wiederholen Sie Schritt (2). Dann wiederholen Sie die gesamte Übung noch einige Male. Vergewissern Sie sich, daß die Zehen während der ganzen Übung gestreckt sind. Wiederholen Sie die Übung mit dem anderen Fuß.

93 Zehenraupe

Die Zehenraupe verbessert die Koordination, während die Muskeln gleichzeitig gedehnt und gekräftigt werden.

Ausgangsposition: Setzen Sie sich auf den Boden oder auf den Stuhl, und strecken Sie die Beine aus. Lassen Sie die Knie gebeugt. Gegebenenfalls legen Sie ein kleines Kissen unter die Kniekehle. Die Fersen liegen bequem am Boden (93a). Setzen

Sie sich aufrecht hin, oder lehnen Sie sich auf die Arme, die Sie leicht gebeugt hinter sich aufstellen können. Spannen Sie die Bauchmuskeln an, richten Sie den Kopf gerade aus, das Kinn ist eingezogen. Sie arbeiten mit beiden Füßen gleichzeitig.

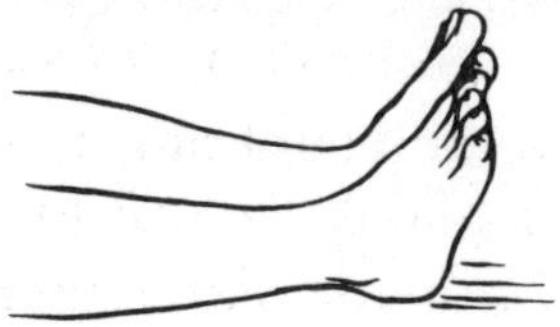

93a

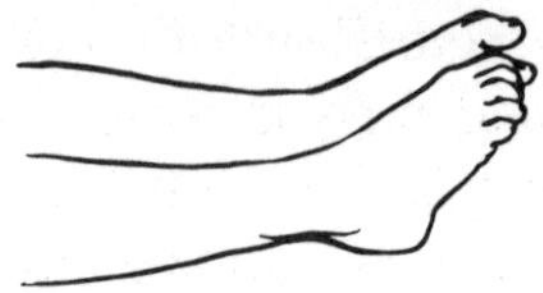

93b

93c

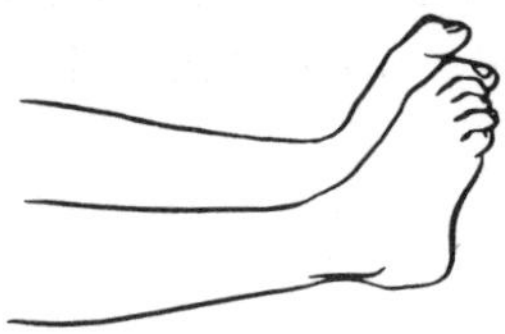

93d

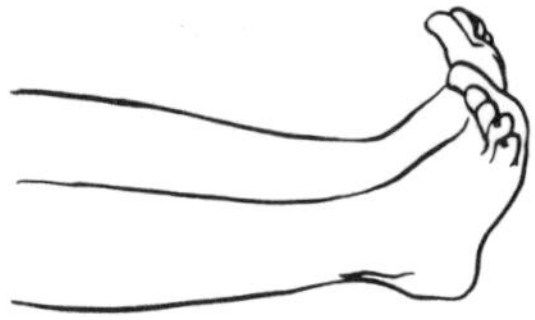

93e

93f

93g

93h

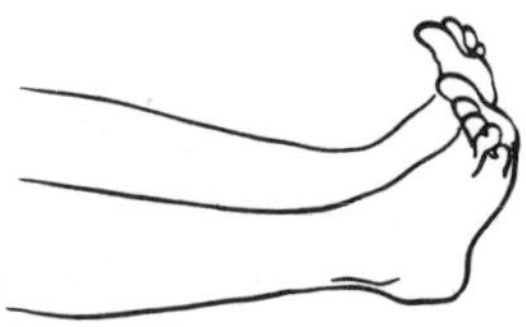

93i

93j

Die Übung: Machen Sie jeden Schritt über 4 langsame Zähleinheiten. **(1)** Krallen Sie die Zehen nach unten, langsam und mit Gefühl, damit Sie keinen Krampf im Fuß bekommen (93b). **(2)** Strecken Sie die Füße im Fußgelenk, wobei Sie die Zehen noch verkrallt lassen (93c). **(3)** Ziehen Sie die Füße auf sich zu, während die Zehen gekrallt sind. Hierbei bewegen Sie den Fußrücken näher an den Unterschenkel (93d). **(4)** Spreizen Sie die Zehen, und ziehen Sie sie auf sich zu. Schieben Sie gleichzeitig den Fußballen nach vorne (93e, f). **(5)** Strecken Sie den Fuß weiter im Fußgelenk nach vorne, aber lassen Sie die Zehen noch angezogen (93g). **(6)** In der extremsten Stellung angekommen, krallen Sie die Zehen wieder ein (93h) und wiederholen die Schritte (3)–(6) noch vier- bis sechsmal.

Als nächstes machen Sie die Übung genau umgekehrt, indem Sie die Zehen strecken, wenn sie bisher eingekrallt waren, und einkrallen, wenn sie bisher gestreckt waren. **(1)** Die Füße sind im Fußgelenk ausgestreckt, und die Zehen sind angezogen (93g). **(2)** Beugen Sie den Fuß im Fußgelenk, lassen Sie dabei die Zehen immer noch angezogen. Sie ziehen dabei den Fußrücken auf sich zu (93i). **(3)** Krallen Sie die Zehen ein (93j). **(4)** Strecken Sie die Füße bei eingekrallten Zehen nach vorne (93h). Wiederholen Sie die Schritte (1)–(4) noch vier- bis sechsmal.

94 Zehenspreizen

Hierbei werden die Zehenmuskeln gekräftigt. Außerdem lernen Sie dabei, die Zehen zu isolieren, und geben ihnen damit etwas von ihrer ursprünglichen Geschicklichkeit und Flexibilität zurück. Diese Übung schafft außerdem Abhilfe bei unbeweglichen Zehen.

Ausgangsposition: Setzen Sie sich hin, so daß Sie die Füße entspannt aufstellen können. Wenn Sie die Beine ausstrecken, legen Sie ein Kissen unter die Kniekehlen. Richten Sie den Oberkörper aus.

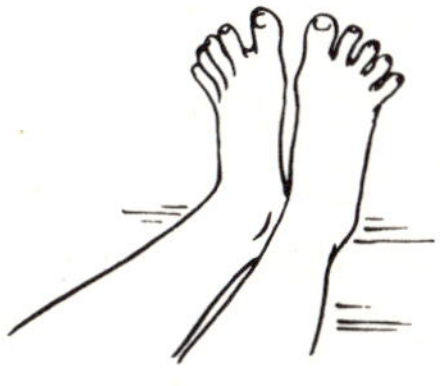

94

Die Übung: Machen Sie jeden Schritt über 4 Zähleinheiten. **(1)** Strecken Sie die Zehen, und spreizen Sie sie gleichzeitig, so weit Sie können, auseinander (94a). **(2)** Halten Sie sie gespreizt. **(3)** Schließen Sie die immer noch gestreckten Zehen wieder, und wiederholen Sie dieses Spreizen und Schließen noch sechs- bis zehnmal. Dies ist am Anfang eine mühsame Aufgabe, weil man verlernt hat, die Zehen so zu bewegen. Mit Geduld kann man es schaffen. Um die Übung zu erschweren, strecken Sie die Füße extrem nach vorne und spreizen die Zehen des gestreckten Fußes.

95 Fußraupe

Dies ist eine der wichtigsten Fußübungen überhaupt. Sie kräftigt die Zehen und die Muskeln des Fußgewölbes. Sie gibt den Zehen die Kraft, die man braucht, um sie beim Stehen, Laufen oder Gehen herunterzudrücken. Um beim Gehen, Stehen und Laufen das Körpergewicht besser balancieren zu können und mehr Fußeinsatz, Kontrolle und Stabilität zu gewinnen, können Sie diese Übung, sooft Sie dran denken, machen.

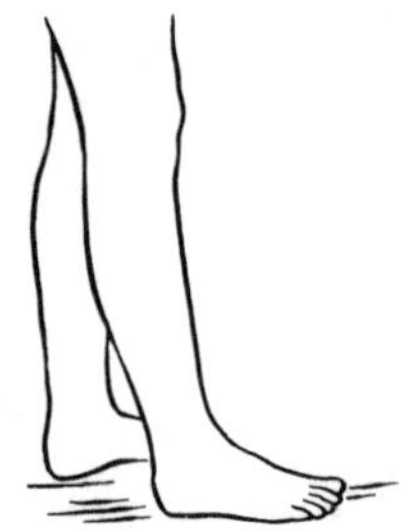
95a

95b

95c

Ausgangsposition: Man kann diese Übung im Sitzen oder im Stehen machen. Sie arbeiten jeweils mit einem Fuß. Im Stehen müssen Sie darauf achten, daß das Standbein leicht gebeugt ist. Strecken Sie die Zehen nach vorne aus, und richten Sie den Körper aus wie bei sämtlichen vorigen Übungen. Im Sitzen beugen Sie die Knie, so daß der Unterschenkel einen rechten Winkel mit dem Boden bildet. Sie machen diese Übung barfuß (95a).

Die Kräftigung: Machen Sie jeden Schritt dieser Übung über 4 Zähleinheiten. **(1)** Drücken Sie die Zehen des rechten Fußes fest gegen den Boden, und versuchen Sie, den Fußballen vom

Boden abzuheben und dadurch die Fersen näher in Richtung Fußballen zu bringen (95b). (*Achtung:* Pressen Sie die Zehen in den Boden, so, als ob Sie einen Fußabdruck im Sand hinterlassen wollten, aber ohne die Zehen einzukrallen.) **(2)** Strecken Sie die Zehen nach vorne aus (nicht nach oben), und stellen Sie die Zehen und den Fußballen wieder am Boden auf. Wiederholen Sie diese raupenartige Bewegung noch fünfmal. **(3)** Um den Fuß wieder neben den anderen zurückzustellen, machen Sie diese Übung rückwärts, indem Sie die Zehen in den Boden drücken, Ballen und Fersen nacheinander vom Boden abheben und nach hinten ausstrecken. Danach senken Sie die Ferse ab und bringen die Zehen wieder näher in Richtung Ferse (95c). Wenn Sie diese Übung richtig machen, spüren Sie, wie sich die Muskeln im Fußballen zusammenziehen. (*Achtung:* In der hochgezogenen Stellung ist der Fuß extrem gewölbt. Sie dürfen die Zehen nicht einkrallen und den flachen Fuß nicht nach hinten absetzen.)

Machen Sie die »Fußraupe« mit links, anschließend noch einmal rechts und links.

96 Fersenheben

Sie kennen diese Übung schon als »einbeiniges Fersenheben« (Übung 89) zur Kräftigung der Wadenmuskulatur. An dieser Stelle erfahren Sie mehr darüber, wie Sie die Zehen dabei einsetzen.

Ausgangsposition: Die Ausgangsposition ist die gleiche wie bei Übung 89. Üben Sie entweder mit einem oder mit beiden Füßen, und halten Sie sich fest. Vergewissern Sie sich, daß die Knie nicht blockiert sind.

Die Übung: Machen Sie jeden Schritt über 2 Zähleinheiten. **(1)** Beugen Sie die Knie, indem Sie die Knie nach vorne über die Fußspitzen schieben. **(2)** Gehen Sie in den Ballenstand, und strecken Sie die Knie aus (aber nicht blockieren). **(3)** Beugen Sie die Knie, und senken Sie die Fersen zum Boden. Während

Sie die Fersen heben, drücken Sie die Zehen bewußt nach unten. Heben Sie die Fersen nur so weit, daß Sie immer noch Ihr Körpergewicht auf dem gesamten Fußballen spüren (96).

96

(*Achtung:* Wenn die Fersen zu hoch abgehoben werden, können die Zehen nicht mehr effektiv auf den Boden gedrückt werden. Dabei rutscht man auf die vordere Kante des Fußballens ab. Hierdurch wird das Quergewölbe des Fußes geschwächt und nicht gekräftigt.) Drücken Sie die Zehen weiterhin nach unten, während Sie die Knie beugen und die Fersen auf den Boden senken. Wenn Sie die Zehen dabei richtig einsetzen, haben Sie eine gute Gleichgewichtskontrolle, die sich dann beim Gehen, Laufen und anderen sportspezifischen Fortbewegungsarten, wie z.B. Schlittschuhlaufen, bezahlt macht. Mit anderen Worten: jedesmal, wenn Sie die Zehen herunterdrücken, werden Sie gekräftigt, und auch Fuß- und Kniegelenk gewinnen dadurch an Kraft.

97 Schluckauf

Diese herausfordernde Übung kräftigt die Füße so, daß Sie beim Absprung und Landen sehr viel Muskelkontrolle bekommen. Wenn die Zehen beim Absprung und Landen allerdings passiv sind – jeder Laufschritt ist ein kleiner Sprung –, überdehnen Sie das Quergewölbe im Fuß und schwächen damit den gesamten Fuß. Bevor Sie diese Übung beginnen, beugen Sie den Oberkörper nach vorne, legen beide Hände auf den Boden und verteilen das Gewicht auf Hände und Zehenspitzen (97a). Dadurch bekommen Sie ein Gefühl für die Muskelkraft in Ihren Zehen.

Ausgangsposition: Die Ausgangsposition ist die gleiche wie bei der »Wadendehnung im Stehen« (Übung 85). Gehen Sie in Schrittstellung, das rechte Bein ist hinten. Beide Füße zeigen nach vorne. Beugen Sie das linke Bein, und lehnen Sie den Oberkörper leicht diagonal nach vorne, so daß das Körpergewicht vorne auf dem linken Bein lastet. Ziehen Sie die Bauchmuskeln ein, und richten Sie den Kopf gerade aus. Ziehen Sie das Kinn ein. Strecken Sie die Arme nach vorne aus, und heben Sie die linke Ferse an (97b).

97a

97b

Die Kräftigung: Drücken Sie sich mit den Zehen so vom Boden ab, als ob Sie versuchen, das linke Knie mit den Zehen nach oben zu drücken. Der »Schluckauf« wird mit dem linken Fuß gemacht, obwohl das linke Bein belastet ist. Durch die Bewegung im Fuß hebt und senkt sich das Knie leicht. Die Bewegung ist minimal und erinnert an den Schluckauf. Die meisten Leute schaffen es nicht einmal, den Fuß zwei Zentimeter vom Boden abzuheben. (*Achtung:* Sollten Sie dennoch in der Lage sein, den Fuß höher abzuheben, lastet das Körpergewicht auf dem rechten Bein hinten, und das linke Bein wird mit der vorderen Oberschenkelmuskulatur gehoben.) Wiederholen Sie diese Übung vier- bis achtmal. Bevor Sie die Übung dann mit dem rechten Bein vorne machen, dehnen Sie die linke Wadenmuskulatur, weil sie während der gesamten Übung zusammengezogen wird.

Möglicherweise müssen Sie ein paar Wochen daran arbeiten, bis Sie die »Fußraupe« und den »Schluckauf« machen können.

Kapitel 15

Der Körper als Ganzes

Dieses Buch handelt von Ihrem Körper, und eigentlich sollte dieses Kapitel am Anfang stehen, aber wenn es da stehen würde, würden Sie all das, was Sie bisher gelesen haben, noch nicht über Ihren Körper wissen.

Stellen Sie sich hin, und schließen Sie die Augen. Spüren Sie, wie die Füße von der Schwerkraft auf den Boden gezogen werden, und konzentrieren Sie sich darauf, welche Beziehung Ihr Körper zum Raum, der ihn umgibt, hat. Nehmen Sie sich ruhig einmal ein paar Minuten Zeit dazu. Die meisten Leute kennen ihren Körper nicht als Einheit, sondern sie sehen ihn als einen Teil ihrer Gedanken, ihres Images oder als eine Zusammensetzung von Körperteilen, die man mag oder nicht mag.

In diesem Buch haben Sie nacheinander die einzelnen Körperabschnitte kennengelernt und das Körperbewußtsein geschult. Die vorbereitenden und Ausgangspositionen jeder Übung haben Sie genau darüber informiert, was jeder einzelne Körperteil machen sollte. Je mehr Sie über einen Körperteil und seine Beziehung zu einem anderen lernen, desto mehr werden Sie in der Lage sein, den ganzen Körper als Einheit zu sehen. Je geschmeidiger und kräftiger die Muskeln jedes einzelnen Körperteiles sind, desto mehr können Sie diese Körperteile wahrnehmen, und desto besser werden Sie Ihren Körper verstehen und mit ihm umgehen. Das sollte Ihr Ziel sein.

Dieses Kapitel handelt vom Körper als Ganzes. Beim Atmen, bei der Haltungsschulung, beim Gleichgewicht, beim Gehen, Laufen und Springen erfahren Sie jeweils den Körper als eine Einheit.

Die Atmung

Die Hauptsache bei der Atmung ist, daß man weiteratmet und nicht aufhört. Ob dies nun Brustatmung, Bauchatmung, tiefe oder flache Atmung ist, das spielt hier keine Rolle – Hauptsache, man atmet. In der Tat gibt es viele widersprüchliche Informationen über dieses Thema. Wenn Sie mit den verschiedenen Atmungstechniken experimentieren, urteilen Sie am besten selber über die Effektivität, die Sie beim Atmen spüren. Es kann sein, daß Sie nicht sehr tief atmen, aber falsch atmen Sie sicher nicht.

Die Forschung hat gezeigt, daß sich die Lungen ausdehnen, wenn man sich körperlich betätigt, d. h., die Lungen gleichen sich automatisch der Körpertätigkeit an. Das einzige, worauf man achten sollte, ist, daß man gleichmäßig, frei und flüssig atmet, ohne den Atem anzuhalten. Das ist wichtig. Speziell bei Kräftigungsübungen sollte man den Atem nicht anhalten, obwohl man vielleicht dazu neigt, wenn die Übung anstrengend ist. Wenn Sie beispielsweise »Abrollen« (Übung 47) machen, kann es sein, daß Sie den Atem einige Sekunden anhalten, während Sie die Bauchmuskeln einziehen. Versuchen Sie jedoch weiterzuatmen. Zählen Sie laut, denn beim Sprechen haben Sie automatisch den richtigen Atemfluß, und Sie können die Bauchmuskeln trotzdem anspannen. Wenn Sie am Anfang nicht laut mitzählen können und den Atem anhalten müssen, so ist das nicht so schlimm. Beim Tauchen muß man den Atem oft viel länger anhalten. Doch in diesem Buch gibt es keine Übung, bei der Sie den Atem anhalten sollen. Erwischen Sie sich jedoch dabei, daß Sie dazu neigen, den Atem anzuhalten, bedeutet das, daß Sie zu intensiv arbeiten und sich ein wenig entspannen sollten.

Es ist schwierig, auf die Atmung zu achten. Die meisten Leute sind sich des Atmens überhaupt nicht bewußt, weil es automatisch erfolgt. Wenn man sich aufregt, wird die Atmung schneller, wenn man sich entspannt, wird sie langsamer. Die Atmung gleicht sich auch der Intensität der Stimme an. Wenn Sie Angst haben, fließt der Atem nicht mehr frei. Oft bemerkt man solche Veränderungen im Atemrhythmus gar nicht. Indem Sie ab und zu, während Sie Ihrer normalen Arbeit nachgehen, den Atem kontrollieren, werden Sie brauchbare Beobachtungen sammeln, die Sie als Richtlinien ansehen können. Dabei heißt die erste Regel: weiteratmen.

Tiefe Atmung kann den Körper entspannen und Streß abbauen. Barbara B. Brown sagt in ihrem Buch *Between Health and Illness*,[9] daß die Vollatmung Streß abbaut. Streß wiederum hat einen großen Einfluß auf das Immunsystem, so daß durch Streßabbau Krankheiten verhindert werden. Auch Herbert Benson und Miriam C. Klipper bekräftigen diese Behauptung in ihrem Buch *Relaxation Response*.[10] Beim Sporttreiben sollte man in erster Linie lernen, Dehnung und Kräftigung in den Muskeln wahrzunehmen und darauf zu achten, daß man in den Gelenken dabei keine Schmerzen spürt. Dann erst sollte man sich auf die Atmung konzentrieren und sich vergewissern, daß sie leicht und entspannt ist.

Wenn Sie tief durchatmen, während Sie die Muskeln dehnen, spüren Sie, daß die Muskeln sich viel leichter entspannen und besser dehnen lassen. Wenn Sie bewußt auf jede zweite Zähleinheit einer Kräftigungsübung ausatmen, werden Sie sich bei der Übung leichter tun. Die Forschung hat gezeigt, daß die Muskeln weniger leicht ermüden, wenn man einen konstanten Atemrhythmus hat. Die Atmung wirkt nicht nur dem Streß entgegen, sondern hilft dabei, bessere Resultate bei der sportlichen Betätigung zu erzielen.

[9] Boston: Houghton Mifflin, 1984
[10] New York: Avon, 1976

Übungen

98 Haltungsschulung

Der Körper ist eine Gesamtheit, doch in diesem Buch wurde der Körper nach anatomischen Gesichtspunkten aufgeteilt und kapitelweise separat behandelt. Um zu dieser Zerstückelung ein Gegengewicht zu schaffen, wurden Sie in den vorbereitenden und Ausgangspositionen darauf aufmerksam gemacht, wie Sie den restlichen Körper für die jeweilige Übung ausrichten sollten. Sie sollten dadurch das Zusammenspiel der einzelnen Körperteile wahrnehmen lernen und mit Ihrem Körper erfahren, daß kein Körperteil isoliert ist: Der Fuß ist mit dem Fußgelenk verbunden, das Fußgelenk mit dem Unterschenkel etc. Ob Sie Ihren Körper leicht und gut bewegen können, hängt davon ab, wie gut Sie Ihre Muskeln bewegen und darüber hinaus von der Stellung der einzelnen Körperteile und ihrer Abhängigkeit untereinander. Das nennt man Körperhaltung. Wenn die Körperhaltung falsch ist, wird eine Bewegung unwirksamer, und der Körper wird verletzungsanfälliger.

Die Definition der korrekten Körperhaltung ist einstimmig und einheitlich. Vereinfacht vorgestellt besteht der Körper aus drei größeren Abschnitten, die durch die Wirbelsäule zusammengehalten werden: Kopf, Brustkorb und Hüftgürtel. Die drei Abschnitte stehen auf zwei langen Stelzen, den Beinen, die durch ein Scharnier festgemacht sind. Die Stelzen balancieren auf zwei Sockeln, den Füßen. Wenn man diese Teile richtig aufeinanderstapelt und ausbalanciert, so daß sie nicht umfallen, dann hat man die richtige Haltung.

(1) Beginnen Sie mit dem Kopf. Er muß aufrecht sein, so daß die Ohren direkt über den Schultern sind. Um den Kopf in die richtige Position zu rücken, müssen Sie den Hals lang machen und dürfen nicht den Kopf heben, indem Sie das Kinn nach oben drehen. Versuchen Sie den Hinterkopf anzuheben. Stellen Sie sich dabei vor, daß der Kopf das oberste Element der Wirbelsäule ist, und heben Sie ihn an der Stelle an, wo die Wirbelsäule in den Schädel eintritt. Sie sollen ein Gespür dafür bekommen, daß der Kopf auf dem Hals balanciert wird. Dabei werden keine Muskeln aktiv eingesetzt, um ihn zu halten.

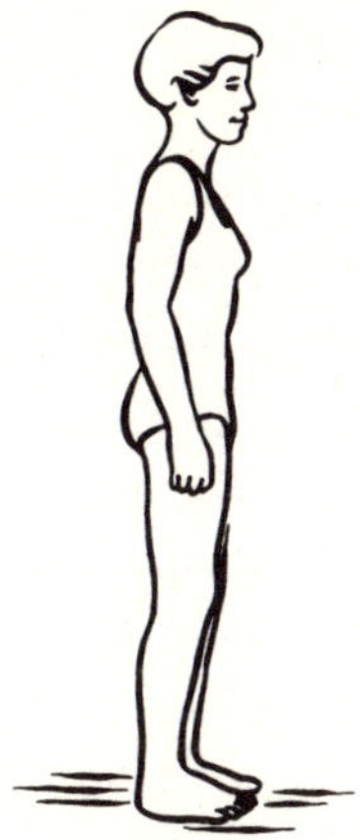

98

(2) Als nächstes richten Sie den Brustkorb aus. Der Brustkorb ist direkt über dem Hüftgürtel und ist weder nach vorne noch nach hinten gelehnt. Im Brustkorb sind die Lungen. Stellen Sie sich vor, daß Sie zwei aufgeblasene Luftballons im Brustkorb haben, die dafür verantwortlich sind, daß Sie aufrecht stehen. Dabei sollte der Oberkörper schwerelos auf den Hüften balancieren. Die Schultern sind seitlich oben auf dem Brustkorb. Sie müssen heruntergedrückt und zusammengezogen werden, so, als ob Sie sich überkreuzende Hosenträger an den Schulterblättern und seitlich in der Taille befestigen.

(3) Jetzt richten Sie den Hüftgürtel aus. Er hängt von der Wirbelsäule nach vorne und leicht nach unten, so daß der untere Rücken eine entspannte vertikale Linie bildet. Deshalb darf der Hüftgürtel nicht nach hinten gekippt werden, so daß die natürliche Kurve der Lendenwirbelsäule nach innen verstärkt wird. Genausowenig soll das Becken nach vorne gekippt werden, was den Rücken abflacht. Auch hierbei sollten Sie nicht das Gefühl haben, daß der Hüftgürtel durch Muskelkraft in der richtigen Position gehalten wird. Er pendelt sich sozusagen von ganz allein in die richtige Haltung ein, wenn der

Brustkorb richtig ausgerichtet ist und wenn die Knie nicht im Gelenk blockiert sind. Denn wenn Oberschenkel- und Unterschenkelknochen richtig übereinanderstehen, geht der Hüftgürtel von ganz allein in die richtige Position. Wenn hingegen die Knie blockiert werden, entsteht eine Überdehnung, wobei die beiden Knochen nicht mehr richtig aufeinanderstehen, was wiederum das Becken nach hinten kippen läßt. Um das Nachhintenkippen des Beckens auszugleichen, wird der Brustkorb automatisch nach hinten gezogen, und um das auszugleichen, schiebt man den Kopf nach vorne. Das Geheimnis einer guten Haltung ist also, die Knie ganz leicht in Bereitschaftsstellung gebeugt zu lassen, so daß sich alle anderen Körperteile fast von ganz alleine ausbalancieren und ausrichten.

(4) Zu guter Letzt richten Sie die Füße aus. Das Körpergewicht lastet hinter den Ballen. Wenn die Knie blockiert sind, liegt das Körpergewicht auf den Fersen, wohingegen der restliche Fuß fast überhaupt kein Gewicht trägt. Wenn die Knie entspannt sind, ist man in der Lage, den Oberkörper etwas nach vorne zu rücken, wodurch der Hüftgürtel und damit das Schwerpunktzentrum des Körpers etwas nach vorne geschoben werden. Dadurch wird es wiederum leichter, die Knie leicht gebeugt zu halten. Diese kleine Bewegung nach vorne ermöglicht, das Körpergewicht auf beide Fußsohlen gleichmäßig zu verteilen. Nur so können die Zehen ihre eigentliche Aufgabe erfüllen, nämlich dem Körper Stabilität in der aufrechten Haltung zu verleihen. Dazu müssen die Zehen fest auf den Boden gedrückt werden. Wenn man den großen Zeh auf den Boden drückt, werden sowohl Längsgewölbe als auch Fußgelenk etwas angehoben. Wenn die Knie hingegen im Gelenk blockiert sind, fallen die Fußgelenke in sich zusammen, und das überdehnt die Bänder, die die Fußgewölbe halten. Leicht gebeugte Knie machen es möglich, das Körpergewicht auszubalancieren und dahin zu bringen, wo es hingehört, sowie die Füße richtig einzusetzen.

Wenn Sie mit dem Körper in der richtigen Haltung stehen, werden kaum Kalorien verbraucht. Das liegt daran, daß die richtige Körperhaltung die Muskeln auf der Vorder- und Rückseite gleichmäßig belastet. Dabei arbeiten die Muskeln zusammen, um den Körper gegen den Zug der Schwerkraft aufrecht zu halten. Wenn die einzelnen Teile dabei richtig aufeinanderstehen, können die Muskeln ihre Arbeit am wirksamsten verrichten.

99 Gleichgewicht

Wenn man vom Gleichgewicht spricht, meint man meist das Stehen auf einem Bein, das manchmal einfach Glückssache ist. Es sollte aber nicht Glückssache sein. Hier sind Richtlinien, wie man Gleichgewicht hält. Beachten Sie dabei alle Regeln der Haltungsschulung (Übung 98). Die Muskeln, die den Körper ausbalancieren, arbeiten am wirksamsten, wenn die einzelnen Körperteile richtig aufeinanderstehen.

Richtlinien für das Ausbalancieren auf einem Bein: (1) Wenn Sie auf einem Bein stehen, müssen Sie das Gewicht auf den ganzen Fuß verteilen, d. h. alle fünf Zehen fest auf den Boden drücken, so, als ob Sie Ihren Fußabdruck im Sand hinterlassen wollten. **(2)** Beugen Sie das Knie ganz leicht, um das Kniegelenk nicht zu blockieren, damit das Körpergewicht auf dem ganzen Fuß verteilt ist. **(3)** Spannen Sie die Gesäßmuskeln des Standbeins, und kippen Sie das Becken leicht nach vorne. Man könnte die Bewegung auch wie folgt beschreiben: Machen Sie eine gerade Linie vom Oberschenkel bis zum Hüftknochen. **(4)** Richten Sie den Kopf gerade über den Schultern aus, ziehen Sie das Kinn dabei ein.

Wenn Sie diese Richtlinien befolgen, können Sie sich in jeder Position ausbalancieren, sogar auf Schlittschuhen. Die Richtlinien funktionierten auch dann, wenn der Körper nicht in der Vertikalen ist. Das einzige, das sich ändert, ist die Kopfhaltung.

Wenn Sie in den Ballenstand gehen, können Sie immer noch die Kontrolle über Ihr Gleichgewicht behalten, indem Sie die Zehen fest in den Boden drücken. (Lesen Sie noch einmal den Hinweis: *Achtung* für das »Fersenheben« [Übung 96]. Drücken Sie sich nicht zu hoch in den Ballenstand, weil Ihr Gewicht ansonsten zu weit nach vorne verlagert wird und nicht mehr auf der gesamten Fläche des Fußballens lastet, d. h., Sie können die Zehen nicht mehr herunterdrücken.)

100 Gehen

Gehen ist eine so selbstverständliche Bewegung, daß man annimmt, man kann dabei nichts falsch machen. Die Fuß- und Kniestellung werden durch ererbte Dispositionen, z. B. Bandapparat, bestimmt. Es ist nur eine Frage der Zeit, wann das kleine mechanische Problem des nach innen oder außen gedrehten Fußes oder des eingeknickten Knies zum großen Problem wird. Beim korrekten Gehen werden Fuß-, Knie- und Hüftgelenke sowie der Rücken vor Fehlbelastung geschützt. Wenn Sie jedoch so gehen, wie Sie es sich über Jahre angewöhnt haben, wird die Fehlbelastung immer größer; die Gelenke werden geschwächt und verletzt, und das Kreuz wird auf Dauer geschädigt. Hier sind einige Richtlinien für das korrekte Gehen, die Ihnen helfen sollen, den Körper bestmöglich in Bewegung zu setzen.

Richtlinien für das Gehen: (1) Richten Sie den Körper aus, wie in Übung 98 (»Haltungsschulung«) beschrieben. Achten Sie insbesondere darauf, daß Sie die Ohren über den Schultern halten und das Kinn einziehen. **(2)** Spielen Sie so mit dem Körpergewicht, daß Sie es einmal bewußt nach vorne auf den Fuß verlagern, der beim nächsten Schritt das Gewicht abfängt. **(3)** Vergewissern Sie sich, daß alle beweglichen Körperteile in die Richtung zeigen, in die Sie gehen, d. h., daß die entspannten Arme nach vorne schwingen, nicht vor dem Körper nach innen und außen. Auch Knie und Füße zeigen gerade nach vorne und nicht nach innen oder nach außen.**(4)** Beim Gehen braucht man viel Bewegungsfreiheit für das Schwingen der Gliedmaßen in den Hauptgelenken. Die Arme sollten im Schultergelenk frei vor- und zurückpendeln können. Die Beine brauchen viel Bewegungsspielraum nach vorne und nach hinten. Lassen Sie die Beine genauso weit nach hinten schwingen, wie sie nach vorne schwingen. Die »Brezel« (Übung 56) hilft Ihnen dabei, die Bewegungsfreiheit im Hüftgelenk zu schaffen. Das gebeugte Bein schwingt nach vorne und wird ausgestreckt, um beim Schritt das Gewicht abzufangen. Das Fußgelenk wird gestreckt, um das Knie nach vorne zu schieben, und gebeugt, sobald Gewicht auf den Fuß kommt. Bei jedem Schritt werden also Schulter-, Hüft-, Knie- und Fußgelenk eingesetzt.

Die ersten vier Richtlinien sind generelle Richtlinien, die nun folgenden sind speziell für jeden einzelnen Körperteil, der sich beim Gehen bewegt. **(5)** Konzentrieren Sie sich auf die Hüfte, die sich bei jedem Schritt mit nach vorne bewegt. Der Körperschwerpunkt wird damit bei jedem Schritt ebenfalls nach vorne bewegt. Wenn die Hüfte den Beinbewegungen folgt, wird sie sozusagen hinterhergezogen und mitgenommen, aber nicht dazu eingesetzt, die Gehbewegung auszuführen. **(6)** Beginnen Sie die Beinbewegung bei jedem Schritt mit dem Knie, nicht mit dem Fuß (100a). Sie sollten das Knie gerade nach vorne, nicht nach oben oder unten schieben. **(7)** Treten Sie mit der gesamten Fußfläche auf, indem Sie von der Ferse bis hin zu den Zehenspitzen abrollen. **(8)** Drücken Sie jedesmal alle Zehen fest auf den Boden, und drücken Sie sich mit den Zehen vom Boden ab. Dies ist die gleiche Bewegung wie bei der »Fußraupe« (Übung 95). Achten Sie darauf, daß Sie die Zehen nicht einkrallen oder vorne hochheben. **(9)** Verkürzen Sie Ihren normalen Schritt um ein paar Zentimeter. Kleine Schritte sind ökonomischer, weil man die Körperhaltung dabei leichter ausbalancieren kann.

Bei jedem Schritt, den Sie machen, befolgen Sie diese drei Phasen: Wegdrücken, Gewichtsverlagerung, Gewichtabfangen. Das Wegdrücken machen Sie mit dem Bein, das gerade hinten ist. Sie beginnen die Gehbewegung mit dem Knie bzw. damit, daß Sie das Fußgelenk strecken. Um das Fußgelenk strecken zu können, müssen Sie die Zehen fest in den Boden drücken und sich dann nach vorne vom Boden wegdrücken. Erst jetzt sind Sie in Bewegung. Die Gewichtsverlagerung findet in dem Augenblick statt, in dem Sie den Fuß, der hinten war, vor sich aufstellen (100b). In dieser kurzen Phase ist das Knie am meisten in Gefahr, nach innen oder nach außen zu knicken. Das kann Schmerzen verursachen. Es ist auch hierbei wieder nötig, insbesondere darauf zu achten, daß die Zehen richtig auf den Boden gedrückt werden.

Der letzte Teil des Gehschrittes, das Gewichtabfangen, erfolgt, wenn der Fuß, der hinten war, vor dem Körper aufgestellt wird. Stellen Sie den Fuß so auf, daß er gerade nach vorne zeigt (100c). Rollen Sie den Fuß von der Ferse bis hin zu den Zehen mit Gewichtsverlagerung ab. Achten Sie darauf, daß Sie nicht nur auf der Außenseite des Fußes abrollen; denn auf der Außenseite wird, bedingt durch die Konstruktion des Fußes, sowieso schon das meiste Gewicht abgefangen, weil die Fußinnenseite gewölbt ist.

100a

100b

100c

Auch den Knien sollte man beim Gehen besondere Beachtung schenken. Sie dürfen nie blockiert werden. Wenn Sie festgestellt haben, daß Sie im Stehen die Knie schnell blockieren, dann gilt dies auch fürs Gehen. Denken Sie dann daran, die Knie zu entspannen und die Bewegung mit dem Knie zu beginnen. Auf diese Weise können Sie die schädigende Gewohnheit ändern. Während der Gewichtsverlagerung wird das Knie meistens nicht im Gelenk blockiert, statt dessen bewegt es sich hierbei unkontrolliert hin und her. Übung 82 (»Knieschieben«) beugt dem vor. Vergewissern Sie sich, daß die Knie immer gerade nach vorne zeigen und daß die Zehen auf den Boden gedrückt werden. Während des Gewichtabfangens ist das Knie stärker gebeugt. Wenn Sie das gestreckte Bein schwungvoll nach vorne bewegen und die Ferse aufplatschen lassen, wird das Knie im Gelenk abgewetzt. Das Gehen mit gestreckten Beinen ist außerdem sehr unökonomisch.

Wenn Sie das korrekte Gehen üben wollen, dann nehmen Sie sich eine Richtlinie nach der anderen vor, z. B. daß Sie die Bewegung mit dem Knie beginnen. Dadurch peilen Sie auch die anderen Teilbewegungen an. Konzentrieren Sie sich darauf, wie dieses korrigierte Gehen sich von Ihrem Gewohnheitsgang unterscheidet. Sie müssen lernen, zwischen der Gewohnheitshaltung und der korrekten neuen Haltung zu unterscheiden. Als nächstes konzentrieren Sie sich darauf, die Zehen auf den Boden zu drücken. Sobald Sie eine Richtlinie gelernt haben, »speichern« Sie diese und beginnen dann erst mit der nächsten. Seien Sie geduldig, denn es dauert sehr lange, Gewohnheitsfehler zu korrigieren. Geben Sie aber nicht auf, es ist die Anstrengung wert, weil Sie hierbei Ihre körperlichen Fähigkeiten erhalten. Mehr darüber in Kapitel 16.

101 Laufen

Beim Laufen werden im großen und ganzen die gleichen Muskeln und das gleiche mechanische Muster wie beim Gehen benützt. Das bedeutet, alle Richtlinien für das korrekte Gehen treffen auch für das Laufen zu. Laufen ist eine Aneinanderreihung von kleinen Sprüngen von einem Fuß auf den anderen. Der Körper wird vom Boden abgedrückt und dann mit einem Fuß wieder abgefangen.

Das Abdrücken und Abfangen sollen hier etwas näher erklärt werden. Wenn Sie sich abdrücken, drücken Sie die Zehen auf den Boden wie bei den Fußübungen (96, 97), wodurch Sie den Waden- und Gesäßmuskeln beim Wegdrücken helfen. Beim Landen müssen Sie wieder zwei Richtlinien beachten. Erstens müssen Sie die Zehen herunterdrücken und zweitens alle Gelenke im Bein in Bereitschaft halten, damit Sie den Stoß des Körpergewichts durch Abbeugen auffangen können. Diese zweite Richtlinie hört sich zwar einfach an, aber genau da scheitert man am ehesten. Besonders das Abbeugen ist wichtig: Der Oberschenkel wird im Hüftgelenk gebeugt, und Knie-

und Fußgelenk werden ebenfalls gebeugt, sobald Sie auf dem Fuß landen. Dabei müssen alle gebeugten Körperteile auch nach vorne zeigen. Nicht einmal die kleinste Abweichung zur Seite ist erlaubt. Mit anderen Worten: Lassen Sie den Körper der Schwerkraft beim Landen nachgeben. Die Beine sind derart strukturiert, daß sie wie Federn das Gewicht abfangen, wenn Muskeln und Gelenke richtig eingesetzt werden. Auf diese Weise werden Verletzungen vermieden.

Wenn Sie schnell laufen wollen, sollten Sie sprinten lernen. Dabei landet man auf dem Fußballen, bevor man den Fuß zur Ferse abrollt. Die Ferse wird zum Boden gedrückt, damit sämtliche Beinmuskeln das Maximum an Einsatz und Schnellkraft erreichen können. Ansonsten wird die Wadenmuskulatur so fest und unbeweglich, daß die Fähigkeit, sich abzudrükken, nachläßt. Dadurch werden Knie- und Fußgelenke sowie die Lendenwirbelsäule fehlbelastet.

Beim Jogging setzen Sie die Füße ähnlich wie beim Gehen ein, d. h., Sie landen auf der Ferse. Bei dieser Art »Landung« wird das Gewicht sofort nach vorne und damit auf die gesamte Fußsohle verteilt. Machen Sie wie beim Gehen kleine Schritte, und versuchen Sie, das Körpergewicht über dem vorderen, gewichtabfangenden Fuß zu lassen. Der Kopf muß gerade ausgerichtet und das Kinn eingezogen sein.

102 Springen

Alles, was Sie bisher gelernt haben, trifft auch für das Springen zu. Wenn Sie mit aufrechtem Oberkörper springen, wird der Sprung durch die perfekte Körperhaltung begünstigt. Die meisten Sprünge werden jedoch nicht mit aufrechtem Oberkörper ausgeführt, so daß die Richtlinien der Haltungsschulung nur zu einem kleinen Teil zutreffen.

Richtlinien für das Springen: **(1)** Setzen Sie Muskeln und Gelenke der Beine als Federn ein. **(2)** Vergewissern Sie sich, daß Sie auch die Ferse bei der Landung einsetzen und nach dem Fußabrollen auf der gesamten Fußsohle landen. **(3)** Drükken Sie die Zehen beim Absprung und bei der Landung auf den Boden wie bei Übung 95. **(4)** Vergewissern Sie sich, daß die Knie immer über die Füße zeigen und nicht nach innen oder nach außen ausweichen. Um das zu kontrollieren, springen Sie einmal ab und bleiben einen Augenblick in der Landeposition. Die Knie sollten direkt nach vorne zeigen. Üben Sie Absprung und Landung, wobei Sie speziell auf die Knie achten und darauf, daß Sie die Fersen nach unten drücken. Das ist nicht einfach, doch Übung macht sich bezahlt, denn auch hierbei erhalten Sie Ihre körperlichen Fähigkeiten.

Kapitel 16

Spezielle Fürsorge

Dieses Kapitel soll Ihnen helfen, mit speziellen körperlichen Beschwerden fertig zu werden und sich nach Verletzungen zu erholen. Die Informationen, die Sie hier erhalten, sind kein Ersatz für eine ärztliche Diagnose. Hier wird zwischen zwei Arten von Verletzungen unterschieden: ernsthaften und weniger ernsthaften. Zu den ernsthaften gehören Knochenbrüche, Prellungen, Muskel-, Sehnen- oder Bänderrisse, die alle in ärztliche Behandlung gehören. Viele dieser Verletzungen werden durch operativen Eingriff, Medikamente, Gips oder Ruhelage geheilt. Die Informationen dieses Kapitels können Ihnen nach der Heilung helfen, die verletzten Körperteile wieder sinnvoll einzusetzen und weitere Verletzungen in Zukunft zu vermeiden.

Bewegung kann heilen, wenn auch zunächst nicht direkt die verletzte Stelle, so doch indirekt das Gebiet außen herum. Auch wenn Sie der behandelnde Arzt nicht unbedingt auf ein Rehabilitationstraining aufmerksam macht, wird er Ihnen wahrscheinlich dazu raten, sich weiterhin zu bewegen.

Prinzipien der speziellen Fürsorge

In sich hineinhören, sich ins Gleichgewicht bringen, überprüfen, sich Zeit nehmen – das sind die Prinzipien, die man befolgen sollte, um den Körper gesund zu erhalten und zu rehabilitieren.

(1) Hören Sie in sich hinein, und achten Sie auf die Signale Ihres Körpers. In den meisten Fällen ist dies der Wink mit dem Zaunpfahl. Das wichtigste Signal, das man beachten sollte, sind Schmerzen. Schmerzen können Ihr »Freund und Helfer« sein, der Ihnen rät, die Schmerzen verursachende Betätigung zu beenden bzw. entsprechend anzupassen. Die anderen Signale, die man beachten sollte, sind Ermüdung und Warmwerden der Muskulatur beim Kräftigen bzw. Entspannung und Nachgeben beim Dehnen. Weiterhin sollte man beachten, daß man bei Anstrengung und aerober Verausgabung keine Schmerzen, keine starke Dehnung, kein Brennen der Muskeln durch extremes Kräftigen empfindet – lediglich die Verausgabung durch die Bewegung.

(2) Bringen Sie die Muskeln ins Gleichgewicht. Wenn die Muskeln viel arbeiten, d. h. sich oft zusammenziehen mußten, dann brauchen sie Dehnung, bzw. umgekehrt. Indem man die Muskeln geschmeidig und in Bereitschaft hält, kann man körperliche Arbeit (sportliche Betätigung) verrichten, ohne daß man dabei vor Verletzungen Angst haben muß. Nach einer Verletzung können die Muskeln durch Dehnung und Kräftigung wieder ins Gleichgewicht gebracht werden. Die Schmerzen werden dadurch verringert, und man kann seinen Alltagsaktivitäten wieder nachgehen.

(3) Überprüfen Sie noch einmal Ihre Gewohnheiten beim Arbeiten, Erholen und Entspannen in bezug auf die Bewegungsmechanik, die vorher bereits angesprochen wurde. In diesem Kapitel finden Sie immer wieder Richtlinien, wie Sie die Mechanik Ihres Körpers verbessern und angleichen können. Diese kleinen Angleichungen haben großen Einfluß darauf, wie lange Ihr Körper noch fit bleibt.

(4) Nehmen Sie sich jeden Tag etwas Zeit für Ihren Körper. Lassen Sie die tägliche Arbeit für eine Weile liegen, und machen Sie ein paar Dehn- und Kräftigungsübungen. Ein wenig Zeit für die spezielle Fürsorge Ihres Körpers jeden Tag macht sich bezahlt. Entspannen Sie sich dabei, und geben Sie dem Körper das, was er braucht.

Ihr persönlicher Körper

Ihr Körper gehört nur Ihnen. Er ist Ihr einziger. Seine Struktur ist ererbt, so wie Augenfarbe und Rechts- bzw. Linkshändigkeit ererbt sind. Die Struktur der Gelenke hilft den Körper koordinieren. Sollten Sie einen lockeren Bandapparat haben, sind Sie schon von Haus aus verletzungsanfälliger, und Sie können die Muskeln auch nicht so leicht dehnen. Wenn Sie einen festen Bandapparat haben, sind Sie anfällig für Muskelrisse, wenn die Muskeln nicht ausreichend gedehnt werden.

Der Zustand Ihrer Muskulatur hängt davon ab, wie Ihr Körper tagtäglich eingesetzt wird. Dabei wird Ihr Körper von vielerlei Faktoren beeinflußt, z. B., wie Sie sich täglich physisch betätigen. Es spielt eine Rolle, ob Sie bei der Arbeit sitzen, stehen, sich viel bewegen, aktiv oder passiv sind; was Sie in Ihrer Freizeit machen und wie Ihre Entspannung aussieht; wie das Bett, in dem Sie schlafen, aussieht und welches Kopfkissen Sie benützen. Bedenken Sie all das, wenn Sie auf Ihren Körper eingehen und ihn erfahren wollen.

Ungleiche Beinlängen

Fast jeder hat ein kürzeres Bein, einen größeren Fuß und eine kräftigere Hand. Die Ohren sind meist nicht auf gleicher Höhe, und weder Ihr Gesicht noch Ihr Körper ist symmetrisch. Ungleiche Beinlängen sind oft für mechanische Fehlstellungen, die Schmerzen und Verletzungen hervorrufen, verantwortlich. Die Ungleichheit kann einige Millimeter bis zu zwei Zentimetern betragen. In jedem Fall wird es helfen, einen Fersenkeil in den Schuh hineinzulegen, weil dadurch das mechanische Ungleichgewicht für den restlichen Körper – Fuß-, Knie-, Hüftgelenk, Wirbelsäule, Schulter und Nacken – verringert wird.

Die Frage ist, ob es nötig ist, die Beine zu messen, wenn Sie keine Schmerzen, Probleme oder Beschwerden haben. Einige Orthopäden vertreten die Meinung, daß die meisten Rückenschmerzen durch einen Fersenkeil verhindert werden können. Andere hingegen sehen zwischen Fersenkeil und Rückenschmerzen keinen Zusammenhang. Ich persönlich glaube, daß Fersenkeile die ungleiche Abnützung von Körperteilen verhindern. Es ist eine schmerzlose Vorsichtsmaßnahme.

Es gibt mehrere Möglichkeiten, die Beine zu messen. Man kann es selbst machen oder machen lassen. Stellen Sie sich vor den Spiegel, und beobachten Sie, ob ein Hüftknochen höher steht als der andere. Das ist das sicherste Anzeichen dafür, daß ein Bein länger ist. Beobachten Sie danach Ihre Schultern, und versuchen Sie festzustellen, ob die dem höher stehenden Hüftknochen gegenüberliegende Schulter tiefer liegt als die andere. Wenn ja, dann ist Ihre Wirbelsäule wie ein C gekrümmt. Die Wirbelsäule hat entweder eine S-Kurve[11] oder eine C-Kurve. Wenn die Schulter auf derselben Seite tiefer ist, auf der der Hüftknochen höher ist, dann haben Sie eine S-Kurve. Schauen Sie dann einmal, ob die Knie auf gleicher Höhe sind. Ist das

[11] nicht zu verwechseln mit der natürlichen Wirbelsäulenkrümmung, die oft als Doppel-S-Kurve bezeichnet wird

Knie, das höher liegt, auf derselben Seite, auf der auch die Hüfte höher steht, so ist dieses Bein das längere. Sie können auch eine Wasserwaage hernehmen, um das kürzere Bein zu finden. Stellen Sie sich auf einen festen Untergrund, und ziehen Sie einen breiten, festen Gürtel an. Halten Sie eine Wasserwaage an den Gürtel, der auf beiden Hüftknochen aufliegen muß. Die Wasserblase steigt zum längeren Bein hin an. Legen Sie einen Fersenkeil unter das kürzere Bein, und schauen Sie, ob die Wasserblase in die Mitte zurückschwimmt.

Jemand anderer kann Ihre Beine mit dem Maßband messen. Ziehen Sie die Schuhe aus, und legen Sie sich auf den Rücken. Auf der Seite des Hüftknochens, da, wo er sozusagen eine Ecke bildet, finden Sie eine kleine Delle. Legen Sie den Zeigefinger auf diese Stelle, und lassen Sie das Maßband da anlegen und die Länge auf der Innenseite des Fußgelenks da ablesen, wo der Fußknöchel vorsteht (XVI–1).

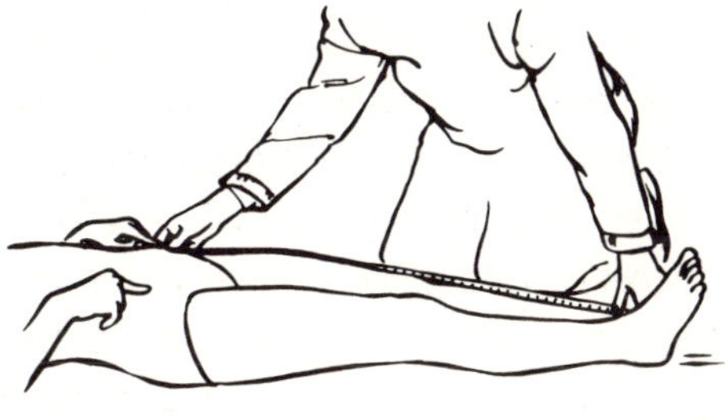

XVI-1

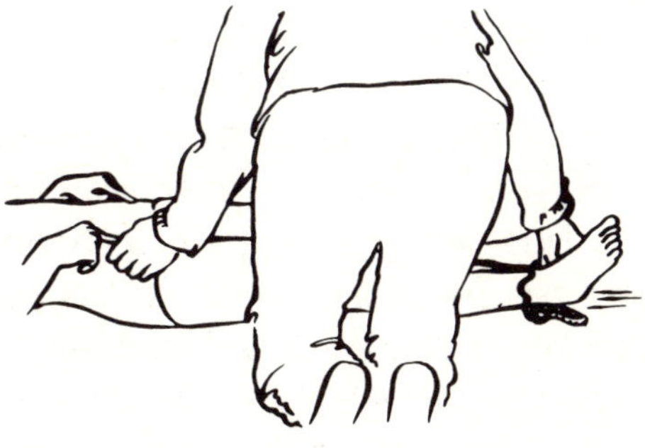

XVI-2

Nun lassen Sie die andere Seite vermessen, indem die Person, die mißt, auf die andere Seite geht, um die gleichen Voraussetzungen zu schaffen (XVI–2). Messen Sie das Ganze noch einmal, und achten Sie darauf, daß Sie bei jedem Bein den gleichen Ansatzpunkt an den Knochen zum Messen hernehmen. Stellen Sie sich hin. Derjenige, der mißt, sollte jetzt von oben die Hüftknochen etwas herunterdrücken, um zu spüren, ob einer höher steht. Legen Sie unter das kürzere Bein eine Zeitschrift (gegebenenfalls aufgeschlagen), und versuchen Sie, die Ungleichheit der Beine auszugleichen. Dabei sollte die messende Person von oben auf die Hüftknochen drücken, um zu sehen, ob die Ungleichheit korrigiert wurde. Sie werden wahrscheinlich gleich den Unterschied mit einem Fersenkeil spüren. Bleiben Sie 30–60 Sekunden stehen, und konzentrieren Sie sich einmal auf das neue Gefühl. Dann stellen Sie sich wieder flach auf den Boden und spüren einmal den Unterschied. Vielleicht haben Sie jetzt das Gefühl, daß Sie in ein Loch getreten sind. Stellen Sie sich dann wieder auf die Zeitschrift, konzentrieren Sie sich einmal auf Schulter und Nacken, und versuchen Sie »herauszuspüren«, was dort verändert wird. Wenn Sie Wirbelsäulenbeschwerden haben, fühlen Sie den Unterschied wahrscheinlich sofort, weil die spezielle Stelle, die normalerweise schmerzt, jetzt durch den mechanischen Ausgleich mehr entlastet wird.

Kaufen Sie sich mehrere Fersenkeile für alle Ihre Schuhe, auch Sport- und Skischuhe.

Wenn Sie darunter leiden, daß sich die Muskeln im Bereich der Lendenwirbelsäule oft verkrampfen, können Sie versuchen, die Sitzfläche mit einem Sitzkeil auszugleichen. Wenn Ihre Wirbelsäule die oben erwähnte C-Kurve beschreibt, dann legen Sie einen Sitzkeil unter den Sitzknochen des kürzeren Beines. Wenn die Wirbelsäule die S-Kurve[12] beschreibt, dann legen Sie die Erhöhung unter den Sitzknochen des längeren Beines. Konzentrieren Sie sich auf Ihren Oberkörper, und versuchen Sie zu spüren, ob Sie sich dabei wohler fühlen. Wenn nicht, dann bleiben Sie bei dem Fersenkissen.

Oft sind die folgenden Probleme abhängig von ungleicher Beinlänge oder werden durch sie ausgelöst: Schmerzen im Nacken, in den Schultern, im Rücken, im Gesäß, eine knakkende Hüfte oder Schmerzen in der Leistengegend. Nachfolgende Vorschläge sollen Ihnen helfen, bei diesen Problemen Abhilfe zu schaffen.

[12] s. Fußnote 11 S. 258

Empfindlicher Nacken

Jeder hat sich schon einmal übernommen und ist mit einem schmerzenden Nacken am nächsten Morgen aufgewacht, aber manche Leute haben einen empfindlichen Nacken und neigen zum Hexenschuß. Einige mechanische Vorsichtsmaßnahmen können diese Empfindlichkeit mildern. Zunächst einmal vermessen Sie die Beine. Tragen Sie einen Fersenkeil unter dem kürzeren Bein. Meistens ist das Nackenproblem auf der kürzeren Beinseite.

Wenn Sie auf der Seite schlafen, brauchen Sie ein Kopfkissen, das so hoch ist, daß die Ohren waagerecht mit der Schulter aufliegen. Dadurch wird verhindert, daß die Wirbelsäule im Schlaf gedreht oder gebeugt wird; das passiert, wenn das Kissen zu hoch oder zu tief ist. Nehmen Sie nicht den Arm, um die Kopfunterlage zu erhöhen, denn das Schlafen auf dem abgebeugten Arm trägt zu Verspannungen und Schmerzen im Nacken bei. Das heißt nicht, daß Sie sich ein neues Kissen kaufen müssen. Mit einem zusammengefalteten Handtuch können Sie das Kissen erhöhen. Eine andere mechanische Hilfe beim Schlafen auf der Seite ist ein zusammengerolltes Handtuch, das Sie in die Aushöhlung der Taille schieben. Dadurch wird die Wirbelsäule entlastet.

Folgende Übungen helfen bei Nackenschmerzen: Machen Sie zunächst Übungen 13 und 14, dann die Schulterdehnung (Übung 12), dann die Nackendehnungen (Übungen 1–3), im Anschluß daran die Kopfhebeübungen (Übungen 4–7), und wiederholen Sie die Nackendehnung nach dieser Kräftigung. Meist spüren Sie nach dieser Übungsfolge schon eine Besserung.

Lernen Sie, den Kopf richtig zu halten. Damit treffen Sie eine der besten Vorsichtsmaßnahmen für Ihren Nacken, denn wenn der Kopf nach vorne abgesenkt wird, müssen die Nackenmuskel ca. 15 Kilogramm halten, die nach unten ziehen.

Diese Muskeln sollen aber eigentlich nur den Kopf ausbalancieren, d. h., die Belastung entspricht dabei nur ca. 5 Kilogramm. Wenn Ihr Kopf nach vorne hängt, ist das Gewicht ca. drei- bis viermal so groß, als wenn Sie die Ohren über den Schultern lassen und das Kinn einziehen. Auch Schmerzen an der oberen Innenseite der Schulterblätter werden durch die korrekte Kopfhaltung beseitigt.

Empfindliche Schultern

Meist sind die Schultern an zwei Stellen empfindlich. Eine wurde vorher schon besprochen, weil sie durch die falsche Kopfhaltung verursacht wird. Die zweite Stelle ist direkt im Schultergelenk. Hier ist ein mehr punktueller Schmerz als ein sich ausbreitender. Sie spüren ihn genau da, wo die Knochen aufeinandertreffen, so etwa, als ob sie nicht an der richtigen Stelle sitzen würden, was in der Tat oft der Fall ist. Wenn die Schulterblätter dort, wo sie mit dem Schlüsselbein den oberen Teil des Schultergelenkes bilden, zu weit vorne sind, wird auf die Bänder Druck ausgeübt, die dann anschwellen. Diese Schwellung drückt dann auf die Schleimbeutel (das sind mit Flüssigkeit gefüllte Säckchen in den Gelenken, die dort die Reibung mindern). Die Schleimbeutel entzünden sich dann und drücken ihrerseits auf Nerven. Das ist dann meist der Schmerz, den Sie spüren.

Wenn Sie die Schulterblätter nach unten drücken und zusammenhalten (vgl. »Haltungsschulung«, Übung 98), können Sie diese Art Verletzung vermeiden. Korrigieren Sie bei jedem ersten Anzeichen von Schmerzen Ihre Schulterhaltung, denn manche Schmerzen lassen sich schon im Anfangsstadium beseitigen. Das ist die erste mechanische Abhilfe. Weiterhin sollten Sie lernen, die Schulterblätter immer zusammenzuziehen und in der richtigen Position zu halten. Auch diese Art von Schulterschmerzen tritt oft auf der Seite des kürzeren Beines auf.

Um das Gleichgewicht in den Muskeln wiederherzustellen, sollten die Schultern hinten gekräftigt und vorne gedehnt werden. Machen Sie dazu Übung 13, Schulterdehnübungen (10–12), Nackendehn- und Kräftigungsübungen (1–5) und die Übungen 14, 15 und 2.

Empfindlicher Rücken

Es wurden schon viele Bücher über den Rücken und Rückenschmerzen geschrieben. Wenn Sie den Anatomieteil von Kapitel 10 gelesen haben, dann wissen Sie sicherlich auch, warum. Es ist schwierig, den Rücken zu kräftigen, und daher muß man ihn ständig vor Verletzungen schützen. Es gibt einige Möglichkeiten, die helfen, mit Schmerzen im Rücken fertig zu werden, vielleicht sogar die Probleme zu beseitigen.

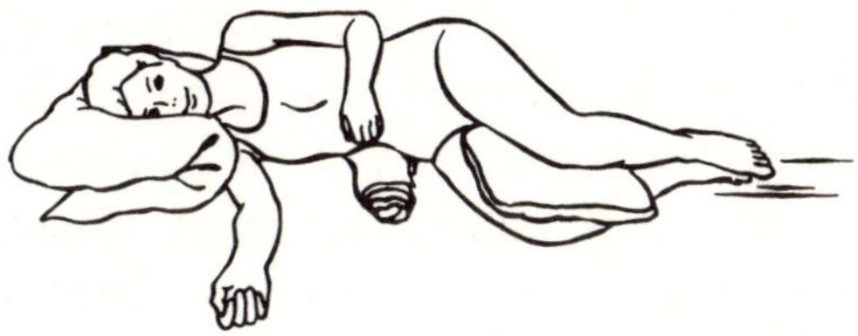

XVI-3

Zunächst einmal kann man sich mit mehreren mechanischen Angleichungen behelfen. Einige wurden schon in den Abschnitten »ungleiche Beinlängen« und »empfindlicher Nakken« beschrieben. Lassen Sie die Beine ausmessen, und tragen Sie einen Fersenkeil. Wenn Sie auf der Seite schlafen, brauchen Sie ein Kissen, das das Ohr auf die gleiche Höhe mit der Schulter bringt, weiterhin ein zusammengerolltes Handtuch in der Taille und ein ca. 10 Zentimeter dickes Kissen, das Sie zwischen die Knie schieben (XVI–3). Wenn Sie auf dem Bauch schlafen, legen Sie dieses Kissen unter den Bauch; schlafen Sie dann aber ohne Kopfkissen. Wenn Sie auf dem Rücken schlafen, brauchen Sie ein sehr flaches Kopfkissen und ein Kissen, das Sie unter die Kniekehlen schieben. Wenn Sie sehr starke

Rückenschmerzen haben, versuchen Sie in der Position der »Rückenentlastung« (Übung 51) zu schlafen. Hocker oder aufgestapelte Kissen sollten in der Höhe Ihrer Oberschenkellänge und nicht zu weich sein. Die Unterlage muß so beschaffen sein, daß Ober- und Unterschenkel zunächst einen rechten Winkel bilden. Dann ziehen Sie die Knie noch etwas weiter zur Nase. Legen Sie kleine Kissen neben den Kopf, aber keines darunter (XVI–4), damit der Kopf nicht auf die Seite rollen und einen schmerzenden Nacken verursachen kann.

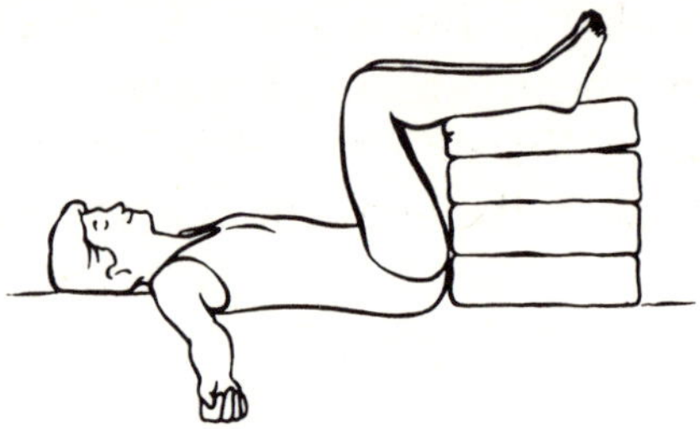

XVI-4

Im Sitzen legen Sie ein zusammengerolltes Handtuch hinter die Lendenwirbelsäule und versuchen die Wirbelsäule aufrecht zu halten. Ein Kissen, das Sie unter den (die) Sitzknochen schieben, kann auch helfen. Stellen Sie beide Füße oder auch nur einen Fuß auf einen Fußstuhl. Sie dürfen auch die Beine überkreuzen, aber wechseln Sie öfters das Bein, das oben aufliegt. Es kann zwar sein, daß es Erleichterung bringt, sich bequem hinzuflacken, aber über längere Zeit werden die Bänder der Wirbelsäule dadurch unnötig belastet, und das Gel in den Bandscheiben wird zusammengedrückt, wodurch dann andere Verletzungen entstehen können. Tragen Sie Schuhe mit flachem Absatz. Wenn Sie viel stehen müssen, stellen Sie sich abwechselnd mit einem Fuß auf einen Fußstuhl. Achten Sie weiterhin darauf, daß Sie die Knie nicht im Gelenk blockieren. Ernsthafte Rückenschmerzen können schon durch die entspanntere Kniegelenkstellung beseitigt werden, weil dadurch, wie vorher beschrieben, der Oberkörper richtig positioniert wird. Machen Sie alle Übungen aus Kapitel 10. Sie helfen Rückenschmerzen verhindern. Machen Sie die Übungen, sooft Sie wollen. Auch wenn die Rückenschmerzen schon angefangen haben, dehnen Sie den unteren Rücken mit den Übungen 50, 54, 51 und mit den Übungen aus Kapitel 10. Wenn Sie sich dann kräftig genug fühlen, kräftigen Sie die Bauchmuskeln mit den Übungen 45–47. Kräftige Bauchmuskeln machen den Rücken weniger verletzungsanfällig.

Je verspannter die hintere Oberschenkelmuskulatur ist, desto mehr leidet man unter Rückenschmerzen. Machen Sie folgende Dehnungen: für die Waden Übung 88, für die Hamstrings Übung 72, für die Quadrizeps Übung 61, für die Gesäßmuskeln und den unteren Rücken Übung 56. Wenn Sie die Hamstrings im Stehen dehnen, legen Sie den Fersenkeil unter das kürzere Bein. Wenn Sie die »Brezel« (Übung 56) machen, legen Sie ein flaches Kissen unter den Sitzknochen der kürzeren Beinseite. Diese einfachen Hilfsmittel verhindern Muskelverspannungen.

Ischialgie – empfindliches Gesäß

Ausstrahlende Schmerzen in der Hüftgegend und im Gesäß bzw. Empfindungslosigkeit im Oberschenkelbereich ist als Ischialgie bekannt. Manchmal spüren Sie den Schmerz nur in einer bestimmten Beinposition bzw. an einer Stelle im Hüftgelenk. Ausstrahlende Schmerzen spürt man meistens auf der längeren Beinseite. Lokale Schmerzen können beidseitig auftreten. Lassen Sie die Beine messen, und tragen Sie einen Fersenkeil. Es kann sein, daß Ihnen ein Kissen unter den Sitzknochen das Sitzen erleichtert. Die richtige Körperhaltung, insbesondere die entspannte, nicht blockierte Kniegelenkstellung, kann Abhilfe schaffen.

Der »offene Schneidersitz« (Übung 54) läßt die Schmerzen unter Umständen sofort verschwinden. Dehnen Sie sich aber zunächst mit den Übungen 61–65, 56 und 71 vor. Einige der Kräftigungsübungen ermüden die Muskeln, die leicht verkrampfen. Im Anschluß kann der »offene Schneidersitz« dann diese Muskeln wirksamer dehnen und die Schmerzen im Gesäßbereich dadurch mindern. Übungen 71 und 78 sowie Übung 46 helfen sehr gut, die Muskelgruppen, die gedehnt werden müssen, zu ermüden. Die »chiropraktische Dehnung« (Übung 53) wird Ihnen auch helfen. Befolgen Sie darüber hinaus alle Richtlinien für den empfindlichen Rücken.

Schmerzen direkt in den Gelenken können von einem lockeren Bandapparat herrühren. Die Quadrizepsmuskeln brauchen dann spezielle Dehnung (Übung 65 und 66), bevor man die »Brezel« oder den »offenen Schneidersitz« bequem machen kann. Manchmal hilft es, ein zusammengerolltes Handtuch auf die Seite unter den Oberschenkel zu legen, wo das Hüftgelenk schmerzt und zu stark kontrahiert ist.

Knacken im Hüftgelenk

Knacken oder Knarren im Hüftgelenk wird oft als ein Aneinanderreiben oder Übereinanderrollen von Knochen tief im Hüftgelenk beschrieben. Das Gefühl ist nicht sehr angenehm, und doch fühlen Sie oft eine Erleichterung, wenn es passiert ist. Das kommt daher, daß Bänder oder Sehnen tatsächlich übereinanderrollen, was vermeidbar ist. (Das gleiche Symptom kann man auch im Nacken, in den Fuß- oder Handgelenken spüren.) Manchmal hilft es schon, sich langsamer zu bewegen. Auch ein Fersenkeil und die richtige Körperhaltung können das Knakken verhindern. In den Beinen tritt das Knacken am häufigsten auf der längeren Beinseite auf.

Wenn man dafür anfällig ist, spürt man das Knacken in der Hüfte bei der »Beinspreize« (Übung 68). Um das zu vermeiden, dürfen Sie **(1)** das Bein nicht so weit ausdrehen. **(2)** Entspannen Sie die Hüfte, und halten Sie sie auf gleicher Höhe mit der anderen Hüfte. **(3)** Versuchen Sie, die Wirbelsäule langzuziehen, so, als ob Sie mit dem Kopf die Decke berühren wollten, und ziehen Sie die Bauchmuskeln aktiv ein. **(4)** Verlagern Sie das Gewicht weiter nach vorne auf das Standbein, denn wenn Sie sich zu weit nach hinten lehnen, können die vordere und hintere Muskulatur nicht gleichmäßig arbeiten. Die letzte Richtlinie wird Ihnen am meisten helfen. Wenn Sie das Bein heben und senken, sollten Sie **(5)** die Muskeln entspannt lassen und **(6)** sich vergewissern, daß der Fuß mit dem Fußgelenk eine Linie bildet. Dadurch wird das Gewicht des Beines besser auf die Oberschenkelmuskulatur verteilt.

Schmerzen in der Leiste

Dieser Schmerz ist ein sehr lokaler Schmerz, und man spürt, daß er nicht von einem gezerrten Muskel herrührt. Versuchen Sie, den Schmerz mit dem dritten Teil der »dreiteiligen inneren Oberschenkeldehnung« (Übung 76) wegzudehnen. Wenn dies nur zeitweilige Erleichterung bringt, dann vermessen Sie die Beine, und tragen Sie einen Fersenkeil. Schauen Sie sich auch einmal Ihre Schuhe an, ob die Absätze nicht zu sehr abgetreten sind. Oft ist der Schuhabsatz auf der kürzeren Beinseite mehr abgetreten als der andere, und die Schmerzen in der Leiste werden häufig auf dieser Seite verspürt. Manchmal verschwinden die Schmerzen bei gutem neuen Schuhwerk. Achten Sie beim Gehen und Laufen darauf, daß Füße und Knie nach vorne zeigen.

Der »tiefe Ausfallschritt« (Übung 66) kann manchmal den Schmerz wegdehnen. Versuchen Sie dabei einmal, den Fuß nach innen zu dehnen. Durch diese neue Fußposition wird die Innenseite der Oberschenkel in der Leistengegend besser gedehnt. (*Achtung:* Achten Sie ganz besonders darauf, daß das Knie nach vorne zeigt und nicht in dieser Einwärtsdrehung blockiert wird. Das Knie darf nicht gebeugt werden, sondern es muß in der entspannten Bereitschaftsstellung sein. Das Knie ist in dieser Position leicht verletzbar.) Das Resultat dieser Dehnung kann manchmal nur von vorübergehender Dauer sein. Experimentieren Sie mit Ihren Schuhen, um die Schmerzen auf Dauer zu beseitigen.

Die Dehn- und Kräftigungsmethode in der speziellen Fürsorge

Die Abhandlungen dieses Buches über Verletzungen erfordern, daß Sie mit Muskeleinsatz und Mechanik vertraut sind. Dabei sind solche Arten von Verletzungen gemeint, die durch Kontraktion der Muskulatur in den traumatischen Gebieten entstehen und Schmerzen verursachen. Wenn man die Muskeln in dieser Schmerzgegend dehnt, kann man den Schmerz manchmal sozusagen »wegdehnen«. Ein Körperteil, der nicht in der korrekten mechanischen Position ist, wird auf Dauer falsch eingesetzt und kann Schmerzen verursachen. Wenn Sie lernen, mit Hilfe von Dehn- und Kräftigungsübungen diesen Körperteil richtig zu plazieren und in dieser Stellung zu halten, werden die Schmerzen erheblich gelindert.

Diese Art, Verletzungen und Schmerzen zu behandeln, setzt voraus, daß eine mechanische Fehlstellung die Ursache für die Verletzung ist. Sie müssen bereit sein, alte, gewohnte Bewegungen zu verlernen und durch eine neue Bewegungstechnik zu ersetzen, bei der die Gliedmaßen mit einer vorteilhafteren Mechanik eingesetzt werden. Diese Erfahrungen beruhen auf den einfachen Prinzipien der Körpertechnik, die seit Jahren gelehrt wird. Leider erfährt man meist erst auf schmerzliche Art und Weise etwas über Körpermechanik, wenn man versucht, die Schmerzen durch den Einsatz der richtigen Körpermechanik loszuwerden.

Tennis-Ellbogen

Den sogenannten Tennis-Ellbogen kann man auch haben, wenn man nicht Tennis spielt. Dabei handelt es sich um Schmerzen im Ellbogengelenk, speziell in den Sehnen und Bändern, und um ausstrahlende Schmerzen im Unterarm oder ein Prickeln im Ring- und kleinen Finger. Mechanische Angleichungen kann man auch hierbei treffen. Messen Sie zunächst einmal die Beinlänge, und, wenn notwendig, tragen Sie einen Fersenkeil. Achten Sie darauf, daß der Kopf richtig ausgerichtet ist. Wenn Sie Tennis spielen, sollten Sie um den Schlägergriff einen Schaumgummiüberzug anbringen, damit Sie den Griff weniger verkrampft anfassen. Lassen Sie den Ellbogen beim Heben und Schwingen des Schlägers nach unten zeigen, nicht nach außen zur Seite. Wenn Sie oft viel tragen müssen, dann behelfen Sie sich auch dabei mit Schaumgummiüberzügen am Griff. Benützen Sie nach Möglichkeit Taschen mit Schulterriemen. Achten Sie darauf, daß Sie die Schulterblätter zusammenziehen.

Machen Sie dieselben Übungen, die in dem Abschnitt über »empfindliche Schultern« angesprochen wurden. Darüber hinaus machen Sie die Handgelenkübungen 21 und 33, sooft Sie Geduld dazu haben. Auch die Fingerübungen 36 und 38 helfen. Sollten Sie ein Instrument spielen und unter Tennis-Ellbogen leiden, machen Sie nur die Fingerdehnübungen, nicht die Kräftigungsübungen.

Seitenstiche

Seitenstiche beim Laufen kann man »wegdehnen«, indem man sich von der Taille aus lang macht und dann die »Schulterdehnung von unten« (Übung 10) macht. Dehnen Sie auch die andere Seite. Ziehen Sie eine Schulter hoch, dann die andere. Vielleicht haben Sie die Stiche damit schon »weggedehnt«. Achten Sie auch darauf, daß Sie den Kopf ausrichten und das Kinn einziehen.

Empfindliche Knie

Empfindliche Knie sind weit verbreitet. Man hat Schmerzen tief im Kniegelenk, an der Innen- bzw. Außenseite des Knies oder unter der Kniescheibe. Es ist dabei wichtig, daß man lernt, die Knie immer in entspannter Bereitschaftsstellung und nie im Gelenk blockiert zu halten. Manchmal verschwinden die Schmerzen dabei. Lassen Sie Ihre Beine messen, und tragen Sie, wenn nötig, einen Fersenkeil. Auch die neuerlernte Gehtechnik wird Ihnen helfen, Schmerzen zu beseitigen. Der Fuß muß nach vorne zeigen, die Zehen sollten bei jedem Schritt auf den Boden gedrückt werden. Vergewissern Sie sich, daß die Knie über die Zehen zeigen und nicht beim Gehen nach innen oder nach außen schlackern. Es hilft, wenn Sie vor einem Spiegel kontrollieren, ob die Knie beim Beugen der Beine über die Fußspitzen zeigen, oder wenn Sie sich einmal beim Gehen beobachten lassen.

Folgende Übungen sollten Sie für die Beinmuskeln machen: Wadendehnung (Übungen 84–88), Hamstringdehnung (Übungen 71, 72), Quadrizepsdehnung (Übungen 61–65) und die »Brezel« (Übung 56); »Knieschieben« (Übung 82), um die Knie zu kräftigen; für die Fußgelenke und Füße Übungen 91, 92 und für die Zehen Übungen 95, 97.

Empfindliche Kniekehlen beim Dehnen

Wenn Sie bei Waden- oder Hamstringdehnübungen oder der »dreiteiligen Grätschdehnung« Schmerzen in den Kniekehlen empfinden, haben Sie extrem verkrampfte Wadenmuskeln, die Sie mit der »erleichterten Wadendehnung« (Übung 88) geschmeidig machen können. Bei den anderen Dehnübungen können Sie mit erleichternden Hilfsmitteln arbeiten, um Schmerzen zu vermeiden. Achten Sie darauf, daß Sie die Wadendehnung auch tatsächlich in der Wade spüren. Legen Sie ein bis zu 5 Zentimeter dickes Buch unter die Fersen, wenn Sie die Hamstrings dehnen (Übung 71), bis Sie die Dehnung in der hinteren Oberschenkelmuskulatur spüren und nicht mehr in der Kniekehle. Bei der »dreiteiligen Grätschdehnung« (Übung 79) legen Sie ein zusammengerolltes Handtuch unter die Kniekehlen, damit die Knie während der Dehnung abgestützt werden. Dadurch spüren Sie die Dehnung nicht mehr in den Kniekehlen. Sobald die Dehnungen für Sie wirksam werden, werden Sie keine Schmerzen mehr in der Kniekehle empfinden.

Muskelkrämpfe

Meist treten Muskelkrämpfe in der Wadenmuskulatur und in den Zehen auf. Ein Krampf ist eine sehr starke Kontraktion der Muskeln, die sich nicht mehr entspannen. Einen Krampf löst man durch Dehnung des verkrampften Muskels. Beispielsweise löst man einen Wadenkrampf, indem man den Fuß des verkrampften Beines flach auf den Boden aufstellt und das

Knie kontinuierlich beugt. Bleiben Sie in dieser Position, bis der Krampf weggeht. Wenn Sie einen Krampf in den Zehen haben, gehen Sie in den Ballenstand und bleiben so stehen, bis der Krampf weggeht.

Ein Kneten bzw. Massieren des verkrampften Muskels hilft, wenn überhaupt, erst nach längerem Massieren. Das Resultat ist ein sehr empfindlicher Muskel, weil der Krampf zu lange angedauert hat. Dehnen Sie den verkrampften Muskel, insbesondere dann, wenn Sie öfter Krämpfe bekommen, vor jeder größeren Aktivität und vor dem Zubettgehen.

Manchmal werden Krämpfe auch durch ein Sodium- oder Potassiumungleichgewicht im Blutbild verursacht bzw. durch Kalziummangel. Radfahrer bekommen Krämpfe, wenn der Sattel nicht angemessen ist und zu sehr in die Leiste drückt. All diese Ursachen sollte man in Erwägung ziehen, wenn man zu Krämpfen neigt. Egal, welche Ursache, ein Krampf wird am effektivsten durch Dehnung des verkrampften Muskels gelöst.

Empfindliche Beinmuskeln

Wenn man bei Dehnübungen nachfedert, d.h. auf und ab wippt, anstatt die Dehnung in dem entsprechenden Körperteil zu halten, bekommt man empfindliche Beinmuskeln. Es kann aber auch sein, daß man einen Muskel durch eine Tätigkeit gezerrt oder gerissen hat oder daß man sich nicht genügend auf die Betätigung vorbereitet hat. Bei einem Muskelriß spürt man den Schmerz lokal. Meist wird er von blauen Flecken begleitet. Muskelzerrungen verursachen zwar auch Schmerzen, aber die Symptome des Muskelrisses treffen hier nicht zu.

Hier sind einige grundlegende Richtlinien, wie man mit schmerzenden Muskeln umgeht:

- Lassen Sie vom Arzt einen versteckten Bruch, Bänder- oder Sehnenriß ausschließen.
- Lassen Sie den verletzten Körperteil drei bis fünf Tage ruhen, wenn nötig, sogar länger.

- Wenn man die verletzte Stelle isolieren kann, dann dehnen Sie die Muskeln um die verletzte Stelle herum, um die Beweglichkeit zu erhalten.
- Sobald die Schmerzen abklingen, bewegen Sie sich ein wenig und modifizieren Ihre Tätigkeit entsprechend.

Professionelle Sportler, Tänzer und Akrobaten haben meist nicht die Zeit, den verletzten Körperteil für einige Tage ruhigzustellen. Sie dehnen die Muskeln um die verletzte Stelle herum, so daß sie den verletzten Körperteil bewegen können. Bewegung läßt Schmerzen leichter abklingen, weil die Flüssigkeit, die in das verletzte Gebiet eintritt und für Schwellung und Schmerzen verantwortlich ist (sie versorgt die verletzte Stelle mit Protein), besser zirkuliert und aus der verletzten Stelle abfließen kann. Dadurch wird die Schwellung reduziert, und die Schmerzen werden erträglicher. Außerdem wird eine Versteifung verhindert, die oft schmerzhafter sein kann als die Verletzung selbst.

Versuchen Sie, sich in einem heißen Bad oder unter der Dusche zu dehnen, wenn die Muskeln wirklich sehr warm sind, ansonsten ziehen Sie sich warm an. Nehmen Sie sich für den verletzten Körperteil mehr Zeit zum Dehnen. Diese Zeit zahlt sich aus, weil Sie nicht tagelang in Ruhestellung verbringen müssen. Im Vergleich dazu sind es nur einige Minuten, die Sie dem verletzten Muskel widmen. Gehen Sie Ihrer sportlichen Betätigung erst dann wieder nach, wenn Sie beim Bewegen des verletzten Körperteils keine Schmerzen mehr empfinden. Bis dahin bewegen Sie sich aber trotzdem, denn Bewegung hält die Muskeln aktiv und läßt die verletzte Stelle nicht steif werden.

Alle die Mechanik betreffenden Richtlinien des Stehens, Gehens und Laufens sollten hier beherzigt werden, weil man während einer Verletzung um so mehr darauf achten muß, daß keine mechanische Fehleinwirkung stattfindet.

Empfindliche Achillessehnen und Waden

Verletzungen der Achillessehne oder Sehnenscheidenentzündungen sind unter Sportlern weit verbreitet. Die Achillessehne verbindet die Wade mit dem Fuß. Bei einer Entzündung kann die Sehne selbst oder das Gebiet seitlich des Fußgelenks empfindlich sein. Nehmen Sie den Schmerz ernst. Sie wollen vermeiden, daß die Sehne reißt.

Die mechanischen Vorkehrungen, die Sie treffen können, ähneln denen, die oben für das Knie bereits erwähnt wurden. Lassen Sie die Beine vermessen, und tragen Sie einen Fersenkeil unter dem kürzeren Bein. Wenn beide Achillessehnen schmerzen, hilft es meist, wenn Sie beide Fersen etwas anheben, um weniger Druck auf die Sehnenbasis auszuüben. Die Entzündung muß abheilen. Unternehmen Sie nichts, was die Beschwerden verschlimmern könnte. Richtiges Gehen ist dabei wichtig. Machen Sie kleinere Schritte, damit die Fersen nicht unnötig belastet werden. Drücken Sie die Zehen auf den Boden, so daß Sie bei jedem Schritt das Fußgelenk richtig abdrücken.

Machen Sie die »erleichterte Wadendehnung« (Übung 88), nachdem Sie für die Fußgelenke Übungen 91, 92 und für die Zehen Übung 95 gemacht haben. Achten Sie darauf, daß Sie die Wadendehnung nicht in der Achillessehne spüren, sondern im Wadenmuskel. Die Heilung braucht ihre Zeit.

Sollten Sie zu Sehnenscheidenentzündungen neigen, kann es daran liegen, daß Sie eine sehr feste Achillessehne haben. Das können Sie feststellen, wenn Sie die Knie beugen und gleichzeitig mit den Fußsohlen flach auf dem Boden stehen bleiben. Wenn Sie die Beine dabei nicht allzu stark abwinkeln können, ist die Achillessehne sehr fest. Die »Wadendehnung im Stehen« (Übung 85) werden Sie dann wahrscheinlich kaum spüren, wohingegen die Dehnung, die Sie bei der »A-geformten Wadendehnung« (Übung 87) spüren, für Sie unerträglich ist. Die »Hamstringdehnung im Stehen« (Übung 71) spüren Sie wahrscheinlich in der Kniekehle. Machen Sie auf jeden Fall zuerst die »erleichterte Wadendehnung« (Übung 88).

Nicht jeder, der eine Sehnenscheidenentzündung hat, hat eine feste Achillessehne. Menschen mit lockerem Bandapparat haben Schwierigkeiten, die Wadenmuskeln zu dehnen, weil die Bänder im Fußgelenk so locker sind, daß sich auch bei der größten Dehnposition die Bänder immer noch straffen. Wenn das der Fall ist, stellen Sie sich auf eine Stufe und senken die Fersen, um die Wadenmuskeln zu dehnen. Halten Sie sich dabei fest. Machen Sie die Dehnung erst mit einem, dann mit dem anderen Bein, und halten Sie die Position 30–60 Sekunden. Wenn Sie allerdings eine Sehnenscheidenentzündung haben, dann dürfen Sie diese Dehnung nicht machen, weil es zu schwierig ist, die Dehnung unter Kontrolle zu halten. Beim Abrutschen besteht die Gefahr eines Sehnenrisses. Auf gar keinen Fall dürfen Sie einen schnellen Wechsel zwischen Ballenstand und Fersensenken machen, weil Sie dadurch den Muskeln zwei widersprüchliche Anweisungen geben – sich zu dehnen und sich zu kontrahieren. Auch hierbei kann die empfindliche Achillessehne reißen, weil die Muskeln mit den widersprüchlichen »Befehlen« nicht fertig werden.

Knochenhautentzündung am Schienbein

Knochenhautentzündung und feste Achillessehnen hängen zusammen. Befolgen Sie in erster Linie die vorher erwähnten Richtlinien. Darüber hinaus entstehen Knochenhautentzündungen durch zu starkes Beugen des Fußgelenks. Wenn Sie für Knochenhautentzündung anfällig sind, kann es sein, daß Sie beim Gehen das Fußgelenk zu wenig ausstrecken und die Zehen nicht zum Abdrücken benützen. Statt dessen werden die Zehen gebeugt und bei jedem Schritt abgehoben. Schmerzlindernd bei Knochenhautentzündungen am Schienbein ist es daher, den Fuß bei jedem Schritt entspannt nach vorne aufzusetzen und das Fußgelenk etwas auszustrecken. Sobald der Fuß den Boden berührt, drücken Sie die Zehen fest auf den Boden.

Außerdem achten Sie darauf, daß Sie die Füße gerade nach vorne aufsetzen. Tragen Sie Schuhe mit Sohlen, die sich abrollen lassen und die fest am Fuß sitzen, damit Sie nicht durch Zehenkrallen eine haltlose Sandale festhalten müssen.

Wenn Sie nach dem Sprungtraining Knochenhautentzündungen bekommen, sind Sie wahrscheinlich immer falsch gelandet. Beim Landen müssen Sie den Fuß bis zur Ferse abrollen und dann die Knie beugen. Wenn Sie auf dem gestreckten Bein landen, rastet der Unterschenkel jedesmal ein. Das führt zu Zerrungen der Zehenmuskeln, die am Schienbein entspringen. Das ist die Hauptursache für Knochenhautentzündung.

Schmerzende Füße

Wenn man von schmerzenden Füßen spricht, meint man meistens Schmerzen unter dem Fußballen oder unter dem Fuß. Es kann sein, daß ein Fuß stärker schmerzt als der andere. Wenn die Fußsohle unter dem Längsgewölbe weh tut, setzen Sie den Fuß beim Gehen wahrscheinlich nach außen gedreht auf anstatt nach vorne. Drücken Sie die Zehen, speziell den großen Zeh, auf den Boden. Je mehr Sie den Fuß dort abdrücken, desto weniger spüren Sie die Schmerzen im Längsgewölbe, vorausgesetzt, die Knie sind nicht im Gelenk blockiert. Wenn die Knie blockiert sind, knickt das Fußgelenk nach innen ab, wobei die Knochen im Fußgelenk falsch aufeinander zu stehen kommen und die Bänder des Längsgewölbes überdehnt werden.

Machen Sie die Fußübungen 95, 93, die Fußgelenkübungen 91, 92 und – je kräftiger die Füße werden – Übung 97. Immer wenn Sie daran denken, drücken Sie die Zehen fest in den Boden und heben den Fußballen an.

Senkfuß

Ernsthafte, stechende Schmerzen unter dem Fußballen werden durch einen Senkfuß verursacht. Wenn Sie Hornhaut am Fußballen an der Zehwurzel zwischen dem großen Zeh und dem nächsten Zeh daneben haben, dann haben Sie einen Senkfuß. Oft spüren Sie den stechenden Schmerz direkt unter der Hornhaut. Sie müssen die Zehen bei jedem Schritt fest auf den Boden drücken. Um die nötige Kraft dafür zu entwickeln, machen Sie die »Fußraupe« (Übung 95), sooft Sie können. Dadurch werden die Muskeln gekräftigt und gedehnt und helfen, das Körpergewicht vor den schmerzenden Stellen (Hornhaut) zu halten. Wenn Sie die »Fußraupe« regelmäßig üben, können Sie in sechs Wochen die Hornhaut für immer los sein. Und wenn Sie die Zehen fest herunterdrücken, werden Sie auch die Schmerzen bald los sein. Erst wenn Sie keine Schmerzen mehr unter den Fußballen spüren, machen Sie Übungen 93 und 97.

Richtiges Gehen und Stehen sind auch hier sehr wichtig. Die Knie müssen leicht gebeugt sein, die Zehen entspannt und nicht angezogen, wenn der Fuß aufgesetzt wird. Drücken Sie dann alle fünf Zehen fest auf den Boden.

Empfindliche Zehen

Empfindliche Zehen kommen meist von zu engen Schuhen, die den Zehen nicht genügend Platz lassen. Babyschuhe sind vom Schuhdesign her richtig, weil sie vorne fast quadratisch sind. Dadurch kann der große Zeh so nach vorne zeigen und abrollen, wie es seiner Konstruktion entspricht. Modeschuhe lassen den Zehen keinen Platz. Bei empfindlichen Zehen ist gutes

Schuhwerk nötig. Tragen Sie im Sommer Sandalen mit Zehenriemen zwischen dem großen und dem nächsten Zeh, die dem großen Zeh beim korrekten Abrollen helfen. Darüber hinaus können Sie ein Stück Gummi oder Ähnliches zwischen diese beiden Zehen klemmen, damit der große Zeh wirklich nach vorne abgerollt wird, anstatt diagonal auf die anderen Zehen zu zeigen.

Machen Sie die »Fußraupe« (Übung 95), sooft Sie können, um das Abrollen der Zehen nach vorne zu trainieren. Üben Sie auch das Spreizen und Schließen (Übung 94). Das ist am Anfang sehr schwierig. Sie dürfen aber mit den Händen nachhelfen, um die Zehen zu spreizen. Lassen Sie dann die Hände los, und versuchen Sie, die Zehen gespreizt zu halten.

Hammerzehen kommen auch durch einengendes Schuhwerk. Oft ist der zweite Zeh verkrüppelt, weil er länger ist als der große Zeh, was beim Schuhdesign nicht berücksichtigt wird. Sie können Hammerzehen dehnen, indem Sie mit den Händen die Zehen strecken und diese dann aus eigener Kraft die Dehnung halten lassen. Weiterhin sollten Sie sich bemühen, die Hammerzehen bei den Fußübungen und beim Gehen nach vorne zu strecken. Sie können versuchen, nachts einen weichen Verband anzulegen, der die Hammerzehen während des Schlafens dehnt.

Wenn Sie diese Richtlinien befolgen, werden Sie bald mit Hilfe der Dehn- und Kräftigungsübungen Schmerzen lindern, Hexenschüsse und Krämpfe »wegdehnen« und diese Art Verletzungen ausmerzen. Wenn Sie die Muskeln dann noch korrekt einsetzen, lernen Sie, sich richtig zu bewegen, und das ist doch Ihr Ziel!

Stichwortverzeichnis